萧红研究述评

2001—2015

魏丽 著

中国社会科学出版社

图书在版编目(CIP)数据

萧红研究述评：2001—2015 / 魏丽著. —北京：中国社会科学出版社，2020.3
ISBN 978-7-5203-6042-5

Ⅰ.①萧… Ⅱ.①魏… Ⅲ.①萧红（1911-1942）—人物研究②中国文学—现代文学—文学研究 Ⅳ.①K825.6②I206.6

中国版本图书馆CIP数据核字（2020）第032191号

出 版 人	赵剑英
责任编辑	任　明
责任校对	沈丁晨
责任印制	郝美娜

出　　版	中国社会科学出版社
社　　址	北京鼓楼西大街甲158号
邮　　编	100720
网　　址	http://www.csspw.cn
发 行 部	010-84083685
门 市 部	010-84029450
经　　销	新华书店及其他书店
印刷装订	北京君升印刷有限公司
版　　次	2020年3月第1版
印　　次	2020年3月第1次印刷
开　　本	710×1000　1/16
印　　张	14
插　　页	2
字　　数	215千字
定　　价	85.00元

凡购买中国社会科学出版社图书，如有质量问题请与本社营销中心联系调换
电话：010-84083683
版权所有　侵权必究

目 录

第一章 2001年萧红研究述评 ………………………………… (1)
   一 萧红作品研究 ………………………………………… (1)
   二 萧红思想研究 ………………………………………… (7)
   三 萧红比较研究 ………………………………………… (8)

第二章 2002年萧红研究述评 ………………………………… (13)
   一 萧红作品研究 ………………………………………… (13)
   二 萧红思想研究 ………………………………………… (18)
   三 萧红比较研究 ………………………………………… (21)

第三章 2003年萧红研究述评 ………………………………… (24)
   一 萧红作品研究 ………………………………………… (24)
   二 萧红思想研究 ………………………………………… (29)
   三 萧红比较研究 ………………………………………… (30)
   四 萧红研究之研究 ……………………………………… (32)
   五 萧红综合研究 ………………………………………… (33)

第四章 2004年萧红研究述评 ………………………………… (34)
   一 萧红作品研究 ………………………………………… (34)
   二 萧红思想研究 ………………………………………… (41)
   三 萧红比较研究 ………………………………………… (44)

第五章　2005年萧红研究述评 …………………………………（47）
  一　萧红作品研究 ……………………………………………（47）
  二　萧红思想研究 ……………………………………………（54）
  三　萧红生平研究 ……………………………………………（55）
  四　萧红比较研究 ……………………………………………（56）
  五　萧红研究之研究 …………………………………………（58）
  六　萧红综合研究 ……………………………………………（59）

第六章　2006年萧红研究述评 …………………………………（61）
  一　萧红小说研究 ……………………………………………（61）
  二　萧红思想研究 ……………………………………………（68）
  三　萧红比较研究 ……………………………………………（70）
  四　萧红综合研究 ……………………………………………（71）

第七章　2007年萧红研究述评 …………………………………（73）
  一　萧红作品研究 ……………………………………………（73）
  二　萧红思想研究 ……………………………………………（80）
  三　萧红生平研究 ……………………………………………（81）
  四　萧红比较研究 ……………………………………………（82）
  五　萧红综合研究 ……………………………………………（83）

第八章　2008年萧红研究述评 …………………………………（86）
  一　萧红作品研究 ……………………………………………（86）
  二　萧红思想研究 ……………………………………………（92）
  三　萧红生平研究 ……………………………………………（93）
  四　萧红比较研究 ……………………………………………（93）
  五　萧红综合研究 ……………………………………………（95）

第九章　2009年萧红研究述评 …………………………………（96）
  一　萧红作品研究 ……………………………………………（96）
  二　萧红史料研究 ……………………………………………（100）

三　萧红比较研究 …………………………………………（101）
　　四　萧红研究之研究 ………………………………………（105）
　　五　萧红综合研究 …………………………………………（107）

第十章　2010年萧红研究述评 …………………………（110）
　　一　萧红作品研究 …………………………………………（110）
　　二　萧红思想研究 …………………………………………（116）
　　三　萧红比较研究 …………………………………………（118）
　　四　萧红研究之研究 ………………………………………（120）

第十一章　2011年萧红研究述评 ………………………（122）
　　一　萧红作品研究 …………………………………………（122）
　　二　萧红思想研究 …………………………………………（129）
　　三　萧红生平及史料研究 …………………………………（130）
　　四　萧红研究之研究 ………………………………………（131）
　　五　萧红综合研究 …………………………………………（132）

第十二章　2012年萧红研究述评 ………………………（133）
　　一　萧红作品研究 …………………………………………（133）
　　二　萧红思想研究 …………………………………………（140）
　　三　萧红比较研究 …………………………………………（143）
　　四　萧红研究之研究 ………………………………………（144）

第十三章　2013年萧红研究述评 ………………………（147）
　　一　萧红作品研究 …………………………………………（147）
　　二　萧红思想研究 …………………………………………（150）
　　三　萧红比较研究 …………………………………………（152）

第十四章　2014年萧红研究述评 ………………………（154）
　　一　萧红作品研究 …………………………………………（154）
　　二　萧红思想研究 …………………………………………（158）

三　萧红生平与史料研究 …………………………………… (161)
　　四　萧红作品影视改编研究 ………………………………… (162)

第十五章　2015年萧红研究述评 ……………………………… (164)
　　一　萧红单篇作品研究 ……………………………………… (164)
　　二　萧红作品整体研究 ……………………………………… (166)
　　三　萧红比较研究 …………………………………………… (168)
　　四　萧红综合研究 …………………………………………… (169)

附录1：2001—2015年萧军研究述评 ………………………… (171)
　　一　萧军作品研究 …………………………………………… (171)
　　二　萧军思想研究 …………………………………………… (176)
　　三　萧军比较研究 …………………………………………… (180)
　　四　萧军生平史料研究 ……………………………………… (182)
　　五　萧军与报刊研究 ………………………………………… (190)
　　六　热点与亮点、问题与建议 ……………………………… (192)

附录2：2001—2015年聂绀弩研究述评 ……………………… (194)
　　一　聂绀弩作品研究 ………………………………………… (194)
　　二　聂绀弩精神气质研究 …………………………………… (203)
　　三　聂绀弩生平史料研究 …………………………………… (204)
　　四　聂绀弩与学术研究 ……………………………………… (213)
　　五　亮点、问题与建议 ……………………………………… (214)

第一章

2001年萧红研究述评

一 萧红作品研究

1. 萧红小说研究

(1)《呼兰河传》研究

刘迎秋、唐长华《萧红〈呼兰河传〉与道家精神的契合》[①] 认为，《呼兰河传》与我国传统的道家精神有许多契合之处，主要体现在以下四个方面：一是对自在本性的坚持和向往。道家常以"婴儿""赤子"形容人返璞归真，回到自己本性的状态。而萧红《呼兰河传》在对童年生活的叙述中，也有不少对儿童活力和心性的描写和美化。二是对人性异化现象的批判。道家主张保持人的本性，对人性异化现象多有揭示和批判。受鲁迅先生的影响，萧红对人性异化现象的揭露和批判，是建立在思想启蒙和改造国民灵魂的文学观基础上的。三是对精神超越的追求。对内在精神超越的追求是道家的重要思想。在《呼兰河传》中，萧红把情境的描写置于自己的心灵视界的观照之下，从这种高度或视界来看人世、人生，是一种对人世的超越的咏叹。四是视万物为刍狗的价值观。道家以超越的眼光反观天地万物，相对于道而言，人与万物不过是一种摆设，这种观念对于以人为中心的价值观有一种消解作用。萧红作品中对"视万物为刍狗"的观念也有反映。文章论述萧红与道家思想和精神追求的契合，并不否认二者之间存在着差别。实际上，萧红并

[①] 刘迎秋、唐长华：《萧红〈呼兰河传〉与道家精神的契合》，《济南大学学报》2001年第6期。

没有因为人生的悲凉而走向道家,相反,其作品中始终洋溢着对生命活力、快乐、光明、爱的向往。就她自己而言,也没有因为人生的痛苦而放弃现实的追求,而是勤奋创作,用自己的笔揭露人类的愚昧,履行着改造民族灵魂的使命。

对《呼兰河传》的解读,一般都认为其延续了鲁迅所开创的国民性批判的传统,以启蒙的视角揭示了乡间愚昧落后的生存状态。但王晓敏[①]认为,萧红在具体的创作中对启蒙主题存在着矛盾的心理,主观上她是想通过对麻木落后生活的展示达到国民性批判的目的,但在创作中她又没有拘囿于种种的理论观念,而是向生活深处挺进。这样,在作品中也就发掘出麻木生存状态的最根本起因,显示了救赎的无望,无形中形成了对启蒙主题的解构,从而使作品充满多义性与矛盾性:一方面是启蒙式的深切的文明救赎;另一方面是意识到历史苦难本体后的无望,是对巨大历史黑暗下的韧性生存的感喟。

唐长华[②]从自然万物的生命感受和对民众生存状态的揭示与咏叹两个方面,揭示了《呼兰河传》对生命主题的重视和对生命价值的寻求。通过分析萧红作品,作者发现,萧红强烈的生命意识与她小时候在祖父爱护下自由的天性得以发展,对自然万物的亲近以及性情早熟有关。在对民众生存状态的揭示和咏叹中,作为女性作家的萧红,加上她本人作为女性的种种遭遇,她对下层女性在当时社会中所受到的身心两方面的摧残和压迫有较强的关注自觉。表现在其作品中,就是她始终关注女性的命运,注重揭露和批判封建思想观念对女性身、心两方面的奴役和摧残。

周春英[③]比较了《生死场》与《呼兰河传》的时空构架,作者认为,从时间上看,首先,《生死场》的时间线索十分明确,而《呼兰河传》的时间概念是十分笼统的。其次,《生死场》只有一个时间,即事件实际发生的时间。而《呼兰河传》却有两个时间,一个是事件实际发生的时间,即主人公"我"在行动中的时间,另一个是成年萧红叙

---

① 王晓敏:《无望的救赎——〈呼兰河传〉的深层意蕴》,《浙江师大学报》2001年第6期。
② 唐长华:《从〈呼兰河传〉看萧红的生命意识》,《淄博学院学报》2001年第4期。
③ 周春英:《〈生死场〉与〈呼兰河传〉的时空构架比较》,《绍兴文理学院学报》2001年第1期。

述的时间。再次，在时间的向度上，《生死场》的时间向度向着现在，而《呼兰河传》是向着过去的。在空间构架上，《生死场》所呈现的，是大片村庄的生死轮回，总体空间是村庄、田野及农户室内，但《呼兰河传》的空间构架则以呼兰城为主角，围绕这座小城由外到内，形成一个扇面形结构。

此外，陈文育[1]从萧红的心态以及其所处的环境出发，通过悲己哀己的心理映射和恨世恋世者的灵魂显现两个方面分析了其代表作品《呼兰河传》，在此基础上领悟到了作家的寂寞哀婉以及其所处时代的特征。

（2）《生死场》研究

金小玲《女性人文主义视域下的萧红——有关〈生死场〉》[2]通过审视当下《生死场》研究中的女性主义立场，认为《生死场》是女性人文主义文本而不是女性主义文本。作者强调，女性人文主义是以人文主义为核心，然后加上"女性"，从而形成的一种崭新的人文主义。女性人文主义从人的角度去分析女性世界，它不仅以"人文理想的价值之光和无穷思爱的神性光辉朗照被压抑被遮蔽被曲解的女人生存之真"，还应把这种价值之光和神性光辉朗照被压抑被遮蔽被曲解的男人生存之真。作者最后以《生死场》中的人物为例做了分析：萧红把种种女性身体经验的展示，作为人类艰难生存处境的一部分加以展示，借此折射了社会的贫困和悲哀、人类的愚昧和麻木、文化的滞重和迂缓。在她的笔下，处境卑微的不但是女性还有男性，他们与她们一样，同是文化链上的奴隶。

张滢《生命底蕴的探寻——试论萧红〈生死场〉的现代意义》[3]认为，萧红对生命的探寻主要包含以下三个方面：一是对生命群体的纪实性全景展示；二是对生命历程的客观性完整透视；三是对生命意蕴的困惑与突围。

（3）萧红小说整体研究

周春英[4]从散文化结构、抒情笔致和诗情画意、"我"——"抒情

---

[1] 陈文育：《我读〈呼兰河传〉》，《南京师范大学文学院学报》2001年第1期。
[2] 金小玲：《女性人文主义视域下的萧红——有关〈生死场〉》，《浙江师大学报》2001年第3期。
[3] 张滢：《生命底蕴的探寻——试论萧红〈生死场〉的现代意义》，《辽宁师范大学学报》2001年第2期。
[4] 周春英：《萧红抒情小说论》，《浙江师大学报》2001年第1期。

诗魂"等几个方面论述了萧红抒情小说的艺术特色。首先,萧红的抒情小说依照抒情和表现主题的需要串起一些富有情致的小片段和各种韵味比较独特的小场景,情感充沛,情调各异。其次,萧红是一位富有诗人气质的小说家,她把浓厚的诗人气质以及她对生命的感悟和体验、内心的寂寞与惆怅、孤独与忧伤、对家乡的思念与热爱,一并融合到作品中去,转化为作品的情感基调和柔丽的诗魂。最后,在萧红的许多作品中都有一个"抒情诗魂"——自我抒情形象,第一人称叙述首先能增加可信度。此外,因为是"我"的叙述,使人觉得是"我"的亲身经历,既增加了亲切感,又拉近了叙述者和读者之间的距离;同时第一人称叙述又给作者较大的自由,便于灵活地抒情达意、摹物叙事。

紧接着,周春英[1]又从萧红越轨、新颖的小说语言和多样的抒情风格两个方面再次论述了萧红抒情小说的艺术特点。具体来说,萧红小说语言的越轨和新颖主要表现在:第一,语言简洁自然、富有浓重的情感色彩和散文美感;第二,语言常常被打乱语序,或状语提前,或语态变换,或插入一些其他成分;第三,追求修辞手法多样化、诗意化,尤其是比喻和比拟的新奇、出人意料,是一般作家难以媲美的。就多样的抒情风格来说,作者以1936年为界,将萧红的抒情风格分为前、后两期,前期的萧红创作情绪是高涨的,抒情风格由柔丽、明快、细腻走向《生死场》后半部的雄浑刚健。1936年后,萧红的抒情风格趋向哀怨、寂寞、深沉,抒情的分量更加浓重。

萧红对家乡人民,对自己的生命质量、生存环境和生存状态十分关注,并有深刻的体悟,周春英[2]认为这一点与萨特的"人的哲学"有异曲同工之妙,因此,作者提出生命体悟,正是萧红小说深层哲理内蕴的体现。具体来说,萧红的这种生命体悟表现在以下四个方面:一是寂寞情结;二是生命感伤;三是死亡体悟;四是偶悟佛道,寻求解脱。

萧红作品在对北方特有的社会生活与民情风俗描绘的同时,以或沉痛,或冷峻,或反讽的笔调揭露出存在其间的司空见惯而又触目惊心的

---

[1] 周春英:《萧红抒情小说再论》,《宁波大学学报》2001年第2期。
[2] 周春英:《生命体悟:萧红小说的深层哲学意蕴》,《湖州师范学院学报》2001年第1期。

贫困文化。冯健飞①认为，在萧红小说中，正是这种贫困文化导致了广大农村的一幕幕人间悲剧。贫困文化体现在人们对生命的漠视与自我意识的缺乏两个方面。萧红一方面谴责他们的愚昧麻木和他们受封建礼教浸染而成的错误的思想观念；另一方面她也清醒地意识到对这些生活在贫困文化中的人做出简单化的否定倾向是不应该也是不必要的。

申倩②从修辞特性的角度论述了萧红小说的语言特色。具体来说主要体现在以下四个方面：一是"破格"与"越轨"的独特个人化表达。萧红打破了文体限制、语法常规，使自己的小说呈现出与众不同的个性特质。从文体上看，萧红的小说更多地体现出散文的形式特点。二是与细密的感觉相连的细密的言语排列方式。她的语言组织是细密的、清新的，但绝不琐碎，更不"小气"。三是辞格的精致运用。作者认为，萧红在运用被称为"积极修辞"的辞格方面，并不具有很高的自觉。她最引人注目的是那些带有强烈主观性的辞格，如"拈连""移就"，她用这些辞格表达她对于生活的敏锐精细的体察。四是体现在优美而感伤的"化情为景"的传达方式上。

孙臣③认为，萧红小说是散文化的，她不太注重故事情节的完整性，但无论怎样自由挥洒，她的表达总能在总体构思中，在小说的人物与情节背后潜隐着它的主旨与精髓，这精髓便是萧红的"情"和"志"，而这正是作品的"文眼"。以《生死场》为例，它打破了传统小说注重情节连贯与完整的模式，章节的伸展也不太讲究来龙去脉。不设中心人物，也不讲究主次虚实，而是以意领先，采取生活场面转换铺写的方法，展现了"生死场"上形形色色的生与死。

2. 萧红散文研究

研究萧红，时人多侧重于小说，而周春英、张文莺④以为观其抒写真性情、真内心的散文同样重要，于是作者选择从情感角度来剖析萧红

---

① 冯健飞：《萧红笔下的贫困文化》，《海南师范学院学报》2001年第4期。
② 申倩：《论萧红小说的修辞特性》，《思想战线》2001年第4期。
③ 孙臣：《巧设"文眼"，文情并茂——也谈萧红小说的散文化审美倾向》，《松辽学刊》2001年第3期。
④ 周春英、张文莺：《真情演绎人生——萧红散文品格初论》，《渭南师范学院学报》2001年第5期。

散文。从性格上来说，萧红既是一个任性倔强的女浪人，同时还是一个脆弱敏感的小女子。正是因为有着这样看似矛盾的性格特点，于是在萧红的散文中才呈现出一种丰富的样貌。在萧红这里，既有血浓于水的亲情、至真至美的友情，还有苦多乐少的爱情、深沉热烈的家国情。

陈汉云、陈燕萍[①]则认为，萧红散文始终忠实于自己的"个性化"而追求自由创造的特质，因而形成了她自己独特的艺术特色。具体说来，主要包括以下四点：首先，叙述角度多用第一人称，但这种叙述角度是多元化的，有时，话语主体处于主导地位，即叙述者等于人物的视角；有时，第一人称"我"既是事件发生的见证者，同时也是该事件的评价者，兼有多种功能。其次，萧红抒发内心郁结的情绪以及心灵深处的咏叹，多是采用间接抒情、侧面渲染的方式。再次，从散文结构上说，她的散文以叙述为主，重视的是表现生活的体验。最后，萧红的语言具有朴实无华、句型简单、口语化、明丽清新的特点。

3. 萧红作品整体研究

吕新[②]以"生命意识"为视角，主要在萧红作品对人本身的关注、对生命异化现象的深刻揭露和反思、对"人的精神空前失落"的揭示、对"人的精神"的深情呼唤、对人类渴望获得顽强生命力、彻悟生命真义超越轮回的揭示，以及对"生"与"死"的哲学思考等几个方面进行了研究。综观萧红的作品，作者发现，生命在萧红笔下呈现出两种样态，一种是经不住打击，稍纵即逝；一种是百折不回，坚韧无比。这一方面显示出其易逝的脆弱性，另一方面则展现出顽强的原始生命力的魄力。最后，作者指出，萧红作品中自然洋溢的人道主义精神和对人类生命价值、生命真义的关注形成了萧红作品的真正价值，而这也是萧红作品历久常新、耐人寻味的真正原因。

朱锦花[③]以女性主义批评关于对女性的定义解析为理论依据，从萧红早期的小说与散文作品入手，认为萧红在成为对传统女性生存处境之

---

① 陈汉云、陈燕萍：《心灵与情感状态的自由抒写——论萧红的散文创作》，《玉林师范学院学报》2001年第4期。
② 吕新：《追寻生命的真义——论萧红作品的生命意识》，《浙江学刊》2001年第5期。
③ 朱锦花：《女性低空下的吟唱——萧红前期作品女性特征探微》，《上海师范大学学报》2001年第6期。

边缘性的"叛逆"之前，曾经也是欣然接受传统习俗、伦理规范下的女性角色：她柔顺、贤惠、依附性地生存。潜意识中承认男权社会中大男子主义的合理存在，敬畏并满足于男性力量的强有力庇护；并对爱情怀着温柔、浪漫的憧憬和期许，沉浸在对爱情细腻、敏感、多愁的体验中。在此基础上，作者进一步揭示出女性的"自恋"天性是其传统角色的促成机制。

胡苏珍①认为，萧红是现代文学史上极富个性的一位女作家，她在创作中既流露出女性美的自然的细致、纤巧、优美、含蓄、真挚，而又自觉地向粗犷、荒诞、幽默等多种美学领域突进，以她的创作实践改变了一般的关于女性写作的狭隘理解，丰富了中国现代女性文学的审美品格。

毋庸置疑，萧红的语言在中国现代文学史上是独具特色的，申倩②从现代风格学关于风味、神韵、情调、气氛等风格要素入手，主要分三个方面对萧红语言进行了论述：一是整体结构浑然而感性，气氛既宏大又精巧；二是在语言运用上，能够不经意中透着精细，体现清新、柔婉、明快的情调与风味；三是在平淡的叙事写景中蕴含强烈的抒情，呈现"心灵之作"含蓄、凝练、深婉的特殊神韵。

二 萧红思想研究

1. 萧红与地方文化

许祖华、郭小莉《山水的灵气陶冶出的文学才女》③认为，萧红所捕捉住的东北的文化意识既包括东北人对于自己力量的坚定信心，对于历史、现实的责任感以及与之紧密相连的豁达的胸襟、韧性的品格，也包括由此形成的一系列价值观念和生活习惯。在萧红所把握的东北的灵气中，富有野性活力的生命意识是其中最有意味的一种。东北的文化意

---

① 胡苏珍：《自然地流露 自觉地僭越——论萧红的创作风格》，《井冈山师范学院学报》2001年第2期。
② 申倩：《萧红语言风格论析》，《学术探索》2001年第5期。
③ 许祖华、郭小莉：《山水的灵气陶冶出的文学才女》，《高等函授学报》2001年第2期。

识还包含显著的时代精神，萧红的艺术创作，就是在时代与东北文化的结合中开花、结果的。萧红把东北文化中一切不洁的因素，包括那逆来顺受的宿命风气，缺乏韧性的直率性格和莽汉似的脾气，以及那恪守祖宗成法的迂腐心理，统统化为了培养自己的养料。可以说，她既把自己融入了东北文化之中，也拉开距离对东北文化进行了毫不留情的剖析与批评。

2. 萧红的精神特质

究竟是什么使萧红在短暂的生命历程中一面极力张扬女性意识，一面却屡屡沦为男人的情妇、佣人、出气包、抄写工？徐晓杰《萧红生命意识中的父亲情结与祖父情结》[①]认为，在萧红的意识与行为背离的原因中，除了站在时代前沿的新女性并不能够完全摆脱历史积淀的重负，从中"涅槃"出一个完全崭新的自我外，更多的是源于萧红个体生命意识中的父亲情结与祖父情结：由憎父情感、恋父倾向矛盾交织而成的父亲情结，使萧红在向男权社会猛烈抗争的同时，又从成年男性那里寻求父爱的补偿，而祖父情结则一方面强化了她的渴望心理，另一方面又为其提供了理想之爱的标准、尺度。

三 萧红比较研究

1. 萧红与鲁迅

日本学者林敏洁[②]认为，萧红的作品跟鲁迅作品之间有着密切的血缘关系，诸如大胆打破传统规范的创新意识，对文学启蒙使命的自觉承担，对底层人民悲苦命运的深切关怀，特别是对民族精神痛苦的深入揭示，就是鲁迅对萧红的潜在影响和萧红对鲁迅自觉接受的必然结果。此外，作者还重点谈到了《回忆鲁迅先生》这篇散文，认为萧红的这篇

---

① 徐晓杰：《萧红生命意识中的父亲情结与祖父情结》，《佳木斯大学社会科学学报》2001年第5期。
② ［日］林敏洁：《鲁迅与萧红交往考察——兼论〈回忆鲁迅先生〉〈民族魂鲁迅〉》，《新文学史料》2001年第3期。

怀人散文兼备"史"与"诗"的双重因素，既具有散文的审美特质，又具备传记的基本特征。另外，这篇散文的引人注目之处还在于它是通过女性作者的细心体察，敏锐捕捉到了鲁迅先生许多有灵性的生活细节，表现出鲁迅的个性、情趣、魅力、气质，从细微处显示了鲁迅的伟大思想和人格。张秀琴①同样也探讨了萧红创作与鲁迅创作的相似之处。作者发现，他们都具有直面现实的精神，都对国民性问题进行了有意识的持久的关注。所不同的是，萧红在继承鲁迅的基础上又有所发展，她在批判国民性弱点的同时，也注意到了国民性中可贵的方面。

2. 萧红与端木蕻良

马云的《端木蕻良与萧红创作的相互影响》②认为，萧红和端木结合以后，他们的创作发生了相互的影响。总体说来，萧红在创作情境、情感表现、叙事的完整性和故事性以及创作的自传性和主体意识的表现等方面，都可以看到端木的影响，并且作者认为这些影响是积极的。端木对萧红的影响，还表现在创作的计划上，端木的创作是自觉围绕家乡创作系列小说，在端木的影响下，萧红也开始有目的地写家乡系列小说。另外，作者在文章最后还重点论述了萧红对端木创作的影响，认为萧红死后，端木创作的风格发生了极大的变化，感情细腻深切，文笔婉曲铺张。

3. 萧红与伍尔夫

柴平③从比较文学中的平行研究角度逐一梳理分析萧红与弗吉尼娅·伍尔夫写作技巧方面的异同。具体来说，主要体现在以下四个方面：一是内心独白。萧红多用第一人称的直接内心独白，而伍尔夫常用第三人称的间接内心独白。二是自由联想。萧红笔下的人物在过去、现在、未来的自由联想中多有停顿，人物意识的短时闪念较多；而伍尔夫的作品充满长篇大段的自由联想，几乎无停顿，人物的闪念时间较长。三是视角跳跃。萧红与伍尔夫都采用多视点透视这种意识流技巧来加强

---

① 张秀琴：《论萧红对鲁迅传统的继承》，《石家庄经济学院学报》2001年第6期。
② 马云：《端木蕻良与萧红创作的相互影响》，《河北学刊》2001年第1期。
③ 柴平：《心理小说的实验家：萧红与伍尔夫》，《伊犁师范学院学报》2001年第1期。

作品的立体感。萧红在各视角之间——叙述者和人物、不同人物、作者和叙述者之间有明确的界限，几种视角转换时，作者的说明较多；而伍尔夫不过多介入作品，使各种视角自由转换，人物之间自成有机联系。四是形象切割与形象变形。萧红与伍尔夫都采用形象切割与形象变形来塑造人物。所不同的是，萧红主要描写旧中国劳动人民因阶级压迫或殖民剥削、文化重负而形成的贬抑型人格；而伍尔夫写资本主义制度下的人因人格分裂而自我憎恨、自我折磨、个人整体瓦解、任凭内心冲突摆布，以至于心理崩溃。

4. 萧红与迟子建

李博微[①]指出，在创作取材上，萧红与迟子建都倾向于描写北国乡民沉重但并不绝望的生存状态，呈现出浓郁的悲剧色彩，并且由于作家本体气质的接近，在文体上共同表现出清顺明朗的美学风格，且与小说内容的沉郁悲壮达到了和谐统一。另外，作者也注意到，在萧红和迟子建的小说中，往往少不了一个寂寞而独具灵根慧眼的小女孩，而童年视角的介入，使她们的文本也呈现出三个方面的特点：一是选材上的平淡与琐屑；二是结构上的散文化和诗化倾向；三是语言的明白晓畅，质朴雅致。

5. 萧红与庐隐

同为中国现代文坛极富特色而又早殒的女作家，萧红和庐隐的散文都具有浓郁的自叙写实性质，都体现着"亲感至诚"的散文创作原则。说到不同，在雷卫军[②]看来，在创作方式上，庐隐更大程度上沿袭了传统散文的创作模式，即叙事言理或述情言志。而萧红却往往把情感深藏于作品的记叙之中。在关注妇女命运的切入点方面，总的来说，庐隐是以一个孤独的、富有自省意识的女性知识分子的眼光来审视自我和评判社会的；而萧红则以一个饱经人世沧桑的平民身份来观照客观世界，因

[①] 李博微：《明丽的忧伤——浅论萧红、迟子建小说的美学风格》，《开封大学学报》2001 年第 3 期。

[②] 雷卫军：《血脉相通的个性世界——庐隐与萧红的散文比较》，《浙江广播电视高等专科学校学报》2001 年第 3 期。

此萧红常常以平等的眼光切入最能体现问题本质或最能传达自我情感的现象。在女性形象上，庐隐较多选择知识分子女性，而萧红尤其注重描写受压迫而且不觉悟的女性。在语言风格方面，庐隐的语言具有浓郁的抒情性，而萧红则是一种有节制的，甚至是故意淡化的、一种隐于客观事物背后的抒情。

6. 萧红与沈从文

孙丽玲[①]认为，萧红、沈从文在文化视觉、艺术构建、审美追求等方面都有不同的意趣。就文化视觉层面来说，浓厚的地域色彩是他们乡土小说的共同特征，所不同的是，沈从文构筑出了一个既纯净又完美，飘荡着田园牧歌的艺术世界，而萧红的艺术世界呈现的是严酷的人生图景。在艺术形式方面，沈从文较注重小说自身美学规范的建构，他的小说往往于松散的情节结构中显出技巧的精工和新巧。与沈从文相比，萧红的创作表现出特殊的女性气质：散漫、跳跃、零乱。在语言上，沈、萧二位作家的乡土小说都具有浓郁的抒情色彩，清新、自然、流畅是他们的共同特点，所不同的是，沈从文的表达句短韵长，古朴圆润，明慧清澈，洋溢着东方音乐雅致忧郁的韵味。而萧红的语言具有一种女性的特质：直观、通感。最后，作者认为，沈、萧二位作家不同的地域文化熏染，不同的人生体验和艺术感觉，使其创作形成了独有的艺术风格：沈从文的小说，含蓄、纯净、柔美而纤细，表现出一种阴柔之美；萧红的小说，坦率、激烈、孤寂而哀伤，在悲悯中透露出一种沉郁之美。

7. 萧红与田沁鑫

《生死场》从小说到话剧，是萧红与田沁鑫这两个不同时代的思索者之间的精神传递，是两个天才女性激情碰撞的心灵对话，单元[②]从《生死场》这一文本切入，细致分析了萧红与田沁鑫对生与死、男人与女人等人生基本命题的思考与探寻。萧红的小说《生死场》思考的中

[①] 孙丽玲：《中国现代"乡土抒情小说"的两种个性化建构——沈从文、萧红"乡土抒情小说"比较》，《延边大学学报》2001年第3期。

[②] 单元：《跨越时空的精神传递——萧红、田沁鑫比较论》，《喀什师范学院学报》2001年第3期。

心是人类最基本最重要的生与死的命题,田沁鑫的话剧《生死场》,其统领全剧的核心仍然是对于生与死的敏感与思考,但她在剧中,更多地表现了当代人的焦虑与忧思。萧红对于生与死的展示与思考,主要是以女性视角、女性经验为基础的,她试图从女性最直接的身体体验和心理感受去重新审视生与死的意义与价值,并借助女性的体验与叙述,对男权中心社会和男性权威进行大胆的质疑与尖锐的批判。身为女性,田沁鑫与萧红有一种心有灵犀的相通与契合,她在传递着萧红精神的同时,又注入了20世纪末中国女性的焦灼、沉重与愤激的情感。

第二章

2002年萧红研究述评

一　萧红作品研究

1. 萧红小说研究

（1）《呼兰河传》研究

王金城《诗学阐释：文体风格与叙述策略——〈呼兰河传〉新论》①认为《呼兰河传》是一部"抒情性写实小说"，它鲜明地体现出萧红感性的小说诗学思想与理性自觉的文体意识，是一次独特的小说新美学实践。作者认为，《呼兰河传》这种全新小说叙述类型构建受到萧红独特的小说诗学思想、奇异的艺术感觉和艺术传达能力以及鲁迅先生和外来文化的影响。在叙述策略上，作者发现，萧红极富创意地设定了三层叙述结构：一是由人物、情节、事件表面的零零散散所组成的显在结构；二是由小说七个部分合成的平行并列的块状结构，即中层结构；三是由"时间、空间、人生"三位一体构成的具有生命意蕴的哲学结构，即深隐结构。《呼兰河传》这一结构既内在地统摄着叙事的程序，又外在地指向作者体验到的人间经验和人间哲学。从叙事角度来说，作者发现在《呼兰河传》中，萧红将自己裂变成"成人叙述者"和"儿童叙述者"两个叙事人，与之对应的便是"成人视角"和"儿童视角"两个叙述视角，"成人话语系统"和"儿童话语系统"两套叙事话语。

---

① 王金城：《诗学阐释：文体风格与叙述策略——〈呼兰河传〉新论》，《复旦学报》2002年第6期。

（2）《生死场》研究

自《生死场》问世以来，对于它的评论便层出不穷，尤其关于它的主题更是众说纷纭。黄晓娟[1]系统梳理了自鲁迅、胡风、周扬以来的各种评论，认为，新时期以来，《生死场》研究取得了突破性进展，对作品主题的总体性确定，也从"反帝爱国"深入到"改造国民灵魂"。但随着时间的推移，单一的"改造国民灵魂"的阐释似乎越来越难以解释萧红作品所辐射的天地。于是，作者从作品中表现出来的生与死的三个方面入手，即从出生就走向死亡的自然群体——农民，生与死的意义承载——女性的身体，在充满了奴性色彩的文化环境中生活着的农民对待生与死的态度上，认为民族的兴亡是萧红在那个特殊的环境下，对生与死的一个侧面的探讨。对人类生存境遇的探究，对民族自立的潜在障碍及其封闭、落后而又愚昧、陈腐的文化心态的历史反思才是她所要揭示的主题，这也是萧红批判国民劣根性的另一条途径，从而将"国民性"思考的文化指向和历史主题引向深入。

此外，萧红在《生死场》中有多处对生育场面的描写，黄丝雨[2]认为，这些描写用真实而深刻的笔触还原了女性生育的原貌，并且萧红通过描写女性生育的生理之痛和揭露男性歧视生育等不负责任的事实来全面解构了男权社会所高扬的母性。

（3）小说整体研究

对于萧红小说的风格，评论者多从抒情的、感性细腻的等层面入手，艾晓明[3]却独辟蹊径，认为戏剧性的讽刺才是萧红小说风格最重要的特质。适应这种想象方式，萧红创造出场景性的小说结构，发展了一系列反讽手段，从而建立了她个人的成熟的小说文体形式。作者以萧红的《呼兰河传》为例，就场景性的小说结构来说，它的故事片段是戏剧化的，而它的章节安排是场景性的。由这种开合式的分场、移步换景的聚焦，萧红敞开了同一空间里不同侧面的深度。并且从叙事效果来

---

[1] 黄晓娟：《对着人类的愚昧——论〈生死场〉的主题意蕴》，《广西师院学报》2002年第4期。

[2] 黄丝雨：《对母性的质疑——试析萧红〈生死场〉中生育场面的描写》，《南宁师范高等专科学校学报》2002年第4期。

[3] 艾晓明：《戏剧性讽刺——论萧红小说文体的独特素质》，《中国现代文学研究丛刊》2002年第3期。

说，它的散文笔法有利于情境的切割、场景的转换，以便出演不同的人物故事；而故事里内在的戏剧性和讽刺主题，则把片段的故事连缀成小说整体。就反讽方式来看，作者归纳了如下四种：一是对照型反讽，包括结构上的对照、场景间的对照以及人物行为的前后对照；二是自白、对话与扩展型反讽；三是人物自嘲；四是叙事者反讽。此外，作者还特别注意到《呼兰河传》中的女童视角，认为女孩的不谙世事、一知半解与她眼里的成人形成两种理解。这个距离和陌生化的效果，正是反讽所需要的。具体来说，女童视角还有三个方面的作用：一来她的位置，决定了叙事的详略，也串联起不同场景。二来女童视角又是一段距离。在女童的眼睛里，现实改变了形象。三来可以在现实扭曲变形后，产生出富有童趣的意象。可以说，该文无论是在文本细读、逻辑论证，还是在文章观点上，都是近年来有关萧红研究中一篇不可多得的力作。

可以说，在小说的规范中，萧红是一个出格与越位者。孙中田[①]认为，萧红的小说学是对传统小说学的一种反拨。具体来说，她弱化小说情节，而大张情绪，并且糅进了诗味；她间离了小说的艺术空间，以不完全的叙述，强化了艺术空白；她反人物的描绘转向负面的群体；而在追忆式的体式中，融化了风俗画的色彩，以象征的笔墨，增强了作品的内蕴。

萧红的几部优秀小说几乎都与东北的乡土社会紧密相连。单元[②]认为，萧红乡土小说的独特价值主要体现在四个方面：一是原始、蒙昧、混沌的乡土生活写照；二是透彻、强烈、执着的生命意识探求；三是病态、落后、原始的民俗文化展示；四是清醒、深刻、孤寂的现代人生思考。

姜志军[③]认为，萧红小说的诗蕴品位具体表现在如下四个方面：天然脱俗，具有诗的语言；和谐有致，具备诗的韵律；水乳交融，构筑诗的情景；含蓄淡远，饱含诗的意境。

在20世纪风云变幻的历史进程中，"启蒙"与"救亡"是文学发展的主流，萧红的命运与文学创作始终与大时代联系在一起，却又固执

---

① 孙中田：《萧红的小说艺术》，《天津大学学报》2002年第3期。
② 单元：《论萧红乡土小说的价值》，《江西社会科学》2002年第2期。
③ 姜志军：《论萧红小说的诗蕴品位》，《海南师范学院学报》2002年第5期。

地沿着个人独有的轨迹发展。何莲芳[①]认为，萧红以其个性主义的创作和自由写作的姿态，以个人熟稔的社会生活为创作蓝本，通过对老来失子无所依持的寂寞、孤寒，少年失怙的孤零和漂泊，人生独行者的苦寒、孤寂，失情、失家、失国者的漂泊流离四个方面的深切关注和执着叙写，反映出了萧红创作温厚、宽广的人伦关怀。

余娟[②]结合萧红的几篇与抗战有关的作品，分析发现，由于经历的缺乏，对抗战题材的陌生使萧红在正面描写抗战内容时，显得艺术上把握不足，但她巧妙地将大时代中熟悉的小故事置换了自己陌生的抗战题材，以抗战大潮边缘的人物为对象，用女性细致入微的观察和敏锐的艺术触角从侧面表现了动乱年代加之于个人肉体上的摧残和精神上的罹难，展示出他们的心灵创伤。

王雪[③]认为，萧红的小说突破了传统小说创作模式，主要体现在：她的一些小说淡化社会环境，注重文字的优美，体现出其个性化的审美意蕴，即呼唤人性的觉醒，叙述童年情结以及情结化的叙述人语言等。不仅如此，萧红的小说创作借鉴吸纳了诗歌的创作技巧，故而其作品蕴含着浓浓的诗意，使小说平添了一种独特的艺术魅力，提高了作品的文化品位和欣赏价值。此外，郭剑敏《论萧红小说的绘画美》[④]同样探究了萧红小说的艺术个性。作者认为，萧红善用画家的笔法来描摹故乡的风土人情、自然地貌以及社会人生图景，写景状物形象传神，具有强烈的视觉效果。

2. 萧红散文研究

萧红的散文集《商市街》作为一部回忆性作品，主要内容是回忆两萧在哈尔滨时期的一段艰苦的生活经历，具有较强的纪实性和自传色

[①] 何莲芳：《温厚、宽广的人伦关怀——试论萧红小说的审美价值取向》，《新疆师范大学学报》2002年第1期。
[②] 余娟：《边缘叙事——萧红抗战小说题材的独特性》，《南昌教育学院学报》2002年第3期。
[③] 王雪：《论萧红小说的个性化审美意蕴》，《东疆学刊》2002年第3期。
[④] 郭剑敏：《论萧红小说的绘画美》，《集宁师专学报》2002年第2期。

彩。马云①从萧红当时的创作心境与情感世界的层面入手，认为萧红在这个时期如此关注她与萧军的两人世界，恰恰是因为两人世界出了问题。萧红在《商市街》中对萧军的描写和感受，从某种程度上看，她的情感是压抑的，创作情绪处于低落时期。可以说，《商市街》是萧红的情感经历和心灵记录，是独语。同时，《商市街》又是萧红写给萧军的，是与萧军的情感交流和深情对话，它隐含着萧红那段时间的情感饥渴和爱的失落。

3. 萧红作品整体研究

萧红的创作以反映东北乡土的作品最为突出，这些作品发展了20世纪初我国新文学中"展现故园现实人生图景"和"改造国民性"两种乡土文学的不同倾向。艺丹②认为，萧红的作品继承和发展了鲁迅开创的"改造国民魂灵"思想的文化内涵，在清醒、冷峻的批判意识支配下，描绘出农民文化落后于时代的陈腐性和停滞不前的恒定性特征，并且对于农民文化中的封建迷信历史进行了批判，其作品呈现出深厚的文化批判意识。

刘丽奇③通过对萧红笔下的男、女形象研究，认为萧红作品中的女权思想主要表现在两个方面：一方面，她赞颂女性，在《呼兰河传》和《生死场》的女性描写中，她称赞女性的人品高尚，性格坚强、刚毅，不向封建道德观念与黑暗恶势力屈服，敢于同命运抗争；另一方面，她鄙视男性，抨击和嘲讽男性，如在《逃难》和《马伯乐》中，她的这种思想体现得尤为突出，她觉得男人貌似强大、了不起，其实思想卑微、自私自利。男人不仅胆小、怕事，而且比女性懦弱、愚蠢等。

王妹④认为，萧红给中国现代文学画廊留下了一系列负着时代和社会最深重灾难，在"生死场"上呼喊着人生、诅咒着的"萧红式"女性。她们在"生的坚强""死的挣扎"中寻求到了生命的火花，寻求着

---

① 马云：《萧红〈商市街〉的创作心境与情感世界》，《河北师范大学学报》2002年第6期。
② 艺丹：《萧红作品中对农民文化的反思》，《中国青年政治学院学报》2002年第4期。
③ 刘丽奇：《萧红作品中的女权思想》，《北方论丛》2002年第5期。
④ 王妹：《论萧红作品中的女性形象及女权意识》，《牡丹江师范学院学报》2002年第5期。

人生的价值，表现出反封建和谋求女性解放的女权意识。具体来说，包括以下三个方面：一是反对包办婚姻，赋予生命不息的品格；二是暴露家庭黑暗，批判男权罪恶；三是揭示人性异化，观照生命价值。

王立坤[①]探究了萧红与鲁迅先生的深厚情谊及其对她创作的影响，具体来说，包含两个方面，一是对于生命的强烈慨叹，对于人的精神状态的关注；二是对于人们精神愚昧的展示。可以说，萧红对鲁迅精神的理解是深刻的，继承是自觉的。

萧红小说创作体现出大胆越轨的笔致，张玉秀[②]认为，其美学气质体现为一种雄浑而忧郁的美；其任笔随性的抒情笔致及"自我"个性体验的介入，构成一种独特的女性主义文本：萧红体。不仅如此，萧红的语言风格也是多姿多彩的，李爱云、吴海涛《语言的儿童习语式——萧红创作的语言风格之一》[③]认为，儿童习语式是她的语言风格之一，它有一般童言的天真质朴，更有独特的艺术价值。作者认为萧红用儿童习语写作不是为了表达的方便，也非刻意地追求，而是生命体验的一种自然的流露。在常见的儿童习语背后蕴含着丰富的社会内涵，因而，她的作品比一般的儿童作品更有深度。同时，萧红的儿童习语具有节奏韵律，在章句行文间充满着音乐美。

二 萧红思想研究

1. 萧红与存在主义

读《萧红传》或查《萧红年谱》，我们可以知道，萧红并没有系统地读过有关存在主义的书籍，但这并不妨碍萧红自有她的存在之思，并成为一个存在主义者。崔云伟[④]认为，《生死场》里的人们处于完全不

[①] 王立坤：《萧红作品与鲁迅精神》，《沈阳大学学报》2002年第3期。
[②] 张玉秀：《异质的女性主义文本——萧红体》，《海南广播电视大学学报》2002年第2期。
[③] 李爱云、吴海涛：《语言的儿童习语式——萧红创作的语言风格之一》，《衡水师专学报》2002年第4期。
[④] 崔云伟：《从〈生死场〉〈后花园〉〈呼兰河传〉看萧红的存在之思》，《泰安师专学报》2002年第2期。

自知的"生与死"的时间轮回中,这种存在从根本上说是偶然的、不可思议的、荒诞的。一句"在乡村,人和动物一起忙着生,忙着死……",概括了生死场中人们的生存状态。关于"场"的描述,则反映了萧红对于"人在空间中"这一哲学元命题的原始思考。在《后花园》中,冯二成子的时间意识觉醒了。他开始由自在的存在转向自为的存在,由非本真状态转向本真状态,由非人状态转向人的状态。这里的有无时间意识,恰是一个分水岭。当冯二成子终于领悟到自己的"被抛状态"之后,他也终于做出了属于自己的自由选择和决断。《呼兰河传》则集中表达了萧红孤独、寂寞的生存体验和反抗绝望的生存勇气。认识到人生的根本性虚无,并不意味着人就可以放弃希望、自甘堕落。萧红在这里恰恰是教人们从根本上面对这虚无的人生和荒诞的处境,像加缪那样鼓起自为的存在的勇气,挺身反抗之。概之,萧红的存在思想在许多方面无意之中与海德格尔、萨特等存在主义生命哲学走到了一块,萧红也由此成为继鲁迅、冯至之后的又一位存在主义文学创作大家。

2. 萧红的精神特质

萧红的创作中,"生命"是一个主旋律。她一生信仰"生命",她的艺术创作的全部归宿,从某种意义上说就是探索与表现各种"生命"形式。艺丹[1]认为,在以"生命"为主旋律的创作中,萧红捕捉与再现了三种基本类型的"生命"形态:其一,生命的自然形态;其二,生命的自在状态;其三,生命的自为形态。

黄晓娟[2]认为,"家园意识"是萧红情感链条中丰富而复杂的一环,萧红将生命中这种最深切的情感融入了以家园为题材的小说中,具体来说,萧红的家园意识主要体现在两个方面:一是对童年生活的回忆。萧红的儿童世界表现出具有人类学意义的生命原初体验,它构成了人类生存方式以及人类集体性大记忆中的缩影之一,接通更深远的人类感、历史感。二是对固守者的反思。对于故乡农民的人生探索,萧红更多地集

---

[1] 艺丹:《生的顽强,死的挣扎——解读萧红对"生命"的阐释》,《海南师范学院学报》2002年第2期。
[2] 黄晓娟:《故园之恋——论萧红的家园意识》,《湛江师范学院学报》2002年第4期。

中在对他们生存方式的深切关注之中。从《生死场》《呼兰河传》对人类生存价值的探寻，再到《小城三月》《后花园》等对生命自由、生命质量的追求，萧红展示出了固守在故乡村镇里的乡土民众那种动物般的麻木和愚昧。因此，萧红的故园有着双重内涵：一是充满童趣和爱心的故园印象；二是在那些固守在家园里的劳动者身上，思索着生存的价值和意义。此外，张叶红[①]也论述了关于萧红的家园意识。

3. 萧红与佛学

坎坷的人生经历，引发了萧红对人生命运的思考。黄晓娟[②]认为，其对生命终极的一种近乎思维冲动的追究，使她无意间与佛学沟通了。具体来说，包含以下两个方面：一是生与死的体验与参悟。在萧红的笔下，生与死周而复始，永无休止。因而，它无意间与佛教的生死观相通了。这种发现，赋予了萧红作品一种宗教情绪的人生态度。二是生命悲剧的感悟。萧红笔下人物思想的深处，是一种被拨弄的命运途中自慰的人生哲学。与佛家的虚无观比较起来，萧红的虚无感中含有强烈的人间烟火味和强烈的反抗因素。佛教意识在萧红作品中的体现，是一种覆盖了前生今世的多苦意识，所有的时空都弥漫着数不尽的苦难。

4. 萧红与女性文学

20世纪，伴随着个性解放、人的觉醒的时代大潮，一批女作家应运而生，冰心、丁玲、萧红、张爱玲就是其中最杰出的代表。单元[③]认为，与冰心、丁玲、张爱玲等作家相比，萧红的独特性和不可替代性主要表现为三点：第一，她没有局限于知识女性的狭窄视野，避免了陷入女性文学的精英主义误区，自觉为中国最广大下层女性代言，执着关注中国下层妇女的生存状态和人生悲剧。第二，她始终如一地坚持以女性视角和女性生命体验来描绘普通女性生存真相并对她们寄寓着深切悲悯，体现出独立、清醒、深刻的现代女性意识。第三，萧红拓展、丰富、深化了20世纪中国女性文学的表现内涵，提高了其审美品格。

[①] 张叶红：《萧红：女性写作与寻找家园》，《江西社会科学》2002年第4期。
[②] 黄晓娟：《心灵的妙悟——论萧红与佛学的沟通》，《学术论坛》2002年第5期。
[③] 单元：《萧红与20世纪中国女性文学》，《湘潭大学社会科学学报》2002年第6期。

三　萧红比较研究

本年度有关萧红的比较研究主要集中在萧红和迟子建、张爱玲方面。

1. 萧红与迟子建

单元《童心映照的自然之美——萧红、迟子建比较论之一》[①]论述了萧红与迟子建笔下自然美的特点，认为她们善于用儿童视角去观察和描绘自然，能以童心的纯洁、美丽、自由与舒展去映照自然，尤其注重在描绘自然时表现儿童特有的幻想、生机与灵性。尽管如此，她们作品中的自然描写，又显现出以下差异：第一，萧红的人生经历更为惨痛、凄苦、忧伤、孤独，当她描绘自然时，总是不时地流露出哀婉、凄凉、寂寞的色彩。而迟子建笔下的大自然，色彩显得较为瑰丽而纯净，感情上也不是那样凄婉萧索。第二，萧红写大自然的生机与活力时，常常是作为人生死寂呆板的参照物来写的，因而就更衬托出二三十年代中国人生活方式的陈旧和了无生机。而迟子建描绘大自然，则更多带有对大自然的敬畏与热爱，因而她作品中的大自然，往往显得更加强悍、博大，也更为神秘浪漫。萧红与迟子建作品中这种自然描写的差异，一方面是由于作家命运、个性的不同，另一方面也是由于时代、社会的巨大影响。

本年度对萧红和迟子建做出论述的还有樊星、喻晓薇[②]和殷红[③]。樊星等认为，就创作母题而言，萧红倾向于以现代启蒙者身份对乡土进行冷峻的审视与批判，迟子建则倾向于对乡土的缅怀；就审美风格而言，萧红的创作体现出张力之美，而迟子建的创作则表现为和谐之美。殷红从叙述角度、叙述内容、叙述话语三个角度对萧红后期代表作《呼

[①] 单元：《童心映照的自然之美——萧红、迟子建比较论之一》，《江汉论坛》2002年第3期。

[②] 樊星、喻晓薇：《东北乡土文学中的两种创作路向——萧红、迟子建乡土小说比较研究》，《荆州师范学院学报》2002年第6期。

[③] 殷红：《君自故乡来——〈呼兰河传〉与〈原始风景〉比较谈》，《北方论丛》2002年第5期。

兰河传》与迟子建前期作品《原始风景》进行了比较,具体来说,两部作品有如下共性:童年经历的深刻影响及其童年视角的选择;叙述内容的亲历性及其东北地方特色;叙述话语的清新及其感伤的怀旧气氛。分析这共性的成因,作者认为主要是由共同的地域文化造成的。

2. 萧红与张爱玲

在20世纪三四十年代,萧红、张爱玲是追求个性自由与独立的叛逆者。李石勇[1]认为,她们的生命与艺术呈现出浓郁的悲剧色彩。具体来说,萧红的作品表达了一种历史主题:底层质朴、被压抑的自然人性,及底层不屈服于命运、顽强抗争的生存悲剧。张爱玲的作品则表现了大家族中戴着重重枷锁的、被扭曲的人性,及在传统旧文化与资产阶级物欲文明双重压抑下的女性,在抗争中被毁灭的悲剧。关于悲剧的成因,作者认为,萧红的悲剧在于以政治为主导的时代里容不下个人主义者,而张爱玲则是在旧文明成为破碎的纸片而新的文明又让人无所适从的时代里,找不到出路的寻找者的悲剧。此外,破碎的家庭与波折和无奈的婚姻进一步强化了她们的性别意识、个体意识,使她们把女性悲剧、个体遭压抑作为主要的表达与述说对象。

孙丽玲[2]从观照角度、审美风格等方面,比较了萧红、张爱玲在写作上的差异:萧红主要揭示北方农村妇女的生存状态和生命形式,张爱玲则多描写被传统男权文化剥夺了自我意识的港、沪大都市里中上层家庭的女性角色。萧红侧重于对女性的身体体验和特殊的生命感受的表现,张爱玲重视对女性心理的矛盾、压抑和自我冲突的深层挖掘,她所关注的是女性的内省,是对女性自我的质询。或许在不期然间,张爱玲完成了将女性写作由控诉社会到解构自我的深化。萧红对女性的命运多是同情,她认为女性的悲剧是女人的"第二性"性别造成的;而张爱玲对女性的现状更多的则是否定,她认为女性的悲剧主要是女人的奴性造成的。从风格上说,萧红、张爱玲的作品都具有一种"悲凉"的审

---

[1] 李石勇:《论萧红和张爱玲生命与艺术的悲剧主题》,《华南理工大学学报》2002年第4期。

[2] 孙丽玲:《真正的女性之声——萧红、张爱玲作品比较》,《延边大学学报》2002年第4期。

美品格，这种悲凉的风格，是与作家的人生体验和人生经历分不开的。正是由于萧红心底那份"生为女人"被歧视与遗忘的边缘人的深切体会，那份对生命悲剧性的深邃感悟，才形成了她作品中那挥之不去的浓郁的悲凉情调，而张爱玲作品中的这种悲凉则来自她内心深处的悲凉。

第三章

2003年萧红研究述评

一 萧红作品研究

1. 萧红小说研究

（1）《呼兰河传》研究

对萧红的《呼兰河传》历来评说纷繁，姚万生《〈呼兰河传〉：家的思恋与重建——论萧红的自我拯救与自我超越》[①] 认为，这部长篇小说表达了萧红对家的思恋与重建，萧红在一种荒凉的生命与理想的期盼中构成了自我拯救与自我超越。王金城[②]论述了《呼兰河传》的主题形态，认为，《呼兰河传》实际上存在着两重主题形态。潜隐的主题形态不仅是萧红以女性话语重操乡音找家门的隐喻方式，而且是20世纪人类回归心灵家园和精神故乡的深度寓言，是人类永恒的"回家"之歌，是对整个人类精神思想领域的深沉潜航。显在的主题形态是国民灵魂改造的一曲挽歌，是萧红站在精神再造的文化制高点上，对病态社会的生态、病态民族的心态与病态灵魂的丑态进行的一次深刻的文化批判。

萧红在日本和香港时期，对有二伯的怀念一再体现在她的创作中，产生了一个颇具特色的以其喜剧性言述把握其悲剧性人生的人物形

---

① 姚万生：《〈呼兰河传〉：家的思恋与重建——论萧红的自我拯救与自我超越》，《宜宾学院学报》2003年第1期。

② 王金城：《主题形态：精神归返与灵魂挽唱——〈呼兰河传〉新论》，《北方论丛》2003年第1期。

象——有二伯。长期以来，有二伯成了一个不好定位因而被萧红研究所冷落的人物。然而，他的确是萧红笔下最具艺术光彩的人物形象之一，因此，蓝露怡[①]试图挖掘有二伯这一人物形象及其意义。研究发现，作品以自传性回忆文体所特具的深挚情感，将作家情深意挚的回顾和对儿时记忆的还原自然而又艺术地统一在复合视角中，对所刻画的主人公的生活世界进行了诗性的"敞开"与包润。具体来说，有二伯不愿做"愧心事"，然而他做了；他想掩饰它，但却十分笨拙，由此产生喜剧感。但另一方面，"我"、作者，甚至他本人，又感到有愧的不是有二伯，而是"我"的家；然而，牺牲者却是有二伯，这又产生了悲剧感。此外，作者认为，关于萧红作品的风格，就幽默、机智、欢笑和失笑而言，除了承传自鲁迅等文学前辈的讽刺幽默风格、对故事的结构能力和叙述意识，有二伯的富有荒诞意味的幽默，与祖父愉悦平和的生活情绪一样，都在萧红的创作个性中留下了痕迹，构成了萧红言述的复合风格。

（2）《生死场》研究

《生死场》刚刚问世就名噪一时，后来一直被看作抗战文学的代表性作品受到称道。摩罗[②]认为，从抗日角度来阐释《生死场》虽然有合理的一面，但是这并不全面，而且可能有很大程度的歪曲。作者认为《生死场》主要不在于写抗战，而是写生民的生、老、病、死，这体现了萧红最深切的人生感触。至于后面为什么要写抗日，作者认为有如下两个原因：首先，萧红"很可能意识到自己的文学作品应该担负起某种与时局有关的责任，对日本侵略者进行谴责和控诉"，换句话说，写抗日，并不是萧红特别主观情愿的。其次，萧红受到萧军、舒群、金剑啸等左翼倾向的影响。作者主要讨论了《生死场》前三分之二的独特信息：第一，描写乡民生命意识的麻木，萧红是从一般的日常生活或者说是从生存本身的意义上来写人的精神麻木、灵魂麻木；第二，萧红从生存本身意义上展现人们的生存困境，包括贫穷、疾病以及战争；第三，

---

① 蓝露怡：《喜剧的前台，悲剧的画外音——论萧红笔下的有二伯》，《文艺理论与批评》2003年第1期。

② 摩罗：《〈生死场〉的文本断裂及萧红的文学贡献》，《社会科学论坛》2003年第10期。

表现心灵的荒凉,包括两性伦理中心灵的荒凉和一般人伦关系中的心灵荒凉。

(3)《马伯乐》研究

在中国现代讽刺幽默文学的大家族里,杨晓林[①]认为马伯乐是独特的"这一个":他既是"看客"、洋奴、守财奴、寄生虫,又是一个奥勃洛莫夫式的多余人,常用"精神胜利法"来安慰自己的无能和失败,可笑可鄙又可怜。萧红对"逃难"题材的深掘、对黑色幽默手法的出色应用、对人生存状况中可笑性和滑稽性的洞察,使《马伯乐》成为一部未完的杰作。

(4)《小城三月》研究

《小城三月》是萧红为数不多的以刻画人物性格、展现人物命运为主的小说之一。刘爱华[②]认为,萧红通过家乡一个普通女孩对崭新的现代品位、对爱情的含蓄、微妙的心理现实的剖析和挖掘,展现了处于新旧交替时代东方女性带有悲剧意味的某些文化特质。一方面,翠姨从心底喜欢新文明带来的新思想和新事物;另一方面,她又负载着多重的传统文化品格,多愁善感、瞻前顾后、犹疑不定,对自己的生活采取灰色低调的处理态度,这些都最终注定了她的悲剧结局。

(5)小说整体研究

女儿性指女性由于童年期意象的无限延长来确认并实现自我意识的诸多复杂的非稳态的性格特征。徐妍[③]在进入萧红小说之时,认为其触目所见萧红的无数影像其实只有一个原型——以记忆为生的永远的女儿。更确切地说,萧红的个性有的只是十足的女儿性。从女儿性出发,作者认为,首先,"后花园"不是一般意义上的萧红童年生活的环境与童年快乐的见证,它是萧红女儿性的记忆生成与滋养之地,也是女儿性的根性之地。其次,萧红的女儿性使她一方面将人类的愚昧当作主要的敌人,另一方面又以体恤而不是以批判的目光来透视在北中国的旷野上挣扎的群像。再次,女儿性使她选择了非自主性记忆的自主性叙述方

[①] 杨晓林:《论"萧红体"小说的"另类"〈马伯乐〉》,《齐齐哈尔大学学报》2003 年第 4 期。
[②] 刘爱华:《〈小城三月〉:美丽而苍凉的象征》,《东北师大学报》2003 年第 6 期。
[③] 徐妍:《萧红小说中的女儿性》,《中国现代文学研究丛刊》2003 年第 4 期。

式。最后，萧红的女儿性显在地表现在明丽的印象性语词和晦暗的意向性语词中。

萧红是一位自我体验型的作家，她不幸的人生遭遇给她的创作带来很大的影响。熊立[①]根据现代心理美学中缺失性体验理论对萧红作品进行了梳理，研究发现爱的缺失是萧红生命历程中独特的体验内容，这种体验是她创作的一个动因，也影响到其作品的倾向性。主要表现为：父爱的缺失，导致她对父亲的憎恨，从而上升到对统治阶级的憎恨；爱情的缺失，使她有感于女性自身的悲剧命运，从而揭示出现实社会中女性的生存状况；爱的缺失，使她追忆童年，寻找精神的家园。

此外，郝庆军[②]和王妹[③]都对萧红小说做出了论述。郝庆军着重论及了萧红小说死亡主题的两个方面：一是从死亡反观生命的情感表现，包括直面来自生活苦难的压迫、对美好爱情的含泪礼赞以及对人间亲情的深沉祭奠。二是面对死亡不屈不挠的生存哲学，包括漠视死亡与欣赏死亡、对彼岸性的世俗化消解以及爱与坚韧的生命之火。王妹则从叙事模式探讨了萧红的小说，具体来说，包括以下三个方面：一是叙事时间的模糊性以及连续性的忽略；二是体验世界的多维视角运用，包括纯客观视角、第一人称视角、儿童视角、女性视角；三是故事情节的淡化以及开放的时空结构。

2. 萧红散文研究

小说的诗化、散文化历来被视为中国传统诗学思想在新文学史上的延伸，京派一向充当了小说诗化、散文化的代言人。但是，闫秋红[④]认为，人们往往忽略了另一种与京派迥然不同的诗化、散文化，那就是以萧红、端木蕻良为代表的东北作家群。他们浸润于本地域的萨满教原始文化之中，与废名、沈从文等人有着不同的文化心理和文化追求，因而他们的诗化、散文化必然具有属于自己的个性特征：粗砺狂放、任意而

[①] 熊立：《论缺失性体验对萧红小说创作的影响》，《宁夏大学学报》2003年第6期。
[②] 郝庆军：《论萧红小说的死亡主题》，《佳木斯大学社会科学学报》2003年第2期。
[③] 王妹：《论萧红小说的叙事模式》，《齐齐哈尔大学学报》2003年第6期。
[④] 闫秋红：《"越轨的笔致"：小说的另一种诗化、散文化追求》，《江汉论坛》2003年第5期。

为、追求原始野性而"浑然天成"。对萧红散文做出论述的还有张丽慧[1]等。

3. 萧红作品整体研究

在萧红的作品中经常会出现太阳的形象，其作品中的太阳并不仅仅只是作为自然环境描写的一部分，为人物的活动提供背景、渲染气氛，而且融进了作者对世界的主观感受和情绪反应。洪玲[2]认为，太阳意象成了萧红作品中的有机组成部分，它既作为一种客观存在物的描述，又形成了一种悲凉、忧郁，甚至有些冷峻的气氛，在一定程度上有助于她的作品风格的形成。具体来说，萧红作品中的太阳意象可以分为两类：第一，太阳意象在某种程度上可以说象征了男性权力的统治，它不但体现了作者心中那种被社会抛弃之孤独荒凉感，而且用对毒太阳的诅咒来体现她对暴力的男权社会统治的愤慨。第二，作品中朝气蓬勃的太阳则暗合了萧红对光明、对理想社会的渴望。

萧红一生历经情感和生活的磨难，早年的两次失子和中年的寂寞，导致她长期思念幼儿和怀念童年、家乡，关注儿童命运。周春英等[3]从心理学的角度分析了萧红所创作的 11 篇儿童题材文学作品。作者认为，这些作品首先是时代社会的产物。20 世纪三四十年代的中国出现了不少反映儿童生活的文学作品，萧红的儿童文学作品，总体上与三四十年代儿童文学反映人民苦难的主题是一致的。其次，这些作品是萧红独特的人生经历与心理情绪在艺术上的体现，诸如儿童视角的运用，婴幼儿形象的塑造，儿童散文的创作等。另一方面，这也是萧红多年以来积郁内心的童年情感喷发的结果。除此之外，作者还认为，萧红创作儿童题材的文学作品，还有另外两个方面的原因：一是萧红对生命价值和生存意义的拷问；二是作为女性的她具有敏感多情的特点。

---

[1] 张丽慧：《本色的魅力——试论萧红散文的艺术风格》，《长春大学学报》2003 年第 6 期。

[2] 洪玲：《论萧红笔下的太阳意象》，《呼兰师专学报》2003 年第 4 期。

[3] 周春英、陈建光：《论萧红的儿童题材文学创作》，《宁波大学学报》2003 年第 1 期。

二 萧红思想研究

1. 萧红的启蒙思想

刘永莉[①]认为，萧红继承了鲁迅所开创的改造国民灵魂的文学传统。其中，《生死场》从对农民真实生活情景的描写到对国民性的反思，表现出萧红对农民生存状态的困惑和面对沉睡的国民灵魂的深深的悲哀；《呼兰河传》是萧红远离故乡后对曾经生活的环境的一种深刻的自省与反思，她以现代人的眼光冷静地观照自己熟悉的生存环境，挖掘和批判了国民的劣根性。

2. 萧红的悲剧意识

萧红是一位具有深刻的生命体验和强烈的悲剧意识的作家，她的小说充满了浓重的悲剧意味。郭秀琴[②]认为，萧红悲剧意识的成因主要包括以下四个方面：一是痛苦和不幸的生命体验，如童年生活的孤独寂寞、长大后的漂泊以及爱情理想的失落等；二是动乱的社会、时代等外在因素的影响；三是萧红主体意识的自觉追求；四是受到鲁迅深刻的、批判的现实主义精神的影响。

3. 萧红的精神特质

"寂寞"是阐释萧红生命状态和写作文本的一个共名话语。张岚[③]从萧红个体生命经验与小说叙述的对应阅读入手，认为极度单纯的内在诗人气质和纷繁的"他性"世界之间的深刻冲突，造成了萧红短暂一生中的寂寞心境以及游移于文学史上的边缘状态。萧红从个体生命经验和人道主义开始，赋予"寂寞"一种坚实的"为人生"的质地，实现了她相对闭抑的个人经历与开放的叙述结构的统一与延伸。此外，袁洪

[①] 刘永莉：《萧红——鲁迅启蒙文学精神的继承者》，《理论学刊》2003年第6期。
[②] 郭秀琴：《浅探萧红悲剧意识的成因》，《前沿》2003年第10期。
[③] 张岚：《无法返回的"寂寞的国"——萧红生命经验与小说叙述的对应阅读》，《江汉论坛》2003年第12期。

权①从人生的寂寞、写作态度的寂寞以及不被同时代人理解的寂寞三个方面说明了萧红的寂寞情结。

三 萧红比较研究

本年度有关萧红的比较研究主要集中在萧红和迟子建、张爱玲方面。

1. 萧红与迟子建

李晓华《乡土话语的女性言说——论萧红和迟子建的地缘小说》②认为，萧红和迟子建在表现一些乡土经验和乡土话语中存在细微差别：首先，萧红对现实乡土的书写透视出比表面现实更为真实与深刻的具有民族和性别寓意的乡土东北，而迟子建则借助童话与神话建构了想象中的北国温情乡村。其次，与萧红借女童视角反思人性——国民性不同，迟子建是用女童的眼睛与心去体察和感受并复苏人性。最后，萧红更善于站在思想文化与历史民俗的缝隙间"窥视"民族与人性的劣根性，更敏感于寂寞情怀与悲剧氛围，因此语言冷峻峭拔，表现出既怀旧、眷恋、悲悯又质疑、否定、嘲讽的美学风格，真善美的自然与人性在严酷的现实面前不堪一击。迟子建则是在凸显地域风貌、渲染生活氛围、书写民间文化中展开人生的世相百态，表现个体的人性本真，探寻生命与性别意识，可以说，迟子建的小说留住了亲情、友情、爱情以及生命旅程里一些温暖美好的东西。

此外，迟子建和萧红同是东北女作家，李晓华③认为前者的创作对后者有一种继承和超越的关系。具体来说，作者认为，在创作风格和题材选择上迟子建对萧红有着明显的继承关系；而置身于当代语境中，迟子建无论是在女性话语、乡土话语或文本结构上都对萧红有不同程度的超越。首先，在女性话语方面，第一，生存环境所决定的书写方式的差

---

① 袁洪权:《萧红的"寂寞"情结》,《重庆师院学报》2003年第2期。
② 李晓华:《乡土话语的女性言说——论萧红和迟子建的地缘小说》,《北京大学学报》2003年第S1期。
③ 李晓华:《论迟子建对萧红的继承和超越》,《重庆三峡学院学报》2003年第6期。

异。萧红的书写中反抗性和软弱性共存，女性的依赖性深入骨髓。迟子建在小说创作中却是有意追求一种行云流水般的审美意趣，以一种宁静悲悯的目光来看她的人物。第二，女性意识在文本中的不同表现。萧红的女性形象大多是模糊的，是忽略女人的性征的，更多的女性则仍是男权中心下"失语"的一群。迟子建的女性形象已略具反抗性，基本属于较为成熟的文化女权主义文学的范畴，女人已有女人性征，这种反抗性不完全是为了国家、民族、阶级，而是为了女人的生活地位、爱情追求等女性自身的问题而进行的。其次，在乡土话语的叙述中，迟子建所营建的"北极村童话"与萧红把乡土当作精神依托的"凄婉歌谣"相比多了一层宁静的人性之光，以及超脱、豁达、包容之美。最后，就文本结构的差异而言，迟子建的小说体现出明显的文体现代性、结构故事性、叙述干预性等特征。而萧红则在小说结构上呈现出一种"反常规的特征"及"反讽"式的场景结构。

2. 萧红与张爱玲

萧红的忧伤与张爱玲的苍凉，都是 20 世纪女性小说中最为优美的经典风格，也是两种截然不同的风格。而说到共同性，王颖[①]认为，可以用两个字来形容萧、张两位作家创作的共同特征——"细"和"隔"。所谓"细"，是指她们都倾心于人生的细微处，她们的笔力所达到的那个茫漠而亘古长在的审美空间是建立在层层叠叠的如粉尘般的事件之上的；所谓"隔"，是指她们的文本与整个动荡的时代，甚至与这个时代中所流行的作品的题材与风格是格格不入的。除此之外，萧红、张爱玲小说创作的史学评价也是惊人的类似：一度被打入冷宫，一度又大红大紫。作者认为产生这种巨大分歧的根源来自文学史观的固执单一，排斥性强而包容性差。在这种单一的文学史观的制约下，萧、张二人的创作只能是"离谱"的"旁门左道"。她们所留意的那些细小如粉尘般的事物缺少时代精神，包容不了各种各样的斗争和反抗的主题。而到了 20 世纪末，"私小说""个人化"的浪潮大有淹没一切的趋势，正是在这个大氛围里，萧、张二人的文学成就又被明显地、不适当地夸大

---

① 王颖：《寻找天平之舞的平衡点——从萧红、张爱玲小说创作的史学评价谈起》，《临沂师范学院学报》2003 年第 2 期。

了。作者深叹，历经风云沧桑，文学史观无疑发生了巨大的变化，然而有一样未变，那就是它固执的排他性。进而，作者希望能在以"包容"为基调的文学史观之上，融以充分的个人化。

此外，徐拯民《诗意随苦难而飘零——论阿赫玛托娃与萧红创作的忧郁美》[①]比较了萧红与阿赫玛托娃之间的忧郁来源。作者认为，阿赫玛托娃和萧红创作中的忧郁来自那时代的忧郁，更来自她们的家庭环境、坎坷经历、不幸爱情、颠沛漂泊的人生以及她们的美学追求等。

四　萧红研究之研究

依着诸多见证者的说法，长久以来端木的为人颇受非议。近几年，端木夫人钟耀群、侄子曹革成撰文著书致力于为端木"翻案"，钟耀群的《端木与萧红》就是其中之一。该书详尽描写了萧红与端木美满幸福的爱情婚姻生活，这种描述与传统说法截然不同。对此，乔世华[②]尖锐地指出，《端木与萧红》实为一部不实之作。限于篇幅，在此，我们主要列举其中两点：第一，如果端木和萧红的感情果真如书中所描绘的一样，那么四十多年来端木面对骆宾基的频频指责却三缄其口，实在令人费解。第二，如果端木和萧红的爱情真就像钟氏所描写的那样感情深厚，那么将无法解释一个铁的事实，即萧红在进行著作版权分割时，《商市街》《生死场》和《呼兰河传》均未给予端木。

作为东北作家群重要代表人物的萧红，在韩国也受到了研究者极大的关注，萧红研究也获得了重要的发展。金昌镐[③]认为，当前，韩国的萧红研究主要可以分为四个层次：一是集中于萧红的某个代表作研究，如《生死场》《呼兰河传》等；二是在论文中提及了萧红的部分作品；三是对萧红的作品整体性的研究；四是从比较文学的视角切入萧红小说研究。尽管萧红研究在韩国有了一定的发展，但是，还存在一些有待更新的问题：首先，对于萧红的研究大部分都是从中国现代文学史的总体

[①] 徐拯民：《诗意随苦难而飘零——论阿赫玛托娃与萧红创作的忧郁美》，《俄罗斯文艺》2003年第6期。
[②] 乔世华：《〈端木与萧红〉：一部不实之作》，《中国图书评论》2003年第2期。
[③] ［韩］金昌镐：《萧红研究在韩国》，《呼兰师专学报》2003年第4期。

着手的，而没有从东北作家群创作的共同点上来研究萧红的作品。其次，文章忽视了萧红在东北沦陷区早期的文学活动，而多是侧重于"流亡"时期的文学活动，所以很难展示萧红小说中具有的乡土气息和乡土特色。再次，在文学批评的范式上，论文多是采用"知人论世"的批评范式，而不是从萧红作品——"文本"本身表现出的规律和变化，深入文学内部研究。最后，韩国的萧红研究应充分利用全球化背景，以比较文学的视角来研究中韩的文学关系，从而构造东亚文学的新格局。

五 萧红综合研究

萧红从20岁时开始了流浪漂泊的生涯，在饥饿、寒冷和病痛的折磨中，在个人感情生活的屡屡伤痛中，在战火和敌机的追逐下，她颠沛流离于哈尔滨、青岛、上海、日本、北京、西安、武汉、重庆、香港等地方，萧红的文学生涯始于这漂泊也终于这漂泊。在流浪漂泊的生活中，萧红没有什么可以永久依靠。邱培成等[①]认为，正是因为写作，萧红才得到了一种力量，得到欢快、欣慰和可靠的支撑。因此，对萧红而言，写作成为她取代现实苦难的方式，是她人生的一种需要。同时，写作也是萧红最为自信、最为成功的事情。而到了生命的最后时刻，写作对于萧红来说，就是生命，就是寄托，是对现实苦难的解脱。可以说，萧红通过写作对抗现实的苦难，给自己以另一种生活的想象和可能。

---

① 邱培成、魏捷：《一位作家的由来：尖锐的疼痛与心灵的写作——论萧红的创作道路》，《北方论丛》2003年第5期。

第四章

2004年萧红研究述评

一 萧红作品研究

1.《生死场》研究

陈思和《启蒙视角下的民间悲剧：〈生死场〉》[①] 一文从启蒙的视角来解读《生死场》。就民间和启蒙的关系来说，萧红作为来自于中国民间和社会底层的新生代作家，她作品里面包含了两方面因素：一方面是启蒙意识，另一方面是她自小接受的家乡民间文化与个人丰富的生活经历。在《生死场》中，启蒙和民间两种元素体现得都很充分。从大的方面讲，作品写这里的人是如何从愚昧、麻木的状态到最后的觉醒和反抗，这很明显是以启蒙的眼光来看的。与此同时，萧红凭着她对民间世界的了解和对底层人的情感，以她特有的艺术直感，写出了民间生活的自在状态。她坚持启蒙立场，在揭发民间的愚昧、落后、野蛮的深刻性与展示中国民间生的坚强、死的挣扎这两方面都达到了极致。同时，她那带有诗意的笔致、抒情的句子和回旋的情感，同样证明她是中国现代文学史上最有文体意识的作家之一。

姜志军[②]认为，《生死场》的艺术手法包括以下五个方面：一是蒙太奇式的篇章结构。二是绘画式的写景方法。萧红在《生死场》的创作中，成功地借用了绘画中的写生手法，使她笔下的景物描写真实、

---

① 陈思和：《启蒙视角下的民间悲剧：〈生死场〉》，《天津师范大学学报》2004年第1期。

② 姜志军：《萧红〈生死场〉艺术手法新探》，《北京大学学报》2004年第2期。

形象、有色彩、有内涵，具有很强的艺术震撼力。三是自然主义的叙事格调。《生死场》中的叙事带有一种原发性、客观性，保留了人物、生活、事件的原汁原味。四是悲剧性的环境氛围。值得注意的是，萧红笔下的悲剧性是将有价值的东西毁灭了给人们看，意在唤起人们的觉醒和反抗。五是散文化的小说创作模式。

刘禾用民族国家与女性意识作为解读《生死场》的双重维度，她发现萧红不仅具有女性意识，而且自觉的处于女性意识与民族国家意识对立的状态。针对于此，陈树萍[1]撰文指出，由于中国从未有过真正独立的女权运动，妇女的独立总是与民族国家的独立相连，投射到文学上，就会呈现出这样的局面：主流的民族国家文学以及民族国家文学的主流批评并非仅仅是站在女性文学和女性主义批评的对立面上，在一定程度上它们是同构同谋的。所以与其说萧红抗拒民族国家话语，不如说萧红在这两者之间犹豫摇摆。从女性体验来说萧红是抗拒父权制的，但是民族国家话语在现代中国、在萧红的理解中并不等于父权制。

张倩[2]论述了《生死场》的叙述结构与话语结构，首先作者明确了文本叙述的主体对象是整体生存状态的生死场之后，认为小说前10章写的是空间存在的生死场，第11章至第17章写的是情节事件发展的生死场。在《生死场》中，空间存在与情节事件的发展巧妙联合并列成为文本的显在结构。空间存在的生死场与时间发展的生死场是平行的两大板块，合力构成生死场的全景，这幅全景便是文本的中层结构，中层结构也就是萧红倾注于文本的情感体验。以时间特征分析，就会发现小说具有"共时性"与"历时性"二位一体的哲学结构。在拥有深刻叙述结构的同时，《生死场》还具有较为完整的话语结构，即带有启蒙精神色彩与强烈女性意识的个人话语系统和表达时代主流、关注民族解放的国家话语系统。

此外，罗维[3]认为，《呼兰河传》与《生死场》有着主题意蕴上的对应关系。萧红的写作意图其实是一以贯之的，即由揭示苦难到寻求解

---

[1] 陈树萍：《再返〈生死场〉——评刘禾〈文本、批评与民族国家文学〉》，《河北大学学报》2004年第2期。
[2] 张倩：《论〈生死场〉的叙述结构与话语结构》，《理论与创作》2004年第6期。
[3] 罗维：《苦难与拯救——论〈生死场〉和〈呼兰河传〉主题意蕴的对应性》，《湖南人文科技学院学报》2004年第4期。

脱之道，从观照现实到回归自我。在荒原的苍凉、幽径的深邃中都积淀着萧红对生死两极之间"人"的思索。

对《生死场》做出论述的还有段榕、孙宝禄[①]等。

2. 《呼兰河传》研究

茅盾先生在《〈呼兰河传〉序》中认为该作品是寂寞的萧红的寂寞之作。这个多年来被奉为经典的论断，在王科[②]看来却是历史的误读。首先，作者认为"寂寞"并非文本细读的科学结论，在很大程度上，它是感情的、直觉的、感性的判断。《呼兰河传》中看似浓重的寂寞，虽然有漂泊、怀乡、多病、念旧情绪的自然流露，但更主要的则是作品主题表达、艺术营构的需要，是萧红为小说喜剧性的特色，亦即幽默反讽艺术素质铺设的必要背景。其次，"寂寞"的表象下实际掩映着喜剧性的幽默反讽。从整体上说，《呼兰河传》几乎具备了喜剧的各种要素，即喜剧的基本框架和情节内容。具体来说，幽默讽刺手法在《呼兰河传》中得到了多维多向的运用，包括总体象征、个体嘲讽、对比衬托、叙述调侃、庄谐错位、归谬反讽等。最后，作者认为"寂寞"并不是萧红当年的真实心态。原因有三：第一，批判愚昧的文学观念在她的头脑中根深蒂固，因此《呼兰河传》是萧红作为作家的责任感、道义感和良知诉求的真切表露。第二，此时和端木在港的萧红，不但两人感情上非常和谐，而且还迎来了她创作最辉煌的年代，因此萧红并无寂寞可言。第三，长期流行的所谓萧红当年"寂寞"的说法，作者认为，它源自局外人对萧红那段人生历史和性格追求的误解，源自残存在人们头脑中的封建思想和男权偏见，也源自局内人的感情纠葛和可以原宥的青春鲁莽。

施久铭[③]认为，《呼兰河传》叙事表现出的疲惫趋势是情绪、语言

[①] 段榕：《拒绝媚俗——〈生死场〉中的女性意识》，《漳州师范学院学报》2004年第4期；孙宝禄：《一幅拼死求生御外侮的血泪画卷——评萧红的〈生死场〉》，《徐州教育学院学报》2004年第4期。

[②] 王科：《"寂寞"论：不该再继续的"经典"误读——以萧红〈呼兰河传〉为个案》，《文学评论》2004年第4期。

[③] 施久铭：《疲惫的终点——〈呼兰河传〉叙述中的时间悲剧》，《中国现代文学研究丛刊》2004年第2期。

诱发的，但是在实质上却是一个哲学侵入叙事的问题。《呼兰河传》的哲学本质是一种悲剧的时间观，叙事话语表现出的疲惫趋势是和小说中的时间状态直接相关的。首先是小说中时间阶段性的消亡，进一步说，时间消失背后隐藏的正是巨大的荒原感和孤独感。其次，重量在小说中消失了，所有的人物都只是最低限度地活着，而时间在最基本的生活欲望面前是没有重量的，人物存在的轻重和时间的重量一同标识。

此外，冉小平《对国民性的思考和生命意义的探索——重读萧红的〈马伯乐〉》[①]认为《马伯乐》是萧红继承了鲁迅国民性问题探索的传统而结出的精神硕果，她要借助于《马伯乐》反映出一个世纪的沧桑和磨难带给人们精神躯体上的累累伤痛。它是萧红为了打破自己旧的、已有的系统稳态，为了创造新的系统稳态而进行的尝试和探索。同时，她对一种新的体裁和风格的大胆尝试也是她与病魔进行顽强抗争的过程，以此来表达她的不甘、不愿、不屈的生命意志和生命欲望。

3. 小说整体研究

宋剑华《灵魂的"失乐园"：论萧红小说的女性悲剧意识》[②]从三个方面论述了萧红小说的女性悲剧意识：一是女性婚姻中无奈与认命的情绪记忆。这种潜在的女性悲剧意识，决定了萧红小说的艺术追求，即不是去表现时代变革的社会背景，而是去宣泄女性群体的灵魂哭泣。女性人生的爱情缺席，象征着女性人格的历史缺席，这无疑使她们对无"爱"的婚姻在心理上产生了极大的困惑与恐惧。二是女性生育时痛苦与绝望的心理恐惧。萧红因难产之痛而留下的难以抹去的可怕记忆，在她的小说创作过程中，几乎构成了一个女性生命体验的重要因素，充斥于她大多数小说的作品文本。她以自己的生产记忆，真实地再现了女性群体的生产体验；她用自己的灵肉磨难，血淋淋地渲染了女性群体的灵肉痛苦。萧红在她的笔下，将女性怀孕生产的痛苦与喜悦，人为地进行二元对立分割，从客观上反映了铭刻于萧红潜意识里的恐惧情绪。三是

---

① 冉小平：《对国民性的思考和生命意义的探索——重读萧红的〈马伯乐〉》，《三峡大学学报》2004 年第 4 期。

② 宋剑华：《灵魂的"失乐园"：论萧红小说的女性悲剧意识》，《中国现代文学研究丛刊》2004 年第 4 期。

女性人格中漂泊与忏悔的心理阴影。作者重点解读了"后花园"意象，认为"后花园"是萧红的精神家园，它强烈地暗示着萧红灵魂逃遁与拒绝"长大"的矛盾心态。"后花园"意象作为萧红生命意识中的唯一净土，既反映了她对故土风情的无限眷恋，又反映了她万念俱灰的绝望心理。

林幸谦[1]认为，萧红的小说文本表现了两性关系/性别意识与民族国家文化历史的双重主题。在萧红的《呼兰河传》中，萧红大量地书写了女体空间所可能载的各种符号形态，特别是有关跳大神的仪式化女体现象。萧红笔下女性所构成的女体符号空间，其根基建立在民间文化的基础之上，与乡土想象有密切的关系。事实上，萧红对女体的想象书写和乡土的文化空间建构是双线并行的，缺一不可。此种女体/乡土叙述凸显出历史文化交织的符号空间，乡土的象征功能是女性作家借以窥探女性内宇及社会文化关系和人生命运不可或缺的书写策略。在萧红的《生死场》中，女体的符号化和乡土的女体化，让萧红笔下的农乡女性归属于富有女性意识的土地，也让乡土同样归属于这些生活其上的女性团体。此种乡土经验有别于传统父权男性视角下的乡土经验。

不仅如此，林幸谦[2]试图从萧红早年未婚怀孕的经验，考察萧红书写女性人物的特色。在萧红早期的写作生涯中，一些极为私密的女性经验，如怀孕和生产，成为她建构文本的资源和推动力量，在独有的女性书写中完成了中国现代文学中极为复杂的女性集体想象。在萧红的小说中，女体/母体的病态构成了史诗风格的女性身体铭刻。这种独有的女性叙述，结合了怪诞/丑怪身体的书写策略，凸显了女性身体，最终以一种怪诞现实主义的叙述策略加以完成。在这种叙述策略下，萧红的女体意象在怪诞、病态和鬼魅的夸饰描述中，带出一定程度的神秘性指涉。

与战时的主流文学进行对照，陈进东[3]认为，萧红的创作显示出边缘的姿态，与主流文学的差异性主要体现在三个方面：一是对战时文学

---

[1] 林幸谦：《萧红小说的女体符号与乡土叙述——〈呼兰河传〉和〈生死场〉的性别论述》，《南开学报》2004年第2期。
[2] 林幸谦：《萧红早期小说中的女体书写与隐喻》，《南京师范大学文学院学报》2004年第4期。
[3] 陈进东：《边缘姿态的写作——析萧红的香港时期文学创作》，《涪陵师范学院学报》2004年第4期。

主题的深层思考，真正继承鲁迅遗风，捍卫启蒙文学，而不是屈服于战时的主流，改变自己的文学写作态度。二是感情基调的差异，主流文学要求的是热的情调，而萧红却是在冷静的思考中以冷的情调，叙说自己多重身份的感同身受，并以文学的悲剧性作为支撑。三是写作手法与写作风格上体现出的独特差异性，具体来说在其写作手法上，她以反讽、幽默的笔触，书写着自己的寂寞、民族的劣根性、社会的丑恶、善良人的不幸，体现出作家的人道主义精神。在写作风格上，萧红无疑体现的是她的写实风格，因为她流露的是真实的感情。

"双性同体"作为一种女性主义价值观，马丽敏[①]认为，萧红在她的女性文学创作中，"双性同体"诗学的文本内蕴主要体现在两个方面：一是"双声话语"的文本意识，这种文本意识首先体现为萧红以女性关怀为主体意识，将关怀对象放在了中国最广大的普通女性群体领域，但同时她并不忘记对男性群体的观照和书写。"双声话语"的文本意识在萧红的创作中还体现为性别意识和民族意识的结合。二是"童心"状态下的整合创造力。首先，这种整合的创造力表现在以儿童的视角，将女性的苦难生存、人性的优劣形态以萧红的情感方式上升为对"人"的本质的认识层面。其次，整合的创造力还表现在萧红文本创作中艺术形式的不拘一格，其中最具表现力的是她独特的言语方式。

就童年母题而言，易惠霞[②]以为，鲁迅的童年叙事焦点大多集聚在对封建传统教育方式的批判与挖苦；萧红则聚焦于个体的生命体验，她从人类学的角度探求人在一定历史时期的生命本相与生存状态，将现代童年母题文学从启蒙意义上的反思品格提升到了人类生存的深层体验的境界。其次，对萧红而言，童年记忆中最切肤的莫过于生命存在与发展的安全感。童年时期对于死亡的恐惧意识和失家的恐惧意识成为萧红生命意识的底色。再次，萧红从哲学上探究死亡，从死亡中反视生存，从不可知性中求得可知性。最后，萧红的童年叙事还善于从生存本身来透视死亡的内在意蕴。在萧红的小说中，人被物斥，人在边缘。

[①] 马丽敏：《"双性同体"诗学与萧红的文学创作内蕴》，《青海师范大学学报》2004年第4期。

[②] 易惠霞：《论萧红童年母题中的死亡叙事》，《船山学刊》2004年第3期。

郭秀琴《论萧红小说中的绘画艺术》[1]从绘画艺术的层面讨论了萧红小说的艺术性。作者认为，萧红以画家的眼光去观照自己的创作对象，把绘画的运思方式和构图技法用于小说中，具体来说，包括以下四个方面：一是结构的空间性，萧红的小说摒弃了对时间因果线索的依赖，以一种散文式的笔法、中国画式的"散点透视"的视角，用一个个片段与场景的组合与拼贴，来构建她内心中的真实图景。二是她笔下的人物描写不以精雕细刻工笔描绘见长，而以粗线条的白描勾勒取胜，因而常以速写或素描的姿态出现。三是空白的诗意设计，首先，萧红的语言新鲜、生疏、简单、稚拙、自由、真率而又富于情调。句式简短，词语简洁，词语或句子之间很少使用修饰、过渡、关联之类附加成分，因而留有许多间隔、空白，以使气韵在其间流动。其次，这种诗意的空白产生于意境设置的对立与反讽之中。此外，萧红的小说也注重采取绘画中的构图和造型技法来构建意境，传达出诗意的空白。四是有意味的色彩运用，萧红是以冷暖交错的色彩来构建其审美世界的，这两种色彩系统的对立与消融，恰好折射出作家创作心态的流变过程。

对萧红小说从整体上做出论述的还有罗维[2]、蓝露怡[3]和张玉秀[4]。罗维从萧红创作与生命历程的相互参照中，以身体为逻辑来解读贯穿于萧红作品的创作思维，作者认为，血肉之躯在萧红的前期写作中是叙事的焦点之一，而在其后期作品中身体却在文本中隐去。由表现从主体中分裂出去的女性之躯到身体向主体的回归这一创作思维的变化体现了萧红在其整个生命历程与创作历程中建构主体、认知自我的艰辛努力。蓝露怡以《呼兰河传》中的有二伯为例，详细论述了作家视角和儿童视角在其中的复合运用，认为在萧红的作品中，复合视角表现为儿童的天然情感和作家的价值抉择的吻合，它使人的历史性存在得以创造性地保存。张玉秀认为，萧红小说浓郁的故乡情结、生命意识，反映了其小说世界丰富的思想内容和悲剧美的艺术特色。萧红对故乡深切的眷恋与怀

---

[1] 郭秀琴：《论萧红小说中的绘画艺术》，《内蒙古师范大学学报》2004年第2期。
[2] 罗维：《身体与文本的互读——萧红的小说创作与其生命联系的尝试性解读》，《湖南农业大学学报》2004年第2期。
[3] 蓝露怡：《萧红复合视角管窥》，《西南师范大学学报》2004年第1期。
[4] 张玉秀：《萧红的小说世界》，《齐鲁学刊》2004年第2期。

念已超越时空界限，成为人们对人类精神家园永恒的追求与向往。

二 萧红思想研究

1. 萧红的精神特质

宋剑华、宋琼英[①]论述了萧红精神世界中的孤独与绝望。可以说，无家的思绪时时困扰着萧红，在她内心形成了难以解脱的"无家情结"。"无家情结"影响着萧红的整个创作，在其创作中她一次次地精神返乡，尤其在呼兰河，萧红不断实践着灵魂的自我拯救。萧红的"呼兰河"以两种不同的方式得以凸显：一方面，"呼兰河"在某种空间和时间上静止着，作为一种有效的参照物和目击者，确证着萧红的"在"与"不在"；另一方面，它又流动不息，穿越众多人事纷纭和离合聚散，与萧红一起经历一次又一次出走，体验生命的创痛和无奈。在萧红长期颠沛流离的漂泊生活中，故乡成为一处远距离的审美参照，成为沉浮于她心灵深处的"故乡情结"。萧红爱在她的乡土上扩张其个人经验，她的怀乡之作是对童年人格的反顾、审视，也是一种起源的追寻。萧红的儿童世界表现出具有人类学意义的生命原初体验，它构成了人类生存方式以及人类集体性大记忆的缩影之一，接近更深远的人类感、历史感。可以说，《呼兰河传》是萧红重操乡音寻找回家的隐喻方式，是背井离乡的萧红对故乡唱的一首"回家"之歌，更为重要的是，这精神归返的寓言还传达出20世纪人类回归精神家园的哲学命意与文化主题。

2. 萧红与"五四"文化

陈国恩、任秀霞[②]认为，作为左翼小说家的萧红从"五四"文学传统中吸取了丰富的艺术营养，具体来说包含三个方面：一是把国民性改造的主题与左翼文学的革命叙事进行结合。萧红受鲁迅的影响，不仅没有简单地否定"五四"文学传统，而且还把鲁迅的"改造国民性"思想与新时

[①] 宋剑华、宋琼英：《论萧红精神世界的孤独与绝望》，《徐州师范大学学报》2004年第4期。

[②] 陈国恩、任秀霞：《萧红小说与"五四"文学传统》，《北方论丛》2004年第3期。

代所要求的革命叙事结合起来，比较成功地整合了"五四"文学传统和左翼文学思潮，从而使她的作品包含了同时期左翼小说所缺少的人性批判的内容。二是将女性的立场贯彻到社会革命的题材中。在阶级斗争尖锐激烈的年代，她将关怀的目光投注到广大农村妇女身上，把自身的命运、女性的命运和时代的主题结合起来，通过展现女性生存的艰难和命运的多舛来强化女性的立场，并把这一立场引向了社会革命的方向。三是融细腻写实与温婉抒情于一炉，使小说诗化、散文化。诗化、散文化的风格包含了鲁迅小说和郁达夫小说等的艺术经验，显示了萧红的小说与"五四"文学传统的深厚联系，同时也决定了她的小说往往是以感情的起伏为主线贯穿事件的片段或生活场景，从而形成一种自然流动的小说结构。从总体上看，萧红的小说创作走的是一种写实的路数，但她在写实中灌注了细腻的情感，使作品具有一种亲切的人情味。

3. 萧红与东北作家群

闫秋红[①]认为，20世纪30年代崛起的东北作家群把一种原始复仇主义和英雄主义精神融入民族解放的事业中去，在无形中产生了一种强烈的令人震撼的爆发力。萧红作为东北作家群中的一员，她在表现复仇精神时，其笔下的复仇者形象，是一群最底层的被封建和迷信统治着心灵的人们。在他们的身上，愚昧无知、顽冥不化的品性与坚韧强悍、生生不息的精神紧紧地缠绕在一起，难分难解，然而，在这些貌似愚钝而缺乏觉悟的农民身上，却蕴藏着不可估量的民族抗争的精神能量。当他们一旦觉醒起来，走上反抗的道路，这种复仇主义精神就会化为一种神奇的民族抗争的力量。

郑春凤[②]认为，沦陷时期东北女作家的文学创作与当时作为文学主导模式的民族主义话语及男性书写所裹挟着的阳刚、浪漫、诗意相背离。正是这一背离使人们对东北沦陷时期女作家的写作存在着双重的误读：要么为民族主义强势话语所牵制，把她们的创作排斥于主流文学之

---

① 闫秋红：《论东北作家群抗战小说的复仇主义精神》，《兰州大学学报》2004年第4期。
② 郑春凤：《在男性书写和民族主义话语的夹缝中——沦陷区东北女作家创作论》，《文艺争鸣》2004年第6期。

外；要么游离于民族境遇之外，把她们的作品当成纯粹的性别文本去研究。这两种解读方式，都不可避免地形成对作品意义的遮蔽。作者带着东北沦陷时期女作家们的创作重返历史现场，发现以萧红等为代表的东北女作家的写作是在民族主义强势话语与男性书写的夹缝中来书写民族痛苦境遇中的性别境遇及女性的自我省思的。萧红在民族的痛苦境遇中对女性身体疼痛的触摸，使她的创作超越了民族主义话语的栅栏，呈现出浓厚的人性关怀的气息，同时也是对女性自我启蒙及自身文化建构这一具有现代意义主题的接续。

4. 萧红与女性主义

黄晓娟[①]指出，萧红写出了作为女性的自然性别给她们带来的种种不幸，在生命价值、意义层面上显现出对女性的关怀。萧红认识到了男性中心文化模式给女性带来的不幸和灾难，以及这种文化模式对女性应享有的生命权利的剥夺；她发掘出了女性在历史文化中所处的作为审美对象的地位和形成这种地位的原因。此外，萧红在描述苦难中挣扎的悲剧女性的同时，也塑造了一些富于斗争精神的叛逆女性，但在时代的战火硝烟中，萧红看到了这些处在社会最底层的妇女，由于阶级的局限，没有也不可能受到任何新思潮的直接熏陶，无法摆脱历史强行把她们凝固在血缘家庭关系中的角色。她们依然还处在愚昧落后、易于满足、惯于忍辱负重的精神状态。萧红用她的人物告诉人们，妇女意识的觉醒和妇女解放固然不能离开阶级的解放和民族的解放单独实现，但女性也不可能因为参与了阶级斗争和民族解放运动而自然而然地得到解放。从女性主义视角解读萧红的还有屈雅红[②]等。

5. 萧红与外国文学

张华的《外国文学与萧红的审美观照》[③]认为，萧红的乡土小说创作都自觉或不自觉地借鉴了外国文学的创作经验，具体来说，主要包含

---

① 黄晓娟：《萧红的生命意识与其作品中的女性意识》，《武汉大学学报》2004 年第 5 期。

② 屈雅红：《孤独与漂泊：从女性主义视点读解萧红》，《南京理工大学学报》2004 年第 4 期。

③ 张华：《外国文学与萧红的审美观照》，《武汉大学学报》2004 年第 5 期。

三个方面：一是创作视角的选择、调整。初登文坛的萧红，她的创作中充满了"辛克莱"式的对社会问题的关注和对下层劳动人民命运的深深同情，有着强烈的时代感和社会批判精神。后来，萧红创作角度的选择和确立显然受了契诃夫对生活作审美观照时十分注重细小事物的影响。二是在对人类灵魂的关注上，萧红更多地借鉴了屠格涅夫、罗曼·罗兰的写实方法，其作品带着鲜明的主观倾向且呈现出温情脉脉的现实主义。三是充满灵性的自然描写。屠格涅夫、罗曼·罗兰等均为萧红所喜爱，作者认为，萧红同这些自然描写大师们至少有三点相似之处：其一，自然被赋予人格力量，并具有象征意味；其二，对大自然的动静、色彩有着敏锐的感觉；其三，以乐景写哀情。

6. 萧红与存在主义

宋琼英[1]认为，萧红的"存在之思"主要表现在感受焦虑和遭遇虚无两个方面。具体说来，正是对黑土地上人们意义缺失的生存状态的焦虑，对爱情、婚姻、生育、死亡的极度恐惧，对深长而痛楚的女性命运的绝望，激发了少女萧红反抗的勇气和力量。然而，萧红在经历了人生种种大悲哀、大寂寞和大绝望后，在觉醒的悲凉中开始削弱追寻、抗争和讽刺，流露了明显的生命体验觉醒后的失落、迷惘和对虚无的感慨。这是继 2002 年崔云伟的《从〈生死场〉〈后花园〉〈呼兰河传〉看萧红的存在之思》[2]之后又一篇阐释萧红的存在之思的文章。

三　萧红比较研究

本年度有关萧红的比较研究主要集中在萧红和鲁迅、迟子建、林白方面。

刘丽华《鲁迅与萧红的故乡情结》[3]认为，在现代文学史上，鲁迅与萧红的故乡情结不仅表现在前期对故乡的叛逆以及之后对故乡的怀念

---

[1] 宋琼英：《存在之思——萧红文本的文化哲学意蕴》，《湖南文理学院学报》2004 年第 1 期。
[2] 崔云伟：《从〈生死场〉〈后花园〉〈呼兰河传〉看萧红的存在之思》，《泰安师专学报》2002 年第 2 期。
[3] 刘丽华：《鲁迅与萧红的故乡情结》，《鲁迅研究月刊》2004 年第 11 期。

上,更重要的是,作为一个伟大的思想启蒙者,鲁迅早已超越了传统意义上的乡思乡恋,更有别于一般人属于集体无意识的对故乡简单的赞美。他将故乡的命运与祖国的命运联系在一起,鲁镇便成为他笔下旧中国的一个缩影;他将故乡的父老乡亲作为民族的一组成员进行形态上的文化视角的解剖,剖析中国人精神的病态以及传统文化和道德对人的束缚。而萧红是鲁迅的忠实学生,她的怀乡作品作于30年代末40年代初炮火连天的抗日战争中。但她坚持独立不羁的思考,使自己的作品衔接上鲁迅及在他影响下产生的20年代乡土文学的优秀传统,努力使自己的作品充满了启蒙思想、人道主义以及社会批判等五四精神的精髓。而这也正是鲁迅和萧红怀乡作品的经典意义。

萧红和迟子建都有浓厚的乡土意识,但胡亭亭[①]认为,她们的出发点和着眼点并不一样:在萧红笔下,大自然更多的时候被暗示为东北乡民奔放、强悍、坚忍的生存方式,他们沉寂单调的生活一如荒凉的自然。萧红是要透过自然的荒凉来写人性的荒芜,同时,她借助对风物习俗的描绘展现了这里的人们的宿命与挣扎,并对风俗中的迷信予以文化批判的观照。而迟子建却怀着一种近乎宗教般的圣洁情怀抒写大自然。她笔下的自然,与小说中人物的纯朴至善的美好情怀相得益彰。她在描写风俗时,不是审视、批判,而是有意略去其中的迷信性质,欣赏其作为人的生命意识的表现,她对风俗更多的是持有审美的态度。

肖向东、刘文菊《论女性文学视野中的萧红与林白的创作》[②]比较了萧红和林白的不同。作者认为,就窥破男权社会的神话来说,萧红选择的是控诉的方式:她从社会层面观照底层女性的生存形态和生存困境,从自然层面表现女性的生育苦难,从文化层面揭示了性别关系中男性对女性人格和尊严的践踏,控诉了男性中心文化对女性的束缚与戕害。而林白则用她那优雅而凄迷的私人化写作话语进行女性欲望的叙事,从边缘突出男权文化的重围,戳穿男权社会里关于女性的假象,打破男权话语禁忌,重塑女性新形象,实现了女性文学窥破男权社会神话

---

① 胡亭亭:《行吟在山水之间——萧红、迟子建乡土意识之比较》,《江西师范大学学报》2004年第1期。

② 肖向东、刘文菊:《论女性文学视野中的萧红与林白的创作》,《齐鲁学刊》2004年第6期。

以后从控诉到复仇、从逃逸到飞翔的梦。

此外,岳晓英[①]分析比较了萧红和张爱玲的不同。同样拥有孤独寂寞的人生,二人的生命感悟却有所不同,作者认为,身处没落大家庭的张爱玲品味到的是繁华不再的苍凉,因此,她选择了遁世的人生方式;而萧红感悟到的是生命的宿命般的苦难和苦难中的一丝温柔,所以,她一生都在生命的路途上艰难地寻觅。

---

① 岳晓英:《蝉蜕与沉浮——张爱玲、萧红对于生命的两种解读》,《理论学刊》2004年第7期。

第五章

2005年萧红研究述评

一 萧红作品研究

1. 萧红小说研究

(1)《呼兰河传》研究

《文学评论》2004年第4期发表的王科《"寂寞"论：不该再继续的"经典"误读——以萧红〈呼兰河传〉为个案》[①]（以下简称王文）一文对茅盾《〈呼兰河传〉序》所认为的该作品是寂寞的萧红的寂寞之作即"寂寞论"，提出了自己的看法，认为这是一种经典的误读，进而指出，《呼兰河传》的艺术特质是喜剧性的幽默讽刺，而寂寞只是作品的艺术表象。本年度陈桂良撰文《"寂寞"论果真是对萧红作品的"经典误读"？——也谈茅盾评〈呼兰河传〉并与王科先生商榷》[②]（以下简称陈文）对王文提出质疑。质疑主要包括如下几点：首先，陈文认为，正是茅盾女儿和萧红在"太早的死和寂寞的死"这一点上的相似性，勾起了他的无穷感慨，这才有茅盾将个人感受投射在评论对象身上的别具一格的论述，才有文章中对萧红其人及其作品"寂寞心境"的情真意切的分析。其次，针对王文所指出的"'寂寞'论并不是茅盾独特的评论视角，而是评论家自己当时全部为'寂寞'情绪所主宰的产物，

---

① 王科：《"寂寞"论：不该再继续的"经典"误读——以萧红〈呼兰河传〉为个案》，《文学评论》2004年第4期。
② 陈桂良：《"寂寞"论果真是对萧红作品的"经典误读"？——也谈茅盾评〈呼兰河传〉并与王科先生商榷》，《文艺争鸣》2005年第3期。

因而不具有合理性"这一观点，陈文指出，第一，茅盾并非"情绪型"作家；第二，茅盾在写作《〈呼兰河传〉序》期间，并没有产生"寂寞"情绪的表征。再次，对于王文质疑的核心问题，即萧红及其创作的《呼兰河传》是否是有"寂寞"的基调，陈文认为，纵观萧红艰难的人生之途，她的情绪基调中有很浓重的"寂寞"成分，而且这种成分是与日俱增的，特别是到香港以后，包括写作《呼兰河传》期间，"寂寞"的心态愈益浓厚。最后，陈文指出王文批评"寂寞"论的真实意图，乃在于一个重要的理论分歧，即"寂寞"论的提出，是对作家创作成就的贬损，由此就否定了"萧红的天才和艺术创新"。陈文进而指出，王文的论述还是那种将情绪作政治评价的惯常思维模式在起作用。同时，陈文还批评了王文的另一种惯性思维，即基于对"寂寞"论的否定，竟然认为作家的创作格调是一成不变的，对萧红某个作品作"寂寞"的评论就否定了其全部创作。

针对陈文的论述，王科[①]对其作出回应：首先，针对萧红是否寂寞，作者承认总体来说，萧红是有寂寞的，但萧红的寂寞是时代的寂寞，寂寞不是萧红的主体性格，也不是当年萧红的主流心态。具体到在港时的萧红是否寂寞，作者指出，初到香港的萧红是寂寞的，但这是人之常情，但是，萧红没有沉湎在个人的寂寞之中，她以创作的亢奋和丰收的喜悦送走了香港两年。至于茅盾当年认为萧红是寂寞的，则完全是出于听信了当时的讹传。其次，针对论争的核心问题，即《呼兰河传》是否是寂寞之作，作者再次指出：这种"寂寞"论，是茅盾先生听信传闻后，在抗战特殊语境下一种男性批评的误读，是一种感情的、直觉的、感性的判断。至于文本中所出现的"寂寞"，作者认为这种"寂寞"只是一种自然皴染的精神底色，只是一种艺术创造的感情表象。它主要来源于萧红怀乡感情的宣泄以及文本外在形式的需要。而《呼兰河传》的主要艺术特色，不是寂寞的情调，不是抒情的笔法，而是潜隐其中、流贯全书的喜剧性幽默反讽。最后，作者坚持认为茅盾先生的《〈呼兰河传〉序》是一篇渗透着强烈主体意识的文章，是一种经典误读，甚至认为"从某种意义上说，他（茅盾）是把这篇序言当作祭文来

---

① 王科：《"寂寞"论，真的是对〈呼兰河传〉的"经典误读"——就茅盾《〈呼兰河传〉序》答陈桂良先生》，《文艺争鸣》2005年第6期。

写的"。

本年度对《呼兰河传》做出论述的还有郭玉斌[①]和沈云佳[②]。郭玉斌从四个方面表述《呼兰河传》作为诗化小说的特点，即诗的纯净、诗的风情、诗的意境、诗的律动。作者认为，童心美使作品充满了童真、童趣；地域性给作品赋上了特异的文化色彩；丹青妙笔绘出了北国风光；复唱、用韵等又奏出了咏叹调。这一切构成了一首归返精神家园的史诗。此外，沈云佳详细论述了《呼兰河传》中的ABB式色彩词语的使用。

（2）《生死场》研究

关于《生死场》的主题，历来众说纷纭，见仁见智。闫秋红《野蛮之祸与野性之美——从东北地域文化角度重读〈生死场〉》[③]认为，从东北地域文化角度讲，《生死场》再现了野蛮之祸与野性之美两种极端性的文化品格和主题意向。这些本来并不具备什么政治觉悟的东北农民，他们所具有的原始野性的生命意识和复仇主义精神却恰恰在无意中适应了抗战的需要，因而抗战主题仍然是《生死场》多义主题中不可忽视的组成部分。

周伟红[④]选取萧红创作研究中较少受到重视的创作时期，即从《生死场》之后到《呼兰河传》之前这段时间为对象，梳理分析了萧红创作转变的内在轨迹：首先，《桥》、《手》和《牛车上》显示了萧红形式创造上的改变，如象征性意象、儿童视角的采用等。其次，从《王四的故事》、《家族以外的人》开始，萧红对家的态度发生转变，开始由拒斥转向回忆。再次，第三个变化表现在对时代题材——战争的个人化把握和表达上。萧红只是把抗战作为背景，而将自己关注的目光投向这一背景之下普通人的命运和他们的精神世界，并由此达到对战争本身的思考。

---

① 郭玉斌：《〈呼兰河传〉：纯美的大荒诗魂》，《学术交流》2005年第3期。
② 沈云佳：《论〈呼兰河传〉中的ABB式色彩词语》，《安徽广播电视大学学报》2005年第2期。
③ 闫秋红：《野蛮之祸与野性之美——从东北地域文化角度重读〈生死场〉》，《学术论坛》2005年第4期。
④ 周伟红：《在"生死场"和"呼兰河"之间——论萧红创作之转变》，《郑州大学学报》2005年第5期。

徐小凤[①]对《生死场》中萧红所流露出来的小女儿心态进行了一番诠释：一是表现在对挚爱和幸福的无限渴望与追求；二是表现在对男人天生的绝对的依恋与服从；三是表现在对自身不幸的莫大苦楚与无奈。至于萧红为什么会有这样独特的小女儿心态，作者认为这是萧红受到了家庭、婚恋以及她作为女性自身的影响。

吴东《"人"与"驴"的轮回——冯二成子形象解读》[②]认为，萧红的《后花园》揭示了主人公磨倌冯二成子"由人到驴，由驴到人，再由人到驴"的人性轮回。冯二成子从人性偶然复苏到全面觉醒再到奋起抗争，最终失败，有人指责为悲观主义，其实，在作者看来，这是严峻的乐观主义，冯二成子的经历启迪人们只有主动抗争才能把握自己的命运，实现自己的人生意义。

（3）小说整体研究

李静《启蒙叙事与女性视角的交织：萧红乡土小说论析》[③]认为，萧红小说是以现代启蒙思想为精神特质，以女性眼光为描述视角，以乡土人物、乡土风情为描写对象，以对人生、对历史的悲凉之感为美学特征的叙事文本。作者着重剖析了萧红笔下的乡土世界，展现了女性视角下乡土场景和乡土大众，具体来说，萧红笔下的乡土场景呈现出一种盲目轮回的生死镜像。在萧红的笔下，一边是对人生、对历史的悲凉感和忧患意识，另一边是对人的生命热情、生命价值的憧憬与追求。那悲凉的背后，跳跃着要冲决一切束缚的生命的激情的"力"的旋律，充满着对健康、自由、理想以及对蓬勃生命力的无限欣喜和向往。在乡土人物中，萧红刻画了麻木而卑微的苦难群体、无意识帮凶群体、走向觉醒的劳动女性以及被扼杀的青年女性形象。

作为著名的左翼作家，萧红的创作个性往往是从她与左翼文学的联

---

① 徐小凤：《〈生死场〉：萧红小女儿心态的另一种诠释》，《湘南学院学报》2005年第3期。
② 吴东：《"人"与"驴"的轮回——冯二成子形象解读》，《湖南人文科技学院学报》2005年第2期。
③ 李静：《启蒙叙事与女性视角的交织：萧红乡土小说论析》，《社会科学战线》2005年第6期。

系中来界定的，但陈国恩、万娟①试图换一种思路，即把萧红的创作理解成她与左翼文学的一般风格相异的一个例证，以此来总结她创作的艺术风格，即浪漫主义和现实主义相结合的风格。具体来说，当大多数的左翼作家以革命理性建构人民大众的反帝反封建的斗争生活时，萧红的创作却表现出一种自由率真、自我表现的浪漫情怀；同时又继承了鲁迅"改造国民灵魂"这一现实主义传统，始终对着人类的愚昧开战，因此，她是一位将浪漫情怀与理性精神融合到一起的作家。

萧红小说打破了传统小说的模式，刘媛媛②认为，萧红的小说情节主要由叙述者所感受的一些零散的生活片段组成，就时间上来说，时常会出现一些明显的时间断裂与碎片化；同时，萧红小说中的时间并不具有明确的指示性，很大程度上是一种普泛化的时间。另外，萧红作品中的社会性时间基本是缺席的。她摒弃了被强权化的民族大时间，淡化作品的时代性，以自然化的时间为背景，凸显了个人的时间。时间的模糊使萧红作品的空间结构更为重要，萧红的小说基本上是以空间变换来组织小说结构的。独立场景的并置建构了整部小说，而这些独立的场景都依附于一个作为大背景的空间。在这里，空间成为人的生存的一个重要的隐喻性表达，空间在萧红的世界里往往具有主体性格。

詹琳③认为，萧红小说中存在着多种的文化冲突和整合：第一，个体意识与民族意识的对立凸显在萧红的作品之中，萧红笔下的民族活力虽遭压抑数千年，却终究没有消亡，与这些沉默的国民的个人意识对立的就是强烈的民族意识。第二，女性意识与男权意识的碰撞。萧红对于女性命运的总体思考是那个时代总的朦胧色彩中的一道亮光，她用启蒙主义的眼光从许多小人物特别是女性的受压抑中，看到蕴藏着的反抗。第三，生命意识与死亡意识的对抗。在萧红笔下，生与死的哲学思考常常寓含在一幅幅生命的悲哀画图中。

王金茹④抛开传统小说模式的评价系统，用"向内转"的方法探究

---

① 陈国恩、万娟：《投射理性之光的浪漫情怀——萧红小说风格新论》，《创作评谭》2005年第2期。
② 刘媛媛：《简论萧红小说的时空形式》，《盐城师范学院学报》2005年第3期。
③ 詹琳：《萧红小说中的文化冲突与整合》，《衡阳师范学院学报》2005年第2期。
④ 王金茹：《萧红小说情节结构模式新论》，《吉林师范大学学报》2005年第2期。

了萧红小说的情节结构特色,作者通过分析《蹲在牛车上》《看风筝》《旷野的呼喊》几篇文章,发现萧红小说中蕴含一个宏大的情节结构模式——"背弃—逃离"模式。这一模式形成的原因可以归结为两个方面:一方面是童年生活经历在萧红心灵上留下了沉重的影响,并且形成了巨大的心理情结,即"仇父"情结。"仇父"情结的存在,是萧红逃离家庭的根本动因。另一方面,萧红叛逆的性格及成年后的个人经历对她创作的影响也不容忽视。

2. 萧红散文研究

较之20世纪90年代女性文学的身体写作,萧红无疑是位先行者和佼佼者。夏菁[1]认为,在女性精微化、细腻化的生命体验中,散文集《商市街》颠覆了女性散文传统意义上雅致、温馨的个性,让饥饿、病痛与贫穷俯拾即是。而充盈其间的阳光心态、觉醒意识和"哲人目光"使作品的情感格调得以升华。取材的以小见大、细节的精当和语言的清丽则组合成萧红散文独特的书写个性。

张雪莉[2]细致品读了萧红《纪念鲁迅先生》一文,认为该文内容上主要包含以下三个方面:一是真实地描摹了鲁迅先生平常生活中的喜怒哀乐、言行举止,甚至于饮食爱好、衣着怪癖,让我们认识了一个真实而独特的鲁迅先生。二是描述了鲁迅先生彻夜写作的习惯,展示了其舍命工作的伟大精神。三是让我们认识了作为一个情意深重的宽厚长者的鲁迅。

陆红颖[3]认为,萧红一生备经创痛,其散文以自摹的"浪民"、自伤的"孕妇"、自寻的"家园"、自释的"自然"等独特意象辐射出创作主体的心灵历变,在极具个性化的私语中形成凄婉格调。

---

[1] 夏菁:《萧红:女性视角的抗争与书写个性的凸显——试析〈商市街〉的深层意蕴及艺术特色》,《湖南科技大学学报》2005年第4期。

[2] 张雪莉:《崇高的敬意 深切的怀念——萧红〈纪念鲁迅先生〉品读》,《名作欣赏》2005年第6期。

[3] 陆红颖:《畸变之花分外凄——萧红散文别样的意象深蕴》,《西安电子科技大学学报》2005年第3期。

对萧红散文做出论述的还有姜荣娟①等。

3. 萧红作品整体研究

周晓平《文化的剖析和批判与对生命力的张扬——论东北流亡女作家萧红的小说创作》②一文认为，萧红的小说创作不仅仅停留于"略图"的勾勒，而且她的笔锋逐步向社会的深处、向民族灵魂的深处探索，她将理性批判的笔锋触及以家族、秩序、礼俗为对象的意识形态和由此体现出的人的价值观念、思维方式这一"深隐"的文化层次。另外，萧红在描写东北生命力的张扬时则侧重表现东北人的主体意识。当她在批判意识主导下对东北社会进行理性的审视时，看到了那种营造这块土地的社会形态的原始惰性，那种凝重的习惯势力，那些有碍心性健康发展和人类文明进化的国民性弱点，并努力地去寻找这些劣根的"根"并加以解剖、批判。

萧红是一个注重情感体验和生命体悟的自传型的作家，她短暂的一生在战乱和逃难中度过，情感上又饱经磨难，寂寞而凄凉。黄绍君③认为，这一特殊的生活经历和情绪状态铸就了萧红对人生的一种特别发现和体悟——荒凉。在萧红笔下，风物环境是荒凉的，人们近乎原始荒原上荆棘蒿草似的生存状态更是荒凉的。这种生之"荒凉"甚至淹没了人伦之爱，但她不是悲天怆地，而是平淡从容地传递着人生的悲剧感和迷惘感，萧红在对世间种种烦恼的达观诠释中有其对人生命运的深沉反思。

易惠霞④认为，从《家族以外的人》到《永久的憧憬和追求》是萧红走向成熟的关键转型阶段，其中蕴含着萧红对人生、对艺术越趋深沉的哲学和美学思考：如果《家族以外的人》显示出萧红有家难归

---

① 姜荣娟：《从"灵魂"而后走到"本能"——从随笔〈无题〉看萧红的艺术追求及实践》，《陕西广播电视大学学报》2005年第3期。
② 周晓平：《文化的剖析和批判与对生命力的张扬——论东北流亡女作家萧红的小说创作》，《江西社会科学》2005年第5期。
③ 黄绍君：《"荒凉"的人生意蕴——论〈生死场〉、〈呼兰河传〉兼及萧红的其他作品》，《西南交通大学学报》2005年第5期。
④ 易惠霞：《永久的憧憬和追求——萧红的童年母题创作与文学个性的形成》，《湘潭师范学院学报》2005年第5期。

的徘徊，那么《永久的憧憬和追求》则是萧红无家可归的宣告。如果《家族以外的人》从童年生活的观照中确立了萧红作为一个女作家的独立人格，那么《永久的憧憬和追求》则体现了作为一个民族作家对生命价值关注的觉悟。作者认为，萧红凭借她天赋般的才能，从《家族以外的人》到《永久的憧憬和追求》，从国内走到国外，萧红作为个体的、女性的精神创伤已升华为民族的、全人类的审美思考和哲学思考，她完成了由女性个体的寂寞情怀向民族与全人类生命本相意义的探索。

漂泊母题在中国现代文学史上十分繁盛，罗维[1]以萧红的文学创作为参照，发现萧红在文学创作中大致表达了以下三个层面的漂泊意识：一是商市街中漂泊生活的艰辛体验和对周遭人情冷暖的感受；二是漂泊过程中尤其是养病日本、辗转香港时精神的寂寞；三是在漂泊岁月中对家的精神依恋和温馨回忆。这三个层面的表述都体现出较为鲜明的女性意识。进而作者阐释了现代中国女性漂泊区别于男性漂泊的特质：女性的漂泊更多地指向一种精神内在的立场并具有独特的女性意识，而不是像男性漂泊那样与时代、民族等宏大叙事有如此密切的联系。

二 萧红思想研究

萧红是极具性别意识和性别自觉的女性作家。本年度胡辉杰《萧红：寻觅自己的天空——从一组语词看萧红的女性主义立场及其悖论性》[2]一文对萧红与女性主义的论述堪称精彩。该文选取了与女性意识密切相关的一组语词，如生育、母性、性、性别等，以此来聚焦萧红文本和思想世界的纵深处。作者发现：第一，萧红对生育、母性、性、性别等被父权制社会赋予"本质化"属性的一系列语词持坚决否定的态度，显现了萧红拒绝被"本质化"书写的女性主义思想，以及由此而

---

[1] 罗维：《从"守望"到"漂泊"的女性书写——兼论萧红作品中的女性漂泊意识》，《湖南人文科技学院学报》2005年第4期。
[2] 胡辉杰：《萧红：寻觅自己的天空——从一组语词看萧红的女性主义立场及其悖论性》，《鲁迅研究月刊》2005年第5期。

来的自觉的反本质主义的女性立场。需要强调的有两点，一来萧红对女性本质概念的唾弃不是在理论辨析层面，而是在自己的女性书写实践中完成的。二来萧红反本质主义女性立场是要力求脱离单一的性别"本质性"规定的窠臼，从"人"的高度来整合两性关系，尤其是关注那些在历史的书写中处于失语状态、被边缘化的人性内容。第二，萧红实际上在走着一条独立的思想发展道路，即以男性为标靶，追赶甚或超越男性中心主义，以此谋求女性自身命运的改变和新发展。我们要注意的是，萧红的反本质主义立场出现了"非女性化"倾向，并且表现出向男性有意靠拢和依赖的态势。由此，她一面反本质主义，一面又因为现实的原因掉入本质主义的泥潭，萧红的"两边倒"式的思维选择模式在此显示了巨大的悖论性，而作者认为，其作为一个反本质主义者的悲剧根源在于本质主义在中国社会的根深蒂固。此外，萧红的性别自觉不是建立在以自己的自然属性为自豪、寻求女性自身内在完善和升华的基础上的。

从性别角度对萧红创作做出论述的还有高彩霞[1]等。

三　萧红生平研究

郝庆军《爱的永远憧憬和追求——关于萧红的一段情感遭际的考证》[2]一文通过文本的细读与分析，梳理了一段萧红与萧军结合之前的、至今仍扑朔迷离、鲜为人知的恋爱经历。1931年秋，20岁的萧红跟自己的家庭闹翻，毅然离家出走，关于萧红离家的因由，目前学界有如下四种说法：一是逃婚说，二是家庭歧视说，三是"有心上人"说，四是综合原因说。针对以上四种说法，郝庆军认为，"逃婚说"是不能成立的。原因有二：一是根据《萧红知友忆萧红——初访徐微同志》和张抗的《萧红家庭情况及其出走前后》两份资料来看，萧红与汪氏订婚的时间是1925年，是年萧红14岁。从时间上来说，他们早已订立婚约。二是萧红与汪殿甲的订婚从当时的门第观念来看

---

[1]　高彩霞：《萧红创作的女性视域》，《理论学刊》2005年第8期。
[2]　郝庆军：《爱的永远憧憬和追求——关于萧红的一段情感遭际的考证》，《南京师范大学文学院学报》2005年第1期。

是十分合理的。而且起初二人关系很好，只是到了后来才有汪家退婚，萧红被逼退学乃至出走的事。萧红逃离家庭投进了她钟爱的情人的怀抱，那么这个情人是谁？目前主要有三种说法：一是萧红的表哥陆振舜，二是李洁吾，三是汪殿甲。作者通过史料分析，做出如下结论：1931年萧红逃出了阿城老家，投奔哈尔滨的李洁吾，同居一段时间后，二人南下北京，结果发现李早已"使君有妇"，但萧红没有离开，而是在北师大附属中学的附近租房住下来，一边上学，一边继续与李交往。不久，二人关系紧张，萧红孤身回哈市，从此拖着孕身过上了流浪生活。自1931年冬被情人遗弃至1932年夏与萧军结合的这半年时间是萧红一生中最潦倒不堪的日子。作者从心理学的角度对萧红悲剧性格的成因做出考察，认为是父亲的罪恶和冷漠，父爱的缺席和扭曲直接造成了萧红的某种心理扭曲，尤其是性心理，这几乎成了萧红苦难一生的心理根源，致使她在处理两性关系时带有某种病态性、极端化表现。

此外，郝庆军在《在生存需求与浪漫爱情之间——对萧红与萧军及端木蕻良关系的几点考证》[①]一文中，通过文献梳理和文本细读的方式勘察了萧红、萧军和端木蕻良三人之间的情感纠葛。作者认为，萧军与萧红的结合很少是出于爱的动机以及对萧红的真心喜欢，而更多的是由于男人的自尊、争强好胜和青春冲动的缘故。而萧红选择萧军当时更多的也是出于一种功利性的目的，即迅速地摆脱自己的困境。从更为具体现实的因素，如身体的健康状况、家庭暴力、"婚外情"等方面来说，萧红与萧军的分手是一种必然。

四 萧红比较研究

本年度有关萧红的比较研究主要集中在萧红和张爱玲、迟子建、三毛、庐隐方面。

---

① 郝庆军：《在生存需求与浪漫爱情之间——对萧红与萧军及端木蕻良关系的几点考证》，《甘肃社会科学》2005年第5期。

1. 萧红与张爱玲

周爱华[①]试图探究情感缺失对萧红、张爱玲创作的影响。萧红、张爱玲有相似的生活情感经历：童年缺少父母关爱；在爱情上饱受挫折与伤害。而情感的缺失性体验折射在文本中，就是作家笔下一系列反传统的母亲形象、猥琐的父亲形象及两性关系中情爱的荒漠。但两人对情爱缺失体验的程度不同，也赋予作品不同的感情基调：萧红怀着人道主义的温情悲悯地注视着处于悲惨境地的人们；张爱玲则是"人间无爱"的怀疑论者，作品渗透着彻底的虚无冷漠。

段金花[②]认为，萧红与张爱玲都有很强的女性意识，她们的作品都是以女性视角去观察、体验和判断的。萧红关注农村女性的生存状态和生存价值，认为女性的悲剧是女人的"第二性"性别造成的；而张爱玲对女性的心理痼疾有更为清醒的认识，认为妨碍女性解放的是女性在长期的男权统治下形成的不自知的女奴意识。

2. 萧红与迟子建

胡亭亭、王洪涛[③]认为，萧红和迟子建虽属于不同的时代，但她们拥有相同的生命意识，即自然与人平等。这种普泛的生命意识，使她们的作品打通了人与植物、人与动物的界限，她们笔下的生命境界呈现出丰满多姿的样态。同时，她们在作品中表达了不同的死亡意识。萧红专注于不可言喻的人生命运之苦，她笔下的生命，都是在命运的拨弄下完成的一个悲惨阴暗的过程。迟子建面对死亡，则有着超然、达观的态度，她把死亡写得诗意而美丽。

3. 萧红与三毛

萧红与三毛都是极富才华的女作家，刘素萍、翟思成[④]认为，尽管

---

① 周爱华：《论情感缺失对萧红张爱玲创作的影响》，《湘潭师范学院学报》2005年第6期。
② 段金花：《萧红与张爱玲的女性意识比较》，《东岳论丛》2005年第5期。
③ 胡亭亭、王洪涛：《萧红、迟子建生死观之比较》，《黑龙江社会科学》2005年第5期。
④ 刘素萍、翟思成：《萧红与三毛"女性意识"与"自由意识"解读》，《中国青年政治学院学报》2005年第3期。

她们生活的时空不同，命运也不相同，但她们都具有自觉的生命意识。萧红在抗击"男权文化"方面慷慨悲歌，尽显女性意识的自觉，而三毛在张扬"自由生命"方面独步世界。她们都在自己的时代活出了精彩。自觉的生命意识使她们的人生与众不同，这才是其构筑自己独具韵味的具有生命自传特色的艺术世界的前提。

4. 萧红与庐隐

萧红和庐隐是中国现代抒情小说领域涌现出的两位女性作家，在程玖[1]看来，她们的抒情小说在主题方面同中有异。庐隐的抒情小说多沉浸在书写被以男性为中心的旧社会所蔑视，因而不能掌握自己命运的妇女的悲哀中，而萧红的抒情小说表现的内容要宽广得多，它融入了个人的、时代的、民族的多重内容，由一般提倡个性解放转向抨击深潜于社会的封建思想病根。萧红的乡土写实抒情小说，因其强烈的现实使命感和文化自省性，成为30年代抒情小说的正宗和主流。

五　萧红研究之研究

自20世纪70年代，萧红的"重新发现"掀起了一股"萧红热潮"，出现了一大批研究萧红的传记书。据不完全统计，国内外为萧红立传的作品已达到70多部。在众多的萧红传记中，唐明星、吴素华[2]认为，美国葛浩文的《萧红传记》、萧凤的《萧红传》、丁言昭的《萧红传》以及秋石的《萧红与萧军》这四本传记在对萧红研究方面取得了令人瞩目的成就，在一定程度上代表了萧红研究的整体水平。作者细致比较了这四本萧红传各自的特色和异同，并着重论述了其相同性：首先，在内容上，前三本传记都完整地叙述了萧红的生平经历、思想发展过程、文学创作活动、社会活动，秋石的《萧红与萧军》，则从两萧相识写起，一直到萧红逝世止，而没有前三本传记中浓墨重彩地描绘萧红童年、少年的篇章。但四本传记都对萧红在中国

---

[1] 程玖：《庐隐和萧红抒情小说主题比较论》，《阴山学刊》2005年第5期。
[2] 唐明星、吴素华：《谁能绘得萧红影——萧红传记述评》，《华北电力大学学报》2005年第1期。

现代文学史上的地位作了实事求是的评价，凸显出她在中国现代文学史上的独特魅力。其次，在性格方面，四本传记都抓住了萧红敏感、聪慧、多愁善感的精神内核和具有丰富情感的一面，刻画出鲜明、复杂、独特的萧红形象。再次，这四本传记显著的特色是都抓住了萧红几次起伏的感情历程，尤其与萧军情感纠葛中的是是非非，从而挖掘出萧红性格中的致命弱点，并对她的命运的复杂性和悲剧性做出了合理的解释。最后，四本传记的作者都充分看到了萧红思想上、性格上的矛盾性，从而写出了她波澜起伏、坎坷的一生。同时，四本传记都能结合时代背景，并不孤立地写萧红，而是写出萧红与时代、与生命经历的相互作用。

六　萧红综合研究

萧红先后与三位男性结合，历经两次分娩的痛苦，情感经历十分复杂。刘洁[1]认为，丰富的情感体验使萧红得以深刻地体验人生百味，揭示出现代人尤其是中国女性悲惨的生存状况。同时，萧红的情感经历与创作情调的内在关系表明，在现代中国，处于新旧思想交替时期的女作家背负的精神负担过于沉重，似乎必不可少地要经历情感的炼狱。她们可以勇敢地冲出家长包办婚姻的樊篱，却走不出对男性归属期待的情感怪圈。

张升阳、冯昊[2]指出，身处"边缘"地位，有着独特的"边缘意识"的萧红，在其短暂的一生中始终关注与叙述着"边缘"女性群体。在某种程度上，萧红与其所处的时代以及其作品中的人物是可互为诠释的。在其文本中，萧红对"边缘角色"抱有同情、悲愤、反抗的姿态又表现出其对"温暖和爱"的憧憬与追求。

金鑫《批判与眷恋：萧红笔下的人与自然》[3]认为，从《生死场》到《呼兰河传》，对粗鄙、庸碌、乏味、无意义人生的展示与否定，萧

---

[1] 刘洁：《萧红的情感经历与文学创作的内在关系——"重读萧红"之一》，《甘肃社会科学》2005年第3期。
[2] 张升阳、冯昊：《萧红：一个边缘的叙述者》，《江西社会科学》2005年第5期。
[3] 金鑫：《批判与眷恋：萧红笔下的人与自然》，《鲁迅研究月刊》2005年第4期。

红既表现出对鲁迅的承继,但又有所不同。鲁迅更理性,而萧红情胜于理,她更多的是一种控诉。萧红在俯视她笔下的生灵时,不仅仅止于"揭批",一定程度上也表现出一种"暗羡"。始终具有漂泊感的萧红对家乡别有一种怀恋,因此萧红作品中东北人的某些生活与性情便带着一定的亲切与诗意。此外,作者认为,萧红对故乡的大自然怀有一种自豪和崇拜的情感,在萧红的笔下,故乡或优美或壮美的自然有时与乏味的人生构成对比,有时又与人构成一种和谐、互映。

第六章

2006年萧红研究述评

一 萧红小说研究

1.《生死场》研究

吴晓佳《妇女何以与民族共存？——关于〈生死场〉评价分歧之平议》[①]通过分析代表经典女性主义立场的《浮出历史地表》及站在反民族主义立场的《跨语际实践》中对萧红《生死场》的解读来再解读《生死场》，揭示作品中蕴含的比前面两篇解读所分析的更为复杂的妇女与民族的交织关系，突出极其重要但女性主义始终没有解决的问题。作者认为，《浮出历史地表》强调的是妇女与民族的共谋者关系，其对《生死场》的解读没有女性主义与民族主义的交锋，单纯从女性主义的角度试图从中让所谓的女性主体浮出历史地表，仍停留在与以往文学批评和文学史的观点基本一致的论断上。《跨语际实践》中对《生死场》的解读依然没有把女性主义与民族主义两者间互相重叠及互相建构的关系说得更深入更具体，而只是更多地从两者的冲突、更以女性主义的视角来强调民族主义对女性主义声音的掩盖。作者认为，萧红笔下的女性有了逾越民族的性别/主体意识，表现出了妇女与民族的复杂的交织关系，妇女对于民族来说，并非单纯的共谋者或受害者。

《生死场》作为萧红的成名作，文学史上一直被当作"抗日文学"题材的小说进行阐释。这样的文学阅读明显地是从政治文化的角度进行

---

① 吴晓佳：《妇女何以与民族共存？——关于〈生死场〉评价分歧之平议》，《新乡师范高等专科学校学报》2006年第3期。

的解读，它对文学文本很大程度的忽视，甚至有某种程度的歪曲。袁洪权、陈才斌[1]重新进入《生死场》的文本世界，发现了文学史上对萧红《生死场》阐释的不合理性。在主题上，文学阐释和评价都一直把《生死场》当作"抗日小说"来进行主题的概括，但作者发现，萧红坚定地以"人类的愚昧"作为写作的出发点，站在人类的立场上而不是站在阶级的立场。在对萧红的定位上，萧红的"左翼作家"身份定位并不准确，从《生死场》小说文本出发，"坚定的文学启蒙者"的作家定位更符合小说文本的真实意义。此外，作者提出，萧红《生死场》文本的"断裂"、女性意识与生命体验问题、"散文化"追求问题，在萧红的文学史评价上应该引起高度重视。

王维燕《妇女解放的两难——〈生死场〉中女性反抗意识解析》[2]将萧红在《生死场》中塑造的女性人物分为三类：以麻面婆为代表的顺从男人、毫无反抗意识的女性"美德"形象，以王婆为代表的巾帼不让须眉、敢与男性对抗的"妖妇"形象和以月英、金枝为代表的具有叛逆色彩的"天使"形象，萧红对这些女性形象的塑造以及对女性生育的"刑罚"刻画，是其女性反抗意识的表现。但同时，文章指出，金枝和王婆的形象以及《生死场》的后七章描写反映出此时萧红的女性意识还处于一种矛盾斗争的状态，这表现在憎恶、对抗男性的同时，她尚存在着对男性的崇拜、依赖意识，这是《生死场》时期萧红女性意识尚不成熟的表现。

在封建华[3]看来，《生死场》显示了一幅群像图，他们是本我症候下的一个群落。文章力图挖掘作品中的意义空白，作症候式分析，从三方面分析了《生死场》的群体形象：一、原始的生命状态：二里半、成业等人的行为是寒冷土地上的下层劳动人民的本能需求，带着原始的野蛮和血气，它反映了农民们的"本我"的生存；二、生命的挣扎：日本人的到来使东北人民丧失了最起码的生存基础，使他们找回了迷失

---

[1] 袁洪权、陈才斌：《〈生死场〉的重新阅读与萧红文学史评价再阐释——对萧红文学史写作的一种思考》，《西昌学院学报》2006年第2期。

[2] 王维燕：《妇女解放的两难——〈生死场〉中女性反抗意识解析》，《北京科技大学学报》2006年第4期。

[3] 封建华：《本我症候下的群落——解读萧红的〈生死场〉》，《名作欣赏》2006年第10期。

的"自我",思索该怎样在这样的生存条件中继续生活;三、"真实的野生的奋起":当日本人的铁蹄践踏到他们的土地上,他们就会站起来反抗,这是求生的"本我"与神圣的"超我"的结合,最终激起了"自我"的反抗。

历来的研究者都将《生死场》看作一个主题转换的文本。肖青峰、邵宁[1]则认为,《生死场》并非一个主题转换的断裂文本,而是在很大程度上保持了主题的统一,这表现在:一、文本第一部分的重要主题几乎都在文本第二部分得到了延续乃至拓展和深化;二、由于时代要求与作者创作个性间的内在冲突,《生死场》第二部分其实是一个主题表现互渗、模糊以及艺术上相对粗糙的主题试验文本。

在 20 世纪 30 年代的小说创作中,萧红《生死场》的叙事模式独具一格。李琦[2]指出,这种叙事模式及其现代意义具体表现在:一、《生死场》中叙事时间的有意淡化以及对空间关系的强调,创造了一种新的小说结构形式;二、萧红没有遵循 30 年代小说创作的流行观念,去塑造典型人物,而是通过生活的片段场景来表达主题,自成一格;三、纯客观叙事方式的运用,给读者留下了揣度主旨和进行艺术想象的广阔空间。

2.《呼兰河传》研究

邱培君在《〈呼兰河传〉与〈城南旧事〉创作比较》[3]中提出,萧红的《呼兰河传》与林海音的《城南旧事》在创作上有诸多相似之处,她们同用散文化的结构、童年的视角、自叙传的方式,表达了对故乡的遥望与怀念,它们同是怀恋的、哀婉的。同时指出,萧红半生凄凉冷遇,使她感受到了人生之痛,萧红生活的孤寂压抑,也成为《呼兰河传》的格调:冷冷的,寂寞的,感伤的。林海音的成长环境与萧红不尽相同,她在优越的环境中长大,培养出了乐观、坚强、自信的心态,因此作品中洋溢着温情,充满希望。《呼兰河传》与《城南旧事》的感情

---

[1] 肖青峰、邵宁:《断裂:〈生死场〉主题的历史误读》,《名作欣赏》2006 年第 10 期。
[2] 李琦:《论萧红〈生死场〉的叙事模式及其现代意义》,《湖北教育学院学报》2006 年第 4 期。
[3] 邱培君:《〈呼兰河传〉与〈城南旧事〉创作比较》,《山东社会科学》2006 年第 6 期。

色彩差异显著，两者的情感寄托不同，前者通过回忆去感受曾经的温暖，后者通过回忆让心中的童年永存。两者作品中，同的是她们的时代和感受，异的是她们各自不同的人生。

赵德鸿《萧红〈呼兰河传〉的诗性智慧》[①]提到，萧红的《呼兰河传》是以审"丑"的美学思维关注人的生存境遇和生命意义，呼唤人性尊严和理想的生命形态，达到了深刻的人性深度，使审美意蕴具有了形而上的意味。与鲁迅用"恨"写"丑"的方式不同，萧红在《呼兰河传》中用"爱"写"丑"，通过对小人物的描写，瞄准民族文化中"丑"的陋习并对"丑"的显现采用"爱"的方式予以化解，使"丑"获得了丰富的美学价值和审美意义。《呼兰河传》中，"冬天""大泥坑"、"后花园"三个意象分别象征"背景"、"传统"与"向往"，隐约透露出潜伏在人群背后的生存土壤和文化背景，使有限的意象获得了无限的意蕴，体现了隐喻象征手法的强大张力。

看/被看的结构模式最早出现在鲁迅的《复仇》中，长期以来，一直为现当代的作家所模仿运用。宋喜坤等[②]指出，萧红在《呼兰河传》中运用东北地方民俗"跳大神"这一意象，反映出了人们物质世界的贫困和精神世界的空虚、庸众的看客心态以及功利目的。萧红在"跳大神"的描绘中，通过一个小女孩的眼睛，完成了"观看"大神的神舞表演与小团圆媳妇受难的过程，同时也完成了看客们被跳神者看、看客和大神被小团圆媳妇看、看客被作者看的过程，创造性地继承和发展了看/被看这一模式，使看/被看的结构模式更加丰富且具有独特的地域民俗意味。

萧红通过《生死场》"刑罚的日子"一章中对麻面婆、金枝等妇女生育惨状的描绘以及对小团圆媳妇悲剧形象的刻画展现了乡土女性的社会存在状况。王帅[③]挖掘出了萧红对乡土女性生存状态的关怀以及对其背后国民劣根性的批判；同时指出，萧红在对乡土女性的命运的关注并不局限于她们悲苦命运，自立的王婆、威风的

[①] 赵德鸿：《萧红〈呼兰河传〉的诗性智慧》，《哈尔滨工业大学学报》2006年第6期。
[②] 宋喜坤、张丽娟：《〈呼兰河传〉中的"跳大神"民俗意象——兼论萧红对看/被看模式的继承和发展》，《齐齐哈尔大学学报》2006年第4期。
[③] 王帅：《乡土女性生存的书写——对萧红〈生死场〉〈呼兰河传〉的一种解读》，《佳木斯大学社会科学学报》2006年第1期。

"跳大神"主持者等女性形象的出现，体现出了萧红笔下女性自主意识的发展。

肖海凤[①]从地域文化的角度出发，从四个方面分析了萧红《呼兰河传》对当时东北地域文化的批判：一、以恋土、恋家的狭隘乡土意识等为代表的落后传统文化观念成为制约社会发展的瓶颈；二、近乎死寂的麻木生命状态导致人们思想意识的僵化；三、懒散的行为造成不思进取的生活状态；四、生命和人性自觉的缺乏导致固守劣质文化的心理。

程金芝[②]则通过对萧红《呼兰河传》中人们生活和行为的分析，认为萧红的《呼兰河传》包含着对"几乎无事的悲剧"的思考，是一种对呼兰河人们集体无意识表现的反讽，表达了她对传统文化下形成的民族劣根性的强烈批判，对女性命运的强烈关注，以及希望旧事物早日灭亡、故乡早日新生的强烈愿望。

3.《马伯乐》研究

沈巧琼《论〈马伯乐〉的女性视角》[③]从女性主义视角论述萧红长篇小说《马伯乐》，文章从小说的人物形象、取材（情节）、艺术特点三个方面加以论述：一、在人物的塑造上，萧红虽然放弃了惯常的女性主角，但萧红对马伯乐形象的塑造是对传统观念中男性形象的否定和消解，同时又对她笔下的女性寄予了无限的温情，体现了她的女性意识和女性经验。二、在情节上，《马伯乐》是以抗战为背景展开故事情节的，但是它又有别于当时直接描写抗战的作品。它没有描写轰轰烈烈的战争场面，也不同于为了激励民心、鼓舞士气而写的作品。萧红站在女性的角度审视战争，选取了一个独特的切入点——"逃难"，书写了战时女性最真实的生活体验。三、在《马伯乐》中，萧红主要通过幽默讽刺的手法完成人物塑造，全篇造成一种喜剧效应。在表述方式上特别注重细节的描写，善于通过夸张、对比的手法，揭示主人公虚伪和可笑的

---

① 肖海凤：《国民灵魂改造的挽唱——论萧红的〈呼兰河传〉》，《白城师范学院学报》2006年第5期。
② 程金芝：《集体无意识下的悲剧人生——谈萧红的〈呼兰河传〉》，《德州学院学报》2006年第3期。
③ 沈巧琼：《论〈马伯乐〉的女性视角》，《广东社会科学》2006年第5期。

一面，从而达到嘲讽的目的。同时，萧红也特别善于捕捉人类尤其是女性的一些微妙的情感，并通过心理细节的描写展现出来，显露了女性和作为女性的萧红内心的柔弱和绝望。

4. 小说整体研究

宋剑华、杨姿[1]通过解读庐隐、萧红、张爱玲三位女性作家小说创作中的女性形象，分别发掘了三位女性作家小说创作的文本意义：一、庐隐在《蓝田的忏悔录》、《胜利以后》、《何处是归程》、《时代中的牺牲者》中所创造出的种种女性形象，表露出她对女性"解放"的怀疑和忧虑，她以自己的思维警觉从狂热的男性话语崇拜中觉醒过来，并理性地去反思男性社会为女性解放所设计的各种途径；二、萧红在《小城三月》、《生死场》等作品中讲述了一个个美丽女性灵肉消亡的悲惨故事，塑造了一个个并不是"自为"的存在，而是"为他"的存在的悲剧性女人。与庐隐相比较，萧红对于女性解放的前景已不再是什么思维困惑，而是空前的精神绝望，其作品表现出了在男权社会中女性悲剧命运的不可抗拒性；三、张爱玲在《金锁记》、《第一炉香》等作品中创造的女性形象，超越了对女性世界的平面描写，集中去展示女性人格的自身缺陷，冷静地探索女性悲剧的内在原因，这使她的作品文本明显带有强烈的女性批判意识。

方华蓉《论萧红小说中的战争书写》[2]认为，在20世纪30、40年代大量的直接以抗战为题材的小说创作中，萧红的战争书写无疑是一种极有创造性的另类叙事。她把国民性批判置于战争的典型环境之中，避开对战争的正面描绘而是对这种特定境遇下的人生形式和生存方式作淋漓尽致的展示，从而使其获得"众生相"的形而上意义，甚至直达人类生存的悲剧性结局与永恒性困惑。作者主要通过解读《生死场》、《马伯乐》和《朦胧的期待》，对萧红小说中的战争书写进行分析。在《生死场》中，萧红从十一章开始正面涉及的战争的描写，更侧重于对战争中"愚夫愚妇"的痛心疾首，表现出了她对国民性的审视，体现

---

[1] 宋剑华、杨姿：《女性悲剧命运的自我言说——庐隐、萧红、张爱玲小说创作的文本意义》，《求是学刊》2006年第5期。

[2] 方华蓉：《论萧红小说中的战争书写》，《江西社会科学》2006年第10期。

了萧红的深化成熟。在《马伯乐》中，萧红对战争的描写通过马伯乐这一形象转化成了对战争中生存世相的关注，超越了改造国民性的主题而凝聚着作家对人类某种生存本相的更深层次的思考。《朦胧的期待》中，萧红通过对战争中李妈形象的塑造，表现出了在激昂的抗战浪潮中，笼罩在男性英雄主义光圈下女性的悲哀，表达了萧红本人强烈的女性关注。

李大为[①]发现，第一人称视角，情感判断上的心理视角和回溯性叙事的儿童视角，是萧红主要的叙事策略。首先，萧红的大部分名篇都重点运用了第一人称限制叙事角度并在很大程度上与"我"进行同构，使作品的语调与作家的心态形成了某种契合，使叙事呈现出一种明显的自传性。同时，第一人称叙事对于人物心理的全方位透视把作品的心理深度提升到一个新的高度并给萧红的作品带来了真诚感和亲切感。其次，萧红在审美趣味上偏于主观，在叙事策略上，也主要选择直接显示其主观的情感评价的心理视角，她的心理视角，主要也是属于第一人称的，这样，其作品中的叙事者"我"往往是一身两人，既是事件发生的见证人，同时也是该事件的评价者，既增加了作品应有的心理情感的容量，也增加了作品内部的张力。最后，萧红一些作品是成年人回溯往事的童年回忆体小说，其叙事视角均由一个在场或者不在场的成年叙述者构成，使文本中的儿童视角成为回溯性叙事中的儿童视角，这种穿越时间的隧道复制童年记忆的叙事方式隐含了一种超越原生态的新的语义的生成，使文本拥有了一种历史的穿透力。

苗变丽《论萧红小说的荒诞与反抗荒诞》[②] 一文通过分析萧红在《呼兰河传》、《北中国》、《孩子的演讲》、《王四的故事》、《红玻璃的故事》中所塑造的意象、人物形象、情节等，认为其作品中的荒诞意识隐约可见，它直接来自动荡、冷酷和恐怖的现实生活给人造成的苦难绝望幻灭感，有着与西方现代派文学不同程度地近似的美学特征，是带有本体意义和形而上性质的荒诞。但同时，与西方荒诞文学所认为的世界本身就是荒诞的从而丧失批判性的态度不同，萧红的创作正视现实并对

---

① 李大为：《第一人称视角·心理视角·回溯性叙事的儿童视角——试述萧红小说的叙述策略》，《社科纵横》2006年第11期。
② 苗变丽：《论萧红小说的荒诞与反抗荒诞》，《安阳师范学院学报》2006年第3期。

现实中的种种不合情理之处抱否定态度，并渗透着强烈的现实批判精神。

二　萧红思想研究

刘艳《孤独而无望的女性生命存在——萧红小说生命哲学意蕴解读》①指出，萧红以一种"彻悟与悲悯"的女性视角，始终关注着女性（尤其是社会下层最为普通的女性）的生命体验和生存状态，揭示出了女性孤独而无望的生命真相，具体表现在：一、萧红《生死场》中二里半、成业等男性形象伫立于压迫摧残女性的台前而非撤身于幕后，以直接而粗暴的行为，对女性施展着自己的男性权威，使女性生存于黑暗暗哑的世界、徘徊在生与死的生命边界；《逃难》、《马伯乐》中的男人同样令女性身心无以相托，萧红通过他们揭示出男人的精神弱点和心理痼疾；二、《生死场》、《王阿嫂的死》中生育的苦难，以及女性为夫权所规约，造成的母性性格扭曲，为女性悲惨的生存困境添上了尤为浓重的一笔；三、爱情这一文学主题，在萧红这里几乎是一个缄默的缺席者。金枝等女性孤独而无望的"生死场"，自然而然地成了情感缺失和被爱情遗忘的角落。即使是萧红笔下唯一涉及爱情的"翠姨"形象最终也因封建宗法的魔影变得悲剧。

肖南《绝响之萧红和萧红之绝响——论中国现当代背景下的萧红及当代女性文学对农村和农村女性的疏离》②发现，常常被作家们所忽视的农村女性群体在萧红笔下体现出了独特价值，她用入木三分的笔力对农村女性的生存状态和性别困境予以观照并呐喊。"绝响之萧红"通过对农村女性的勾勒展现出了文本的意义：一、王婆三岁的女儿、小团圆媳妇、麻面婆、金枝等女性所展现的是社会底层及男权社会下被缚女性的可悲；二、《小城三月》中"翠姨"的形象所展现的是被封建男权意识所驯服的自缚女性的可怜；三、小团圆媳妇的婆婆等"教化者"的

---

① 刘艳：《孤独而无望的女性生命存在——萧红小说生命哲学意蕴解读》，《齐鲁学刊》2006年第3期。

② 肖南：《绝响之萧红和萧红之绝响——论中国现当代背景下的萧红及当代女性文学对农村和农村女性的疏离》，《文艺评论》2006年第2期。

形象展现出了被男权文化教化后的缚人女性的可恨。同时，作者认为，今昔对比，在女性主义及女性主义文学形成了城乡巨大断裂的当今社会，萧红对农村社会深切关怀的观照精神，对农村女性的深刻体察和同情，对封建性别文化的揭示和批判的"绝响之萧红"精神，都不该绝响。

管晓莉《以文字为失去的土地招魂——萧红之于东北作家群的意义》[①] 一文认为，萧红作为东北作家群当中的女性创作主体，对她的批评往往被湮没在群体当中，忽视其个案的倾向。她的创作更多的是以文字的方式，从文化层面、民间层面、女性视角层面为失去的土地招魂，以留存深刻、鲜活、完整的东北。在文化层面，萧红在《生死场》、《呼兰河传》中对人们生存困境及生死悲剧的展示，留存了东北文化中民众的实用主义观念。在民间层面，萧红不同于萧军"东北是群体的东北"的笔触，她更多显示出个体生命鲜活的生活和记忆，借以留存个体生命中的鲜活的东北。在女性视角层面，她以最为本色的朴素的女性意识，塑造了金枝、月英、翠姨等引人注目的女性形象，表现出对女性自身生活的自然关注，使东北沦陷的图景变得更加丰富完整。

闫红《时代夹缝中的性别抗争——论萧红创作的女性主题》[②] 则指出，萧红的作品在大时代的夹缝中对女性苦难、女性解放与阶级、民族解放思考有着深刻张力。其表现有三：一、萧红在女性主题创作中，把关注和表现的目光集中在被自然刑法与男权之塔压迫下的劳动女性身上，这是对"五四"以来女性文学倚重知识女性或上层女性的情爱生活而显示的整体单薄的一种弥补；二、在三四十年代国家民族的"宏大叙事"的抗战文学中，萧红将时代主题与女性关怀紧密结合，在抗战文本中蕴含了鲜明的女性立场和强烈的性别意识，这在抗战文学中是具有前瞻性的、弥足珍贵的；三、萧红以自身爱情婚姻的悲剧，显示了"理想爱情""神圣母爱"的虚幻性和欺骗性，这是对"五四"女性文学倚重爱情婚姻题材的解构和颠覆，标志着"五四"女性神话的终结。

---

① 管晓莉：《以文字为失去的土地招魂——萧红之于东北作家群的意义》，《绥化学院学报》2006年第2期。
② 闫红：《时代夹缝中的性别抗争——论萧红创作的女性主题》，《名作欣赏》2006年第10期。

三 萧红比较研究

季红真《萧红与张爱玲之比较——以女性主义视角》① 通过对萧红和张爱玲两位女性作家的人生经历及作品的研究，比较了两位女性作家的人生经历与写作风格。时代的动荡造成的坎坷跋涉的人生、新思潮的影响、艺术人生的理想、对父权制文化产生激烈反抗、以写作为生是两位女性作家共有的经历，因此这两位女作家都和自己时代的主流话语保持了心理的距离，从边缘角度审视着历史、文明、社会、人生与人性，通过精神的流浪反抗传统文化价值并对现代文明的虚伪采取不同程度的质疑并都产生了超越了阶级、种族、文化和性别生命感悟。她们的创作同样都植根于民族文化的深厚土壤，发挥了汉语自身的神奇魅力，但萧红更多地继承了中国诗文的传统，在对常规语法的破坏中，准确地传达出自己的感觉。而张爱玲则更多地继承了中国白话小说的传统，文体接近于话本的叙述，以陈旧的语言翻出新意。

徐莎、胡泓《沉浮两生花——解读威拉·凯瑟和萧红相似的文坛起落》② 一文试图从威拉·凯瑟和萧红两位作家的个人经历和女性自我认同的角度，分析她们在20世纪二三十年代喧嚣的时代大潮中采取的疏离主流的写作态度，及其引起的文坛起落的必然性。在个人经历方面，相似的人生经历使得两位作家采取了同样的轻微疏离的家园观念，使她们永远不会真的接近它，她们关心的都是人类不为时代变迁所改变的精神家园。在女性自我认同的方面，为克服自身性别的焦虑强调作为人本身的社会性的威拉·凯瑟和以孩童视角书写真实自我的自由的萧红都对男性主导的主流世界缺少认同感和归属感，这决定了她们的写作会始终处于主流的边缘。文章同时指出，正是这种疏离主流的写作态度，成就了这两位超过时代地平线的伟大作家。

---

① 季红真：《萧红与张爱玲之比较——以女性主义视角》，《南开学报》2006年第2期。
② 徐莎、胡泓：《沉浮两生花——解读威拉·凯瑟和萧红相似的文坛起落》，《外语教育》2006年辑刊。

四 萧红综合研究

《对着人类的愚昧——序〈萧红作品集〉》① 是季红真为《萧红作品集》所写序言。文章在第一节向读者叙述了萧红逃亡漂泊、反抗战斗的一生。第二节中指出，萧红在左翼潮流中与其保持了心理的距离，也自觉地和民粹主义区别出来，她的思想的源头更接近"五四"开创的启蒙理想，得以超越时代。在萧红的主要作品中，通过对乡土社会所维系的传统文化价值的审视，表达了对于父权制文化所体现的价值观念的怀疑乃至嘲讽与批判，同时揭露了封建文化与外来文化共同的虚伪，使她的思想超越了种族与文化，达到了人类性的高度。萧红是从女性的经验洞察历史，追问女性生存的价值与意义，又基于自己的人生经历，敏感于生殖与死亡的问题，使作品中充满了"人生何如"的疑问。第三节作者指出，萧红是一个艺术上的拓荒者，表现在：其作品语言生动单纯而又形象饱满，具有生命的质感，以诗歌的任意性原则，突破了一般性的语法规则，使作品具有诗性的效果；在文体的探索上，她认为有出息的作家不应该屈从于权威，艺术上要走自己的路，她以自己的艰苦实践，完成了文体的创造性建构；萧红的诗篇及她叙事性作品中富于抒情的节律和复沓的节奏感，体现了她诗人的气质；她对传统叙事文学的借鉴与发展，带来了原型置换变形的效果；其讽刺才能卓越，在女性作家中尤为明显。

吴福辉《现代小说家新释五题》② 一文选取茅盾、老舍、丁玲、废名、萧红五位小说家进行"经典"新释。文章表明，茅盾的《幻灭》和《虹》表现出了饱满的现代女性形象，结构宏大，具有大规模地及时地全景式地反映时代的气魄并以恋爱为"外衣"，把个人命运有机地组织到历史大事件中去，使历史材料中深藏了"人"的主题，具有饱满的历史感。老舍的作品中通过对北京近现代市民的刻画，反映了中国式市民社会的善恶交错及其着力对中国市民的生活方式和习性进行批判的

---

① 季红真：《对着人类的愚昧——序〈萧红作品集〉》，《小说评论》2006年第2期。
② 吴福辉：《现代小说家新释五题》，《广东社会科学》2006年第6期。

态度。丁玲在小说中塑造的时代女性和知识女性、由农村进入城市的女性、"农妇"、工人女性、以曼贞为代表的中国近代历史上第一代的妇女人物这五组女性形象表现出了她女性的独立意志以及思想上按现代女性视野观察生活而带来的敏锐穿透力和不同凡响的立场。废名《桥》等作品晦涩难读，作者借用鹤西的话"一本小说这样写，在我看来是一种创格"表明废名的晦涩其实是与他的创造、创格联系在一起的。萧红细微的女性观察以及她放弃成见、奔放不羁的艺术个性造就了她作品中的个人化感觉与文字的特点。

伍晓辉《同构效应的突显——论萧红性格与创作的联系》[①]认为，萧红是一位"凭个人感受和天才在创作"的作家，她创作的题材、作品的形成以及创作风格在很大程度上受其情感的支配和创作主体心理因素的影响，她的性格与其创作存在着一定的同构效应。文章指出：一、童年失爱的创伤性记忆形成了萧红的悲情气质，这种悲情气质使萧红更容易把自己的苦难生活体验投射到作品中，使作品产生强烈的悲剧色彩；二、在无爱的家庭中成长起来的萧红，把温暖和爱当成了永久的憧憬和追求，在这追求的过程中也养成了一种执着的性格，在作品中表现为对家的理想化的追寻；三、流亡的生活经历以及它带来的艰难的人生处境，激活了萧红内心的情感体验，使她的作品流露出哀婉、悲伤的曲调，这样一种心情和同构效应促成了她的审美趋向于一种随意的、散文式的格调。

---

① 伍晓辉：《同构效应的突显——论萧红性格与创作的联系》，《湖南文理学院学报》2006年第1期。

第七章

2007年萧红研究述评

一 萧红作品研究

1.《呼兰河传》研究

《呼兰河传》的汉语表达可以说是萧红最成熟、最本真的言说方式。文贵良《〈呼兰河传〉的文学汉语及其意义生成》[1]认为,《呼兰河传》对呼兰河城的散落追忆,植根于萧红在寂寞中道出的言说。这种言说,塑造了属于萧红个人的"新方言"。作者认为,文中语词的同一和语义的回缩,显示了《呼兰河传》意义生成的方式。它与言语的焦虑、言语的不规则对称共同构成了其文学汉语的特质,从而形成了其表达存在的独特形式。萧红的文学汉语在拒绝现代时间性的同时也拒绝了主体的优先性,开创的是人与物分别在回归自身时显示了同等而独立的语义价值。《呼兰河传》的文学汉语生成了一种透骨的孤独,并且在某种意义上挪移了"五四"以来文学汉语的想象边界,为文学汉语的现代实践提供了新的方式。

程振兴的《论〈呼兰河传〉的空间形式》[2]则探讨了萧红小说《呼兰河传》空间形式的创造对于传统小说诗学的突破。作者认为,对小说空间形式的精心建构,是形成萧红文体现代性品格的源头。正是由于空间形式的创造,萧红冲破了体裁的束缚,成为继鲁迅之后给中国现代小说诗学重新划定边界的作家之一。《呼兰河传》作为一部典型的空间形

---

[1] 文贵良:《〈呼兰河传〉的文学汉语及其意义生成》,《文艺争鸣》2007年第7期。
[2] 程振兴:《论〈呼兰河传〉的空间形式》,《北京工业大学学报》2007年第5期。

式小说,其主旨并非"追寻失去的时间"。整一的空间情境、并置的空间结构、时间流动的中止,是《呼兰河传》空间建构形式的主要体现。这些体现使《呼兰河传》具有了现代品格,最终成为现代文学的经典之作。

赵德鸿、张冬梅《萧红〈呼兰河传〉的文化阐释》[①] 选择了"胡家婆婆"作为研究对象,认为这一形象承载了真实而丰富的传统文化内涵,是体现不良传统文化对人戕害的中心人物。"胡家婆婆"的性格是在传统文化的浸染与熏陶下形成的,她也就成了传统文化的影子,她将所受浸染悉数再传递下去并不自觉地成了不良传统文化的帮凶,害己而不自醒,害人而不自知,一切都是按照传统文化与习俗的要求进行的,按照自己所认为的善的方向努力的,到头来却落得人财两空,坑己害人。由此,引起读者对传统文化的反思与批判。同时,小说也把目光与视角投放到更为广阔的诸多女性悲惨命运的描述中,深刻揭示了不良传统文化笼罩下的女性悲惨命运不是个别的,而是普遍的,不是单一的,而是群体的,并由此让读者看到人类劣根性在传统文化土壤中的培育与繁殖。

张冬云《复调叙事在〈呼兰河传〉中的审美意蕴》[②] 与王玉屏《论〈呼兰河传〉叙述视角的转换及其美学意义》[③] 都从叙事与审美的角度分析了《呼兰河传》。张冬云认为,《呼兰河传》有两类复调形态,一类是叙事视角的自由变化所造成的复调,另一类是靠双性同体的诗学意识造成的复调。两类复调叙事生成了独特而丰厚的审美意蕴,使作品有着繁复的主题内涵和多姿多彩的艺术风格,而萧红本人对社会人生的感悟也投射在小说的复调叙事之中。王玉屏则认为,《呼兰河传》的叙述视角是复杂的,全文有过多次叙述角度的转换。总体上说,是第三人称全知视角向第一人称限制视角转换;个别章节还短暂出现过视角越界,即第一人称限制叙述向第三人称全知叙述越权侵入;同时还有儿童视角与成人视角的双重叠加。

---

① 赵德鸿、张冬梅:《萧红〈呼兰河传〉的文化阐释》,《学术交流》2007年第5期。
② 张冬云:《复调叙事在〈呼兰河传〉中的审美意蕴》,《浙江海洋学院学报》2007年第4期。
③ 王玉屏:《论〈呼兰河传〉叙述视角的转换及其美学意义》,《惠州学院学报》2007年第4期。

党永芬①通过对《桥》和《呼兰河传》的比较，认为废名和萧红在小说创作中走上了返回传统与走向现代两种不同的道路，因而在叙述策略、文体风格、语言技巧、乡土色彩等方面形成了不同风格，体现着不同的主题思想。《桥》和《呼兰河传》所表现的显性主题都是对故乡的梦、童年的梦的回味，但《桥》所表现的隐性主题是对传统的倾慕和回归，其中的世界是现实世界的一个对照物。而《呼兰河传》则是对鲁迅小说批判病态国民性的现代主义主题的继承和发展，他们一柔一刚，一个倾向于回归传统，一个富有现代气质，相映成趣，以各自相异的美学个性表现了独特的美学追求。

2. 《生死场》研究

张芝秀《人与非人——从人与动物的关系看〈生死场〉的题旨》②认为，在《生死场》里，人作为"人"的"内面生活"几乎全部被其动物性的一面所掩盖，从而成为一群无生命的群体。萧红有意将人和动物的生命活动掺杂叙述，使二者彼此纠缠交织、互为背景。文中频繁使用动物做人的喻体，不仅是人的器官、面容、神态等这些外在表征，就连行为特征也与动物相差无几。萧红用人与动物之间的一种全新关系深刻揭示出愚昧乡民非人的生存，以人和动物——两个在概念上有着各自独立的内涵与外延的生物类型之间的关系来呈现出19世纪二三十年代中国北方乡民真实的生存状态，刻画出他们荒凉、麻木、呆滞、沉寂的灵魂世界，表达"人已非人"的主题意旨。

王桂青《女体世界的生死辗转与自我拯救——〈生死场〉再解读》③则认为，在《生死场》中，萧红的可贵之处在于她的"叛逆"，她以"越轨的笔致"触及了女性独有的"女性经验"、"作母亲的经历"、"性别奴役"以及由疾病、自尽、意外伤亡等所导致的生命体验和身体经验。透过这些浸透女性之血的生命体验，诉说了女性"成长的

---

① 党永芬：《返回传统与走向现代——〈桥〉与〈呼兰河传〉比较》，《青海民族学院学报》2007年第3期。

② 张芝秀：《人与非人——从人与动物的关系看〈生死场〉的题旨》，《太原大学教育学院学报》2007年增刊。

③ 王桂青：《女体世界的生死辗转与自我拯救——〈生死场〉再解读》，《东方论坛》2007年第6期。

故事",将女性残酷的受压迫的地位和身体被男权社会所操控的生存真相昭示于天下。同时通过王婆形象的塑造,肯定其女性主体意识的觉醒和为寻求女性解放所做的努力。

3.《后花园》研究

《后花园》写于萧红对小说创作驾轻就熟的时期,李向辉《幸福在哪里——细读萧红短篇小说〈后花园〉》[①]认为,小说通过叙述磨倌冯二成子一生几乎无事的悲剧,一方面充分体现了萧红在小说语言、结构等方面的特色——即简洁稚拙的文字中蕴含着丰富的感情意味,叙述节制,语气平静,使二者之间的反差形成了强大的语言张力,其丰富的叙事声音给人一种奇异的时空交错的感觉;另一方面在题材上体现了萧红选材的独特性,她的创作始终围绕着一个鲜明而突出的点,那就是对普通人生命价值的深切关怀。在普通民众的生活中将"幸福"这一命题提出来,并大胆地去诉求。萧红在作品中也寄寓了自己对生活的理想。她试图揭示世世代代中国普通百姓照不进一丝光亮的人生,对"幸福在哪里"的追寻,在当时文坛显得弥足珍贵。

4.《手》研究

杨雄林《隐喻:阶级话语的符码修辞——对萧红〈手〉的符号学解读》[②]从符号学的角度审视萧红的短篇小说《手》,指出整个文本可视为由"手"这一主符码和其派生符码"笑"、"肺病"、"手套"、"《屠场》"共同构成的复杂叙事体,这些符码所具有的身体社会学层面的隐喻意义指向构建了文本阶级话语的深层结构,使故事由主人公个人具体、特殊的遭遇上升到"个体对于自我阶级身份无望挣扎"的抽象、普遍的寓言层面。

5. 萧红小说整体研究

萧红是我国真正意义上女性写作的先驱和开创者,崛起于中西文学

---

① 李向辉:《幸福在哪里——细读萧红短篇小说〈后花园〉》,《甘肃联合大学学报》2007年第2期。
② 杨雄林:《隐喻:阶级话语的符码修辞——对萧红〈手〉的符号学解读》,《湖南工程学院学报》2007年第4期。

艺术交融荟萃的时节,她所直接感受到的是"五四"以来近现代文学的新气息。石世明《论萧红的回忆诗学与小说叙事》[①] 认为,萧红从儿童的视角,以她独特的情感方式将女性的苦难生存、人性的优劣形态上升为对"人"的本质的认识层面,从而形成其独特的"童心"视角与女性情感的整合叙事策略。在萧红的作品中,回忆是其在创作中经常出现的一种心理机制,它是其情绪结构得以生成的内在动因,也是作者生命存在的一种方式。萧红频频出入于过去与当下,潜在中形成了两种生存体系的相互比照,过去的一切通过回忆在当下世界得到了复活和延续。这种复活中融入了萧红对生命、存在、人性等等直指生命本真意义的问题的思考,因而具有一种永恒的意味。萧红通过自己的生命体验,对外在感性材料加以选择、吸收,完成了内心情绪的外化,形成了共同反映某种情绪基调的意象系列。并以其独特的回忆诗学的叙事模式,在中国现代小说艺术的百花园里独放异彩。

刘新英《从"本色"到"艺术化"——萧红小说的语言探索》[②] 则认为,从《生死场》到《呼兰河传》,萧红的小说语言经历了从"本色"到以多种技巧强化艺术表现力的转变。其中,与简洁"背道而驰"的繁复叙述、以内在含义扭转表层语义的"悖反叙述",从无意到有意"越轨"的句子组合方式以及巧借声韵的婉约传达意味与情趣等特点,构成了萧红后期小说文体的独特魅力。这些语言运用方式与后期小说的其他重要因素——以"回忆"的方式展开叙述、双重视角的交错运用等——共同构成其后期小说文体的独特面貌,显示了萧红在小说语言艺术上的探索与变化。

"镜"与"窗"是萧红小说中的两大意象。李晓华[③]认为,"镜"与"窗"作为艺术代码,在萧红小说中具有深刻的意蕴,镜窗的破碎和寒凉特征隐喻着生命存在的绝望和恐惧。萧红用艺术直觉捕捉到生命的编码,把这种瞬间情感外化于作品中的细节经营,渗透了她对命运和存在深刻的思考。小说中镜窗意象携带着丰富的文化密码,蕴含了萧红

---

① 石世明:《论萧红的回忆诗学与小说叙事》,《贵州社会科学》2007年第3期。
② 刘新英:《从"本色"到"艺术化"——萧红小说的语言探索》,《中州大学学报》2007年第2期。
③ 李晓华:《探照生命存在的通道——论萧红小说的"镜窗"意象》,《江苏广播电视大学学报》2007年第2期。

创造性直觉的加工和改造；镜窗意象也是萧红将生命体验中的被弃情结移情于其中的艺术结晶。镜与窗意象隐喻的二元关系是一种距离，萧红借此留下了她对生存、对命运探索的印记。而作为一种观照视角，它是萧红避免直接进入场景的艺术审美取向。窗与镜的边缘性与异质性，与萧红自觉退居边缘保持精神独立的价值取向内在一致。

李枫[1]关注的则是萨满文化在萧红小说中的双重呈现。她认为，萨满文化在萧红小说中表现出双重形态：从显在的意义看，萨满神事活动的"跳大神"作为实实在在的指涉对象，被作家批判，萨满文化的生殖崇拜观被作家颠覆，从另一个层面表达了改造国民病态灵魂的历史意义，深刻地提出了"人应该如何活着"的哲学课题，充分体现了文本的现实批判意义。从潜在的艺术底蕴看，萨满文化沉淀为文本潜在的文化底蕴和艺术气质，其万物有灵论使萧红小说的自然景物具有灵性神形异彩，萨满式的情绪气质使萧红小说具有散文化的叙事和文体特征，体现了萧红创作的文化继承性。这一显在的否定批判和潜在的接受继承之间的矛盾，使作品具有了更广阔、更纵深的史诗意义。

前人对萧红小说的研究已经涉及时间的问题，但往往局限于小说的时空架构。陆新《时间在萧红小说中的意义》[2]从两个方面切入萧红小说，一是被讲述事件内部，时间与人物意识和命运之间的关系，即在生与死构成的"场"中，人等同于物甚至不如物，时间的轮回决定着人物的命运，时间观念的缺失，使人们丧失了对生命的独特认识和把握。二是叙事时间在萧红小说中的独特形式，萧红将时间因素的淡化，消除了因果关系，以空间统摄作品，用反复叙事使瞬间凝固成永恒，达到横向开掘的效果，体现出散文化的特征。在时间的向度上，萧红作品的时间指向往往是指向"曾在"的，她教人们面对从根本上说是虚无的人生和荒诞的存在处境，把荒诞视为起点而进一步走向对这荒诞的反抗。时间在萧红小说中扮演了极为重要的角色，它与萧红的小说内涵及小说风格的形成都有密不可分的联系。

雷霖《萧红小说中的身体之喻》[3]则认为，萧红把自身身体的受损

---

[1] 李枫：《萧红小说中萨满文化的双重呈现》，《齐齐哈尔大学学报》2007年第6期。
[2] 陆新：《时间在萧红小说中的意义》，《扬州教育学院学报》2007年第1期。
[3] 雷霖：《萧红小说中的身体之喻》，《吉首大学学报》2007年第6期。

经验投射到文本中的女性生存上去，形成了独特的身体叙事，身体的拘束和自由、身体的舒适和受苦都成为她看待自我的一种方式，成为她行动的依据。这是她连接过去、现在和未来的通道，成为她追问生命、试图建构自我的重要源泉。当萧红深入记忆、挖掘记忆之时，她其实也正在用身体构筑她的所有关于人类、生命和女性的比喻。在作品中，由身体受难导致的女人生命价值的悬置与传统定义女人的理念的崩毁，的确可以看到萧红对传统意义上的女性的弃置，女性身体的物化和异化映射了作家对女性这一性别的反思和逃离。但这并没有让她具有真正的女性主义立场，反而因为过度依赖与沉溺于女性的身体受损经验而失去了女性性别定位，从而在经历性别冒险后陷入自我的迷失。

6. 萧红作品整体研究

刘朝霞《试论萧红作品的复合视角》① 发现，萧红以她女性的敏感通过儿童视角书写童年经验，而儿童视角文本中往往是儿童身份叙事者和隐含作者即成人身份共存，构成作品的复合视角，儿童简单审美的声音与成人复杂评判的声音轮流切换，形成两套不同的话语系统。萧红借用儿童的思维方式和纯净心灵，为复杂的现实人生提供了一个全新的审视和观察角度，为新文学的创作找到了一个全新的阐释视角和艺术手段。这种儿童视角文本不可避免地会有复合视角的运用，这种视角可以使叙事者与作者自由地重合或分离，并相对自由地叙事。在儿童轻松愉快的表层叙述中，隐含了生活本身的沉重与丰富。这对读者有重要的启发意义。

杜希宙《生死的述说——论萧红作品的话语方式》② 认为，萧红对生命的执着拷问是透过独特的话语方式来实现的。在她的作品中，透过深层的叙述空间可以看到作者对"生"与"死"的思考与批判，交替进行的叙述视角使小说中所蕴含的主题与思想感情变得复杂而丰富，有节奏的语言使萧红的小说充满了强烈的撞击与震撼。她的作品既不遵循故事发展的规律，也没有明显的因果关系，只是把所有的生存状况置于一个无形的"场"中，在一个"空间"内表达自己的情绪与感悟。

---

① 刘朝霞：《试论萧红作品的复合视角》，《兰州交通大学学报》2007年第2期。
② 杜希宙：《生死的述说——论萧红作品的话语方式》，《衡水学院学报》2007年第2期。

"场"中的每一个人都以自己的视角，审视着周围的一切，以不同的节奏述说着相同的故事。

二 萧红思想研究

李海燕《绝望中的女性呐喊与徘徊——萧红及其女性人物论》[①] 认为，萧红的一生饱受性别之苦，历经坎坷与磨难，从个人惨痛的生命体验中生长出强烈的女性意识，她在作品中大胆地为自己及所有生活在苦难中的底层女性发出来自灵魂深处的愤懑和呐喊，显示出对于中国社会、中国女性的彻悟和悲悯。她以展示中国底层妇女的苦难命运向男权社会提出强烈的指控和抨击，她以男性卑琐、丑陋形象的塑造消解男性权威、反抗男权社会。但男权中心社会的强大、女性积弱心理的存在以及萧红身上潜存的惧父、恋父情结等一系列因素都导致萧红及其笔下的女性们在反抗男权的道路上停滞不前，终告失败。但萧红提出的反抗男权成为今天经久不衰的话题，而她们的悲剧结局更引起女性群体对于自身弱点的高度警觉。从这个角度来看，萧红的作品无疑具有永恒的审美价值。

刘艳《萧红：生命边界的孤独者》[②] 认为，萧红的一生是孤独寂寞的，这深层的孤独与寂寞一直袭扰着她，形成了她那独特的人生感受和生命体验——一种"无主名"的生命悲寂体验。她感同身受地唱出了挣扎在生存与死灭之间的女性悲歌，从原始蒙昧的乡土生活和古老混沌的民俗文化中传达出枯索荒凉与孤独寂寞的生命体验，也吐诉出一个真正现代人对于生命存在的深度思考。她虽然感受到生命的永恒悲凉，却并不曾把人引向彻底的悲观与绝望。她在矛盾与迷惘当中挣扎，在孤独与寂寞之中奋斗；以一份生的执着和真挚的希望，对"温暖"和"爱"，怀着永久的憧憬和追求。

孙宝灵《萧红步入革命文学的受动特征和时代推动》[③] 从史料考证

---

① 李海燕：《绝望中的女性呐喊与徘徊——萧红及其女性人物论》，《文艺理论与批评》2007年第4期。
② 刘艳：《萧红：生命边界的孤独者》，《西南民族大学学报》2007年第5期。
③ 孙宝灵：《萧红步入革命文学的受动特征和时代推动》，《华北水利水电学院学报》2007年第4期。

与文本分析中判断出萧红写作革命文学的受动特征和勉强学步色彩，即作品中出现思想是他人的，生活是自己的，主旨与蕴涵、思想和材料脱节的现象。作者认为，萧红走上革命文学之路是非自觉的，她出现在左翼文坛也并不是纯粹偶然的。她步入革命文学的营垒有许多必然因素，这些因素都离不开时代，带有很大的普遍意义。时代的冲击使萧红能够从生活中摄取社会感受，接受新思想的洗礼，并从现实的角度而非观念上认识问题，从而避免了理念变化带来的简单化和肤浅。她以自己对生活的理解对现代文学三种主流话语加以创造，以现象活着，本质存在其间的思维方式形成自己的色彩和创作个性。她既能积极融入时代思潮，又不脱离自己的亲身经验、情感中心。因此能在文学上开辟出一条属于自己的道路，创造出自己独有的色彩。

杨旸、沈思《萧红"故乡"表现的两个矛盾性主题》[1] 认为，萧红对启蒙思想的认同，使其创作具有强烈的对"故乡"的批判精神，而童年体验和传统文化的作用，又使其对"故乡"有着深深的留恋，这就导致了萧红创作对民间启蒙的希望与怀疑，对故乡追寻的希望与怀疑的双重矛盾。她的目光始终对准着中国土地上寂寞生存的人们，以纯正启蒙的视角对病态的人生和扭曲的民族心理发出了质问与谴责。但与主流话语的疏离又反映了萧红本人对于启蒙的怀疑。萧红作品中涌动的故乡情结是理智与情感的结合体，她个人情感的生命体验的悖论还乡模式决定了其作品的故乡主题的多义性。这种多义性从某种程度上说，构成了颠覆的文本寓言。在对"故乡"深刻清醒的理性剖析与批判的背后，还隐藏着萧红精神还乡的内涵。

三　萧红生平研究

杨会[2]选取了肖凤的《萧红传》与葛浩文的《萧红评传》，从二者体验式的写作与客观式的考证、政治倾向性的评判与以文本为重的评论、"以善为本"的评价与"直陈是非"的评论等三个方面进行了比

---

[1] 杨旸、沈思：《萧红"故乡"表现的两个矛盾性主题》，《北华大学学报》2007年第5期。
[2] 杨会：《体验与旁观——肖凤〈萧红传〉与葛浩文〈萧红评传〉比较》，《文艺评论》2007年第4期。

较。作者认为,肖凤的《萧红传》是有感于自己与萧红命运的某种情感共鸣而试图"讲一个故事",她更倾向于从政治思想方面分析萧红的作品,对于作品以及其中人物的评价也是尽量回避弱点与不足。而葛浩文是以一种"从事学术研究"的旁观者的态度来对待《萧红评传》的,他有意识地排斥自己情感的介入,在《萧红评传》中对萧红作品的评价偏重于文本本身,对于人物与评价更是"是非分明"的。他以一个"旁观者"的姿态比较客观地考证了萧红的一生,对萧红的一些作品做出了超越当时中国评论界的评价。

四 萧红比较研究

郭秀琴《萧红迟子建乡土意识之比较》[①] 对比了萧红、迟子建这两位从东北黑土地上走出来的女性作家的作品,认为她们有着同样强烈的乡土意识,都是从平民的视角出发,把深情的注目和人文关怀倾洒在普通民众身上。但二者在具体内容和情怀的表达上却呈现出明显的差异:萧红笔下的乡土呈现出的是一个荒凉的世界,她以忧虑的启蒙视角,冷静到冷酷的笔触揭示出麻木的人性状态和生不如死的生存真相;而迟子建的东北乡土却营造出一个充满神奇缥缈之美与温情怀旧氛围的诗意世界,以亲近的民间视角饱含着爱和温暖去贴近每一个受难的心灵,贴心于自然,呼吸于民间。萧红带着满腔的沉痛和悲愤揭露东北的蛮荒愚昧、丑陋黑暗,意在批判和启蒙;迟子建却是怀着异常的温情和眷恋书写乡土的纯净和谐、宁静朴素,意在缅怀与挽留。

安菲《回望家园:萧红、林海音与迟子建创作的文化选择》[②] 认为,作为 20 世纪中国思想史上的一个突出现象,回望家园已经成为知识分子创作中的一个鲜明取向。萧红、林海音与迟子建这三位有独异精神追求的女作家,都在各自的作品中回望家园。这种回望又因为加入了女作家的独特体验,而呈现出一种特异的状态。她们通过叙述对童年的留念和回忆、对"家"的深深眷恋、对爱的强烈渴求和对生命的沉思,

---

① 郭秀琴:《萧红迟子建乡土意识之比较》,《内蒙古师范大学学报》2007 年第 5 期。
② 安菲:《回望家园:萧红、林海音与迟子建创作的文化选择》,《学术交流》2007 年第 2 期。

来寻找精神家园,进而展开对生命、人生形而上的求索与叩问,具有很强的认识价值和哲学意味。她们对于人生的追问牵动着人类心灵底层的怀疑,具有一种撼动人心的力量。

张子君《黑土地女性自由与尊严的呼唤》[①]则对东北现代女作家萧红与梅娘的女性意识的异同进行了比较。作者认为,二人都立足于自身的生存体验,从女性生存状态、情感心理等层面观照北方女性,抨击男权社会和男权意识,并剖析女性自身。然而由于两人的人生经历和生命体验不同,对生活的观察和理解也不同,因而在作品中表现出来的女性意识也不同。萧红集中审视和批判了男尊女卑的社会关系和伦理道德给妇女造成的不幸和伤害,她的女性意识给人一种沉重感;而梅娘的女性意识比之萧红多了些浪漫的底色,她用积极入世的主观视角,呼唤女人的地位和权利,不懈地为女性遭遇的不平而呐喊。两人沿着"五四"新文学的道路,以各自的审美追求和创作实践呼唤着女性的觉醒和解放。

乔晓静[②]则对萧红的《王阿嫂的死》与方方的《出门寻死》中的女性死亡作了比较分析。作者认为,萧红与方方对女性的命运都有一种共同的自觉关注,她们都描述了女性的生存困境。但是在各个时期导致女性死亡的因素都有所不同。萧红笔下女性人物的死亡,多来源于封建秩序的维护者对这些女性的肉体的直接迫害,是一种被动的死。方方则站在微观的角度从生活的细微之处入手,通过普通女性的日常生活展示女性的生存困境——由于对生活的极度不满而"出门寻死",这是一种主动的死。她们一个关注的是"显性的阶级压迫",是对社会的批判与控诉;一个展示的是"隐性的生存困境",给人一种反思,让读者从人性的角度对女性的生存予以应有的关注。

五 萧红综合研究

"萧红体"是人们评价萧红作品特殊文体时采用的概念,其特点是

---

① 张子君:《黑土地女性自由与尊严的呼唤——萧红与梅娘的女性意识比较》,《乐山师范学院学报》2007年第4期。
② 乔晓静:《对女作家萧红与方方作品女性死亡的比较分析》,《西昌学院学报》2007年第2期。

摒弃传统的"线"性叙述格局,依照作家的感受与思维抓取描述对象特点,突出重心,视角独特,语言明丽洒脱,常产生与众不同的艺术效果。刘洁[1]认为,"萧红体"的生成与作家独特心态、个性有密切的关系,而作家心态、个性的形成又有社会的、家族的和个人生活经历的影响。萧红的性格养成既有后天环境的影响又有先天的因素,张家父女都有倔强的、绝不妥协的性格特点,这是受家族血统影响的相同个性。幼时的萧红受长辈宠爱,潜在的创造性得到了鼓励,是她日后在写作上勇于创新的一个重要因素。后来因家庭环境影响与感情经历,使她原有的快乐、活泼、柔美的性情被压抑而渐渐形成了倔强、抗争的个性。这种倔强的个性是形成她特立独行的文学观念的重要因素,也是"萧红体"魅力更加突出但缺陷却改进不大的原因。她描绘加抒情的片段美固然美矣,但连缀起来的整体就缺乏结构的匀称和完整。这对于一个有追求有抱负的作家来说,这不能不说是一种精神缺憾。

李琦《萧红和"萧红体":叙事学视角的解读》[2]则认为,萧红绝对称得上是一位成熟的"文体家"。传达一种抒情性主导功能,是"萧红体"最重要的特征。一种悲凉蕴藉的情感构成萧红作品叙述的抒情基调,使貌似松散的外在结构具有了内在的统一性和整体感,以此为叙述方式的聚焦点,叙述的自由语体、叙述的题材选择、叙述的限制视角、叙述的情节结构和叙述的情调模式等五个方面互相关联,营造出萧红"散文诗式"小说特有的情致和韵味,也铸就了"萧红体"的基本风貌。

马丽敏《萧红童话世界的心灵建构》[3]则发现,萧红以儿童视角创作的评论是一个重新突破单角度批评萧红创作的有力切口。萧红儿童题材作品的产生有社会家庭的原因,更与她心态方面的因素密不可分。她涉足童年母体的创作心态可以追溯到她一生的苦难历程和悲凉的心境,它们郁积于萧红的内心,寻求着宣泄和解脱。她的童话世界既充满了怀乡情绪又满载着幻灭的无奈,并由此产生出对悲凉人生的深刻思索。而

---

[1] 刘洁:《从萧红的独特心态与个性解析"萧红体"的生成原因——重读萧红之二》,《甘肃理论学刊》2007年第1期。

[2] 李琦:《萧红和"萧红体":叙事学视角的解读》,《湖南科技学院学报》2007年第3期。

[3] 马丽敏:《萧红童话世界的心灵建构》,《社科纵横》2007年第12期。

童年的归依体验让萧红的创作多了一份宗教的超脱与和谐的意境，这种意境返观了她作品的悲凉调子，既让人享有凄美之后的沉思，又不忘召唤人本然地对和谐与自由的追求。萧红小说中采用的儿童视角不仅是一种艺术上的创新，更是萧红心灵深处一种创造力的宣泄，所以从心理学批评角度对她的这一文学现象进行分析不失为萧红研究中较为有意义的一举。

第八章

2008年萧红研究述评

一 萧红作品研究

1. 萧红散文研究

刘广涛、蒋爱莉在《萧红散文中的青春主题解读》[1]一文中认为，中国现代散文史上，萧红的散文中蕴含着丰富的"青春主题"。萧红的散文站在女性立场上，用独特而率真的青春笔触，展示了女性青春坎坷的成长之路和现代女性青春复杂而悲凉的内心世界。萧红富有才情而又饱含感伤的散文使读者感悟到作者当时的青春生命状态：青春的梦想，无奈、空虚，爱情的羞涩和性的苦闷，以及对世界、社会人生的质疑和慨叹。她为我们认识和研究那个时代的青春问题提供了很好的文学材料。

李晓艳[2]则将重心放在了对"饿"的内在精神的揭示上。她认为，萧红散文中倾诉与萧军在哈尔滨生活艰难情况的文章比较多，这是她当时生活与情感状态的实录。在这类散文里，萧红直接描写了自己"饿"的生理与心理，毫不隐讳地叙述她忍饥挨饿的情形与感受。从表面来看，物质的极度匮乏是她频频述说的直接缘由；实际上，萧红从小饱尝父母亲的冷漠与专制；成年后又遭未婚夫汪恩甲的欺骗与抛弃；即使后

---

[1] 刘广涛、蒋爱莉：《萧红散文中的青春主题解读》，《山东教育学院学报》2008年第1期。

[2] 李晓艳：《在饿中追求温暖与爱——萧红散文中"饿"的内在精神探析》，《哈尔滨学院学报》2008年第6期。

来与萧军同舟共济,她炽热的感情仍得不到相等的回应。因而在萧红的生理"饿"下潜藏的是她"情绪饥饿"的内在精神状态,而"情绪饥饿"则源自她对"温暖"与"爱"的追求而不得的失望。

2. 萧红小说研究

(1)《呼兰河传》研究

皇甫晓涛《〈呼兰河传〉与〈回忆鲁迅〉的跨文本阐释》[①]以萧红的《回忆鲁迅》与《呼兰河传》为文学个案,揭示了它们之间的关联与互文,指出二者在"现代性"与"本土性"精神世界的叠合与人文空间的撞击,使我们以深切的"现代"之思怀疑本土文化、以厚实的本土人文怀疑"现代"文化的导向,留下了"现代"与"本土"对话与对抗的深刻印记。文章进而从"类连结"的角度对诸多现代传记文学与文学传记进行了跨文本的文化阐释:在萧红的《回忆鲁迅》和《呼兰河传》中,文与史、文学传记与传记文学、本土文化与现代文化的跨文本"类连结"更为复杂有味。一方面,它们在中国现代人文分野、文史划界的南北文化之外,揭示了"东"、"西"互动的本土文化课题;另一方面,又从民族魂与现代之父鲁迅的生命影像中找出"北方"的博大、厚实与坚韧。

阮慧[②]关注的则是《呼兰河传》中的拟儿童视角。她认为,萧红的《呼兰河传》运用拟儿童视角,即儿童纯真与成人理性相糅的视角,去观照自己已逝的童年家园,用纯真的语言表现童真童趣。在儿童视角成为文本的叙事策略后,文本中的儿童与动物、自然获得了一种本能的亲和。人与物的界限模糊而朦胧,自然界的万物在儿童的感觉范畴里都有了生机和灵性。萧红透过儿童的心灵世界来窥探百味人生,隐含着作家深切的悲哀和苍凉的况味,充溢着一种成熟生命对人间冷暖的关爱,童年生活的记忆在萧红的成长中被逐渐美化、抽象化,它隐喻着萧红在艰难人世中心灵的疲惫无依和对归依的渴望,从而走向一种超越的精神

---

① 皇甫晓涛:《〈呼兰河传〉与〈回忆鲁迅〉的跨文本阐释》,《中国现代文学研究丛刊》2008年第2期。
② 阮慧:《梦回呼兰河——简论萧红〈呼兰河传〉的拟儿童视角》,《海南师范大学学报》2008年第3期。

赖彦怡、肖向明①则认为，首先，在萧红笔下，民俗的描写常常浸润着特定地方的民情民性，她笔下对鬼的无妄诽谤，暴露了国民性中但求自保、不惜损害无辜的"不良"品性，也深浸着乡民们生的苦味及难以克服的恐惧感。其次，萧红对乡民动物性、自在性特征的开掘深入到了心理因素与文化传承层面。《呼兰河传》抓住故乡百姓具有典型的言行与心理，突出其愚昧空虚、麻木不仁的病态性格与对待生命随意马虎的态度。最后，以"鬼"喻指国民的劣根性是《呼兰河传》自觉继承鲁迅笔法的又一重要发掘，但二者又有所不同。萧红笔下的东北人愚昧、麻木、冷漠、保守、惰性，而鲁迅却点出了东北人特有的顽强、坚韧、充满生命力的个性特征。

（2）《生死场》研究

家庭描写是《生死场》中不容忽视的一个重要方面。陈千里②认为，萧红着力刻画了家庭中夫妻关系的异化，通过若干女性在家庭中的遭际，包括家庭暴力、生育难产、动物式性行为和男性薄情，折射出女性对于家庭的恐惧性想象，并揭示这种恐惧对于女性某种程度的普适性和宿命色彩。小说中落墨最多的王婆形象，除了表现出黑土地上底层民众"生的坚强和死的挣扎"之外，还传达出作者颠覆传统家庭观念的渴求与努力。萧红独立的女性视角有机地熔铸在"民族生死"的宏大话语中，使文本具有了或显豁或隐微的多重意义。

赵黎明③则从场域理论出发，认为《生死场》揭示的是礼俗社会妇女亚文化圈里的妇女生存经验。前部分揭示的是在超稳定社会结构中女人的身心处境及其文化根源，中间是这种生活状态的简单循环，后部分表现的是超稳定社会结构被打破后女人的极端处境及其反抗的种种可能和结局，前后结构浑然一体。《生死场》还是一个文体探索的超前文本，主要用了有别于经典现实主义的原生态小说、非典型化手法和非情节化技巧。由女性循环视角织成的循环镜像使小说呈现出一幅女人悲惨

---

① 赖彦怡、肖向明：《民俗·启蒙·审美——重读〈呼兰河传〉》，《哈尔滨学院学报》2008年第4期。
② 陈千里：《〈生死场〉：女性对"家庭"的恐惧与颠覆》，《南开学报》2008年第2期。
③ 赵黎明：《场域理论视野中的〈生死场〉新读——兼论其阅读史上的是是非非》，《重庆师范大学学报》2008年第4期。

世界的全息图景，表现了创作主体女性意识和文体意识的觉醒。

景浩荣[①]亦将关注点集中于女性主义之上。她认为，《生死场》中的女性主义文学批评从一种边缘的立场上来重新定位传统的男女模式，试图模糊、颠覆、消解其中存在的二元对立关系。从社会地位、生理角色、生命价值三个方面看《生死场》，其充满忧患的女性意识，犹如荒原中的一片绿洲，为受压抑的女性群体在意识和言语领域里构建起了具体可以言说的话语生存权利，对女性的觉醒、追求自由和解放有着积极的现实意义。

张海琳[②]则在《生死场》中发现了两种不同的声音：一方面，家乡的风俗、至爱的亲人都曾带给萧红美好的回忆，成为她漂泊人生中最好的慰藉；另一方面，村民们愚昧而麻木的生死轮回，以及互相残害而造成的悲剧让她又悲痛难耐。文章从文本中对于启蒙立场的追问，试图探讨作家在时代主潮中对于制约民族自身进程的内在时间与外在时间之间的复杂纠结，从中发现作家对于民族走向现代可能性的选择焦虑。

（3）小说整体研究

宋剑华、曹亚明在《论萧红小说中的空间意象》[③]中认为，"生死场"与"后花园"，作为萧红小说创作中最为突出的两个空间意象，构成了作者理想空域中苦难与温情交相辉映的"童话"世界。后期创作中一再重现的"后花园"意象又超越了"生死场"这一宏大背景，展开了更深层次上关于人类生存与死亡问题的追问，同时也是作者超越残酷现实以寻求精神拯救的一种方式。正是因为恒定而统一的空间背景，才使萧红的小说在20世纪"悲凉之雾，遍被华林"的中国现代文学总体美学格调之中敞开一扇通往精神家园的生命之"窗"。

张瑞英[④]则发现，萧红及其小说恒久的艺术魅力，既在于写出了东北乡村那闻所未闻的风物人情，原生态式地展示了东北乡村的群体生命

[①] 景浩荣：《荒原中的女性主义文学批评——论〈生死场〉中的女性意识》，《宁夏师范学院学报》2008年第2期。

[②] 张海琳：《走向现代的焦虑——论萧红〈生死场〉中的两种声音》，《赤峰学院学报》2008年第6期。

[③] 宋剑华、曹亚明：《论萧红小说中的空间意象》，《云梦学刊》2008年第2期。

[④] 张瑞英：《萧红小说中的生命形态及其言说方式》，《中国现代文学研究丛刊》2008年第4期。

形态和生存状态,以及作者深刻的心理、文化体验与批判,还在于小说文本现出的让人耳目一新的艺术创造性。其小说以女性特有的"细致的观察"和心理体验,对东北农民物化的生命形态予以深刻的揭示。从这一点来说,她坚持了鲁迅的思想文化方向,对农民身上所体现出的对生命价值的漠视及苟活的生活态度采取了"揭出病苦"的创作态度,和对国民生存状态的深深的忧患意识。

张丽丽[1]则认为,从自身生命的历程中,萧红在心理上形成了比较稳固的民间情结,由此决定了作家在创作中对下层社会的关注与向民间立场的转移。萧红作品中注重表现民间潜在的生命力、坚韧的生存意志以及民间原始情义的博大和仁慈。风俗民情的渲染和儿童视角的运用使民间风景得到了更充分的呈现,儿童的思维相对率真与单纯,能够回避主流意识形态等政治理性的干预,也可以摆脱知识分子启蒙立场的制约,从而呈现出原汁原味的民间生活的风俗画。

郑春凤等[2]则指出,萧红在对往事的回溯中,身份游走于知识分子与小女儿之间。当她以知识分子的目光触及现实乡土时,她剥离掉了同时代作家乡村叙事中的诗意想象而呈现出悲凉的荒原景观。在萧红的这个乡土世界中,时间是停滞的,人是无灵魂的,乡人们没有对死亡的恐惧和焦虑,没有对现世生命的珍惜,也没有对未来的渴望,有的只是自然的轮回;当她以小女儿的身份重返故乡时,故乡呈现出怡然自足、圆融和谐的理想境界。两种身份的游移使萧红的小说呈现出由梦魇向童真回溯,或梦魇与童真互相遮蔽的现象。

萧红是20世纪30年代勇敢走出父亲家门的"娜拉",她对父亲的反叛可谓决绝。在她的好些散文及自传性小说中,父亲张廷举被描绘成一个冷酷自私、缺乏人伦常情的人。但谢丽娟[3]同时发现,她的短篇小说《看风筝》、《旷野的呼喊》和《北中国》中的父亲形象却极其生动感人,且有着颇为相似的情感结构模式,即"儿子离家—父亲思念"。曾经激烈反抗父权的萧红却极力在小说中回避父子之间的尖锐冲突,在

---

[1] 张丽丽:《萧红小说中的民间风景》,《齐鲁学刊》2008年第3期。
[2] 郑春凤、王金茹:《由梦魇向童真回溯——萧红对故乡的双重文化情结》,《吉林师范大学学报》2008年第2期。
[3] 谢丽娟:《父爱的缺失与找寻——透视萧红小说中的父亲形象及其创作心理》,《哈尔滨学院学报》2008年第4期。

不同的创作时期执着于塑造同一类型的慈父形象，这不能不令人感到诧异。

从整体上对萧红小说作出解读的还有胡立华①等。

3. 萧红作品整体研究

郑萍萍、崔云伟在《论萧红作品的空间文化意蕴》②中认为，萧红是现代作家中极富空间感的一个。她的空间感表现在创作行为本身和文本世界的构建。对萧红而言，空间代表一种人文生活，它成为萧红表达其人生观念的符号系统。萧红对宇宙、人生的认识是从空间开始的。在萧红的文学世界里，空间作为存在展开的场所、参与人生的一种文化行为、心灵世界的外在象征成为挟制人生的物化存在，展示着人性的荒芜、生存的悲凉和世界的无意义，并以此呼唤被围困的生命直面、介入、超越与反抗，这是其生命哲学的重要组成部分。

于文夫③则发现，萧红作品中的男性形象因其不同特点而主要分为两种类型，一种是冷酷、残暴、愚昧、蛮横的负面类型，另一种是饱含着温暖与爱的正面类型。童年生活、婚姻生活都对萧红笔下男性形象的形成产生影响。萧红笔下的男性形象折射出其内心深处的女性意识。萧红以自己悲剧性的人生体验，从社会层面观照下层女性的生存形态和生存困境，从自然层面表现女性的生育苦难，从文化层面揭示了性别关系中男性对于女性人格和尊严的践踏，批判了根深蒂固的封建意识对于女性的束缚。

王雪环④则认为，萧红，这位呼兰河的女儿，用手中的笔描绘着那方黑土地的"原始，蛮荒，愚昧"，表达着对故土人民的爱与忧伤，痛苦与批判。她以灵魂的在场，真实地、历史地写出了黑土地上人们的"精神奴役的创伤"，写出了黑土地上人们悲剧性的生存状态与麻木的生命意识。在她至情至性心血凝成的文字背后，渗透出无限爱意和柔情。

---

① 胡立华：《萧红小说的悲剧意蕴》，《东疆学刊》2008年第2期。
② 郑萍萍、崔云伟：《论萧红作品的空间文化意蕴》，《西安石油大学学报》2008年第1期。
③ 于文夫：《萧红作品中的男性形象及其意蕴》，《社会科学战线》2008年第10期。
④ 王雪环：《试论萧红作品中的故土情结》，《河南工业大学学报》2008年第1期。

门意象是萧红作品中反复出现的一个意象。王丹[①]发现，门与萧红的生活经历和情感体验紧密地连接在一起。通过门，萧红展示着自己的人生历程，抒发着自我的情感体验。从门里门外的孩子到倚遍门栏的女人再到寻找精神之门的游子，萧红通过门意象表现出对家的渴望，满足着游子精神还乡的期冀。在这个意义上，门意象具有精神寄托和精神还乡的召唤意味。然而现实中的家门与精神之家的门都一一关闭了，门隔离着萧红与人间。

从整体上对萧红作品作出解读的还有魏家李[②]等。

二 萧红思想研究

王丹在《论萧红创作中的佛学精神》[③]中认为，萧红是一位具有独特个性的现代女作家，有着自身对苦难的体验和人生悲剧的感悟，她的创作与传统的佛学精神有很多契合之处，来自人类普遍的宗教本能促使她在创作中自觉或不自觉地显现出一种宗教品质，同时又多了一份忧愤和反抗。在她的作品中，不时闪现出作者对生命的哲思与彻悟，主要体现在对苦难的生命体验、对生命悲剧的感悟及对生与死的参悟。没有深厚学识背景的萧红在其创作中以单纯化、朴拙化的方式逼近了一个复杂深刻的哲学及宗教领域，使其作品显示出一种宽阔的哲学大气。

刘文菊[④]则认为，逃逸是萧红对现实世界所做出的一种叛逆姿态，也是她躲避苦难的程式，对萧红而言，逃逸既是拒绝与反抗，也是寻觅和建构。为了反抗父权的钳制，她离家出走，在反抗父权中生长起来的叛逆精神，也使她敏锐地觉察到了文化父权的钳制；为了逃脱男权的樊篱，她选择离异，同时在对男权禁锢的批判中，沟通了她对国家意识形态中强势力量的反拨；为了逸出主流创作话语的制约，她主动将自己放逐到边缘，通过富有女性特征的书写，言说独特的生命感悟，并以此来

---

① 王丹：《无门可走：低飞之鸟的生命歌哭——解读萧红作品中的门意象》，《滁州学院学报》2008年第6期。
② 魏家李：《无处安放的灵魂——论战争对萧红创作的影响》，《沈阳大学学报》2008年第3期。
③ 王丹：《论萧红创作中的佛学精神》，《西南农业大学学报》2008年第3期。
④ 刘文菊：《解读萧红的叛逆姿态》，《湖州师范学院学报》2008年第6期。

打开自我救赎的通道，在时代视点之外烛照出了男权文化社会结构性的缺损。

金钢[1]则发现，萧红的创作更多地展现了对故土的回忆和对乡民灵魂的省察。而寻求民族的出路，探索、自省民族灵魂，是19世纪俄罗斯批判现实主义文学的重要思想特征，萧红的创作在视角上明显受到契诃夫的影响。如契诃夫一样，萧红的创作表现了她对庸俗琐事的痛恨和对"几乎无事的悲剧"的深深忧虑；笔调上却更多地带有屠格涅夫式的温和，她欣赏屠格涅夫作品中流露出来的诗意和他在展示灵魂时倾注的强烈的情感。她将家乡的劳苦大众作为自己的审美对象，深入细致地表现他们的生存常态，使她的作品有着浓郁的乡土气息。同时她的审美观照又有着宽阔的文化视野，其笔下的乡风民俗又反映出鲜明的现代精神，折射出深沉的民族心理。

三　萧红生平研究

萧红为什么不去延安？秋石[2]认为，萧红在随同丁玲到达西安后，她应当也完全有理由有必要投向大后方的红都延安，可她就是没有付之成行。这是因为一是她加入了丁玲领导的西北战地服务团，创作话剧《突击》及其演出后获得的巨大成功，一时间淡化了她同萧军之间的情感纠纷。二是婚变，而且在正式婚变之前，她已经同端木蕻良建立了新的情侣关系。三是她愿意做一个无党无派的民主人士，对政治斗争十分外行，在党派斗争的问题上，她总是同情失败的弱者，她一生始终不渝地崇拜的政治家只有一个人，那就是孙中山先生，因此，去延安的计划一拖再拖，最终流了产。

四　萧红比较研究

房萍、徐日君、郭秀琴分别展开了对于萧红与迟子建的比较研究。

---

[1] 金钢：《俄罗斯文学对萧红审美取向的影响》，《北方论丛》2008年第4期。
[2] 秋石：《萧红为什么不去延安》，《粤海风》2008年第3期。

房萍①发现，萧红与迟子建共同的对于黑土地的挚爱与深情，构成了她们作品浓郁的情感底色。首先，她们的小说创作都显现出强烈的地域化色彩，她们把视角投向了生活、劳作在这块土地上的勇敢而又倔强的人们，对北方黑土地进行独特的人文观照，以艺术的形式再现黑土地的精魂；其次，萧红与迟子建以流畅、优美的语言，清新、婉丽的笔致书写着对北方黑土地的赤诚，但不同的生活时代、人生经历、审美倾向所决定的不同的审美情怀及审美追求，使她们的小说在共同的情感底色及散文笔调上体现出了迥异的创作意绪色彩——悲情与温情。

徐日君等②亦认为，在诗意的叙述中，萧红和迟子建的小说流露出的情感并不相同：萧红的小说，在控诉的意味中，透射出一腔悲情；迟子建的小说，则是在向往和赞颂人性美的娓娓道来中流露出一脉温情。究其原因，既有着外在差异的时代环境的影响，也与小说的叙事对象和作家的审美追求不同有关。

郭秀琴③则从儿童叙述视角出发，认为萧红与迟子建以女性细腻的情思和敏锐的感触状写极具东北地域特色的民风习俗与人情世故。浓郁的童年情结使她们在叙述视角的选取上达到一定程度的相似或相通，但她们的生活时代、人生阅历、个性特点等不同又决定了她们在情感基调的传达上存在着明显的差异。萧红把人生命运的深沉反思与发自内心地对乡野自然的热爱交融在一起，她的作品呈现一种朴素天然的魅力；而迟子建笔下流露出的童话情愫则蕴涵着对未来的一种憧憬，对当下虚无主义与对生活悲观绝望的抗拒，呈现出的是一种诗性品格的真诚。

谢西娇④则把萧红、张洁、铁凝放在一起进行了比较。她发现，在福柯看来，话语是社会中权力关系的产物。正是在不同的潜在时代场域里，萧红、张洁、铁凝的女性创作呈现出不同的女性话语空间。从人的主体意识觉醒，到女性"精神主体建构"，直至女性"生命主体建构"，

---

① 房萍：《"悲情"与"温情"——萧红与迟子建小说创作比较》，《当代文坛》2008年第2期。

② 徐日君、韩雪：《冷冽与温柔的纠结——谈萧红与迟子建小说情感叙述的差异》，《小说评论》2008年第6期。

③ 郭秀琴：《萧红迟子建儿童叙述视角之比较》，《阴山学刊》2008年第1期。

④ 谢西娇：《不同的潜在时代场域不同的女性话语空间——萧红、张洁、铁凝女性创作比较》，《湖北经济学院学报》2008年第12期。

体现出中国现代女性意识不断确立完善的历史过程，也透视出20世纪中国现代社会运动中"人"的现代化进程。因此，以时代思潮为切入点，考察比较三位女作家创作，究其深层意义远远超出文学自身。

五 萧红综合研究

林贤治在《萧红和她的弱势文学》[①]中认为：继鲁迅之后，萧红是现代中国的一位伟大的平民作家。说她伟大，是因为她在短暂的一生中，始终体现了对穷人和妇女的弱势者群体的灵魂的皈依，萧红在一生的婚恋史中所承担的不幸、痛苦和屈辱，至少有一半是来自她的"爱人"，同时萧红的生活角色也由一个地主的女儿沦落为流浪者、穷人，这成为她的命运的全部。这样，萧红的文化身份自然生成了两个视角：一个是女性，一个是穷人。这两个视角是本体的、本源性的，又是重叠的、复合的。但是，她的善与爱、悲悯与同情是广大的，而且这与她对民族传统文化的专制性，以及社会不公的批判联系在一起，显示着一种人性的深度。当她以书写的方式表达着所有这些的时候，无视任何范式，而创造出了极具个人特质的自由的风格。萧红这种自由的风格，表现在她对社会和人生悲剧的诗性书写上。社会的衰败和个人的挫败困扰着她，而又促她清醒；无数人的苦难和死亡，不断地震撼着她，召唤她写作。所以，她的大小作品，始终保持着饱满的"原始激情"，它们仅仅属意于萧红的文学，也即弱势文学本身。而弱势文学的革命性，就在于：人道主义与自由。

徐晓杰[②]则认为，在对抗战题材的话语操作方式上、在对抗战题材的表现宗旨上，萧红都采取了与东北作家群所代表的主流作家所不同的表现方式，发出了自己的声音，从而避免了救亡主题的表层化与急功近利性，突出了被战争的主流话语所掩盖的女性声音，使其创作具有了超越时间与空间的共时意义，并拓展了东北作家群乃至整个抗战文学的表现空间，提升了整体创作品格，具有不可忽视的文学史意义与价值。

[①] 林贤治：《萧红和她的弱势文学》，《新文学史料》2008年第2期。
[②] 徐晓杰：《从抗战题材的书写看萧红对东北作家群的超越》，《齐齐哈尔大学学报》2008年第4期。

第九章

2009年萧红研究述评

一 萧红作品研究

1. 萧红小说研究

（1）《生死场》研究

鲁迅为之作序、胡适为之写记的《生死场》连同后来的《呼兰河传》，铸就了萧红这位女作家在中国现代文学史上的地位。王丽姿[①]认为，萧红的《生死场》写出了一群人在乡村中动物式的无意识生活，他们身上体现更多的是动物的"本我"生存，被本能的欲望和需求所驱使。无论是亲人还是夫妻之间，他们都在人的文明之外呈现非人的状态。作品中的人物生命意识很淡漠，于是作者尽力地用死去唤醒活着的人，妄图给他们还原一个"人"的称谓，但最终却将生写成了死，让生命在死亡紧紧地跟随中遗失。作为经历了太多坎坷的女性，萧红看到女人的平面存在是因为男人首先将女人当成工具、当成符号来对待，于是她将男人也最终符号化，抹平了男女之间的性别差异。而生命也因为生的缺失和死的绝对存在变成了一种符号，最终人也变成了符号。在《生死场》中，人是以动物的状态生存的，是以死的状态活着的，而最终他们包括他们的存在这一事实连同他们参与着的生活一同变成了符号。《生死场》中生命最终是流失了的，当以绝对的死和相对的生出场时，人其实是处于一种缺失的状态，这也是萧红苍凉的心境。

[①] 王丽姿：《动物化·生与死·符号化——解读〈生死场〉中人物的生存状态》，《太原大学学报》2009年第4期。

管晓莉、韩晓芹①则认为，作为东北流亡文学创作的代表作家之一的萧红，以她的"力透纸背"的小说创作，展示了现代精英知识分子启蒙视角观照下的东北乡村的现代民主思想与疾病隐喻，以及人与动物生存状态的异质同构及其象征意蕴。在《生死场》中，萧红更多地受到了时代抗日救亡主潮和以鲁迅为代表的现代知识分子精英话语的影响，以男权话语解释着自己的时代，极力将处于时代边缘的女性话语的主体性消融到占据时代主导地位的男性话语的巨大涵盖之中，消泯二者间的差异。到了40年代，自觉处于时代与香港文坛边缘的萧红，在时间、空间和个人情感都发生变化的情况下，改变了早期的叙事策略，在《呼兰河传》中，淡化了时代推崇的激昂悲愤主色调，取而代之以暗暗发出的冷光和不经意流露出来的温情和诗意。

（2）《小城三月》研究

茅盾的《〈呼兰河传〉序》一直影响着萧红研究，茅盾的评价指出了萧红小说创作的一个显著特点，即具有"牧歌式的情调"的诗化或散文化的文体特征。林霖②认为，萧红作为中国现代文学史上一位独具才情的女性作家，萧红的小说在文体上表现出独特的素质，即诗化和散文化的创作风格。从萧红作为女性作家的身份定位看，这一文体的形成一方面是萧红天真纯洁、自然朴实的"小女儿"心态在创作中的独特体现，另一方面也展示出现代女性作家在自我认知基础上对女性"格外不幸"命运的体察思考所引发的焦虑感。从叙事语式看，这一风格一方面使她的小说自始至终弥漫着一种抒情的、感性细腻的情调，另一方面也透视出作家基于深刻反思层面上的独特生命体悟和洞察。萧红的后期作品《小城三月》，以儿童视角讲述了一段凄婉的情感悲剧，其独特的时空构形表现出女性作为"他者"在时间和空间上的双重焦虑，是萧红强烈的女性自我意识在创作中的具体体现。

（3）小说整体研究

作为有着成熟女性意识、为女性代言的萧红，本着对周围生活的观

---

① 管晓莉、韩晓芹：《现代精英知识分子启蒙视角观照下的东北乡村——以〈生死场〉、〈呼兰河传〉为例》，《白城师范学院学报》2009年第5期。

② 林霖：《时间与空间的双重焦虑——论萧红〈小城三月〉的时空构形》，《德州学院学报》2009年第3期。

察和自身作为女性的生命体验,她的创作自始至终都关注着女性的生活和命运。冯永朝、王颖[1]认为,从《生死场》的金枝、王婆,到《呼兰河传》的小团圆媳妇,萧红塑造了一批经典的女性形象。女性形象可以说占据萧红小说文本的主要空间。但不能忽略萧红小说中的男性形象,因为男性形象是萧红小说不可或缺的组成部分,他们不但与女性形象共同构成萧红小说完整的艺术世界,而且承载了作为现代女性的萧红对男权中心文化自觉的反思、批判意识。萧红是以现代女性的眼光去观察、描写男性,同时以现代女性的心灵去感受男性的,因而她笔下的男性形象与男性作家笔下的男性形象很不相同,与古代女诗人、女作家笔下的男性形象也不相同。萧红笔下的男性,没有一个真正意义上的英雄人物,也没有一个敢作敢当、顶天立地的男子汉大丈夫。萧红小说中的男性形象大体可以分为两类:一类是当时中国社会最常见、处于社会最底层的乡土农村的愚夫;另一类是处于城市文明中的市民知识分子。萧红对以上两类人物的群像式的刻画,不仅表现了对下层人民悲剧命运的深切悲悯,而且反映了她作为一名敏锐深刻的现代知识女性对男权社会的批判与嘲讽以及对男性英雄神话的解构与颠覆。

谢淼[2]则认为,在中国现代文学浩如烟海的作品中,萧红的小说创作始终以对个体命运的关注和描写而特立独行于主流的宏大叙事。在巅峰之作《呼兰河传》中,她把她的儿童视角、主观色彩、忧郁气质和自由精神融入了那一个个关于生命的故事叙述中,在呼兰河的人们曾经怎样和可能怎样的生命故事里摸索到生命的应然与实然。《呼兰河传》在成为中国现代文学经典的同时,也显示了当时人民伦理大叙事占据主流的创作环境下,自由伦理的个体叙事在萧红作品中的存在方式——天真的儿童视角、鲜明的主观色彩、浓郁的忧郁气质、特别是那些"对着人类愚昧"的故事所散发的强烈的自由精神。萧红小说的关注视野和观照人群,表明她比她的那个时代很多整天喊着自由的人,更加具有了一种真正意义上的自由精神。永久的憧憬和追求,向着温暖和爱的憧憬和

---

[1] 冯永朝、王颖:《解构男权:萧红小说中男性形象解读》,《广西社会科学》2009年第9期。

[2] 谢淼:《永久的憧憬和追求——萧红小说中的个体叙事》,《社会科学论坛》2009年第5期。

追求，成就了萧红独特的文学品格——对生命以及生命的自由永远葆有孩子般的热忱任性和信徒般的执着虔诚。

段榕[①]则发现，萧红小说中的生殖场面，鲁迅等评论家认为它是与男性作家的审美写作规则一致的，即转喻、升华女人的身体经验，使其成为对国家、民族的象征表达，但以克里斯蒂娃的"卑贱"概念重新分析生殖场面，却有着不同的意义显现，即女人的身体没有被符号化缺席在她的小说中，在场的女人的身体以卑贱为表达机制发出了自己的声音。反抗父权文明对女性自身经验的压抑，这才是萧红小说身体在场感的真正意义。萧红小说有着女性在生育中的痛苦挣扎，有着不能被抹去的她们的人生痛苦，但就如透过媒介水，光会产生折射，包裹在阶级话语中的女人的生命经验，被语境的强大压力改变着，意味深长，成为阶级意识形态的象征。

对萧红小说整体研究作出解读的还有王金茹和王忠义。王金茹《论"女神崇拜"在萧红小说中的变形》[②]认为，女神崇拜心理对于土生土长的东北人来说并不奇怪，因为在北方民族的文化发展历史中，一直存在着女神崇拜这一心理原型，特别是近年来考古工作的新发现更为这一推断提供了理论与实践上的依据。通过分析考察，发现萧红的作品中也存在这一文化心理原型，只不过其形式已发生了置换变形。王忠义等《论萧红小说中的大地母亲原型》[③]则认为，萧红在中国现代文学史上的独特地位，不仅仅是源于东北作家群的文学史意义，更在于她作品中所蕴藏的丰厚意蕴。她在关注人类生存状态、意欲启示改造国民灵魂的同时，还十分重视传达个体的生命体验与民族心理积淀，这令她的作品不断地呈现出强大的神话原型形象，大地母亲原型便是其中之一。

2. 萧红散文研究

散文《风雨中忆萧红》作于 1942 年 4 月 25 日，是丁玲在延安文艺

[①] 段榕：《略论萧红小说中的身体在场感——以萧红小说中的生殖场景为例》，《四川教育学院学报》2009 年第 9 期。
[②] 王金茹：《论"女神崇拜"在萧红小说中的变形——以〈后花园〉、〈呼兰河传〉为例》，《吉林师范大学学报》2009 年第 3 期。
[③] 王忠义、王金茹：《论萧红小说中的大地母亲原型》，《齐齐哈尔大学学报》2009 年第 3 期。

座谈会召开之前继杂文《"三八"节有感》之后写下的最后一篇以个人絮语方式披露自我心迹的作品。秦林芳①认为,从表面上看来,该文是一篇写景、怀人散文,而在性质上,毋宁说是一篇述志之作,借助于写景、怀人,以个人絮语方式表现了个体存在的困境以及在困境中对个性的坚守,并以此在精神上对《"三八"节有感》作出了宛曲而又直截的回应。丁玲在困境中对个性的坚守,不仅来自于她内心的精神力量,更来自于她思想上的同道、给她以精神上的支撑的故人,其中就有萧红。丁玲以饱含感情的笔触描写了1938年春与萧红在山西邂逅到稍后在西安聚谈的情景,以许多生动的细节刻画了萧红"少于世故"、"抱有纯洁和幻想"的"自然而直率"的性格。在对萧红性格的刻画中,丁玲着意写出了萧红对自我个性的袒露与张扬。丁玲高度评价萧红的为人为文,认为萧红是能够耐苦的,不依赖于别的力量,有才智、有气节而从事于写作的女友。丁玲在风雨中回忆萧红等人,其意既在传达对"故人"的深情,更在借"故人"之酒杯浇心中之块垒,借对这些思想上同道的回忆,去弘扬"五四"个性主义传统,伸张和坚守自我的个性精神。

二　萧红史料研究

萧红是现代文坛上很有"人缘儿"的作家,她不仅与鲁迅、茅盾、胡风、聂绀弩、叶紫、蒋锡金等一大批国内作家有较为密切的交往,还结识了一些外国友人。郭玉斌《萧红与外国友人》②考察了萧红与美国作家艾格尼丝·史沫特莱、厄普东·辛克莱、海伦·福斯特,日本的作家鹿地亘、池田幸子夫妇以及绿川英子,苏联的汉学家罗果夫等之间的跨国友谊。史沫特莱是通过鲁迅认识的萧红,她很欣赏萧红的才华,对萧红的评价很高,而萧红亦对史沫特莱很钦佩。萧红与史沫特莱同为女性,惺惺惜惺惺,所以一见如故,并保持了终生的友谊。萧红与辛克莱和海伦之间的交往都是通过史沫特莱作为中间枢纽的。在史沫特莱离港

---

① 秦林芳:《"阴沉和絮聒"中的个性坚守——丁玲散文〈风雨中忆萧红〉解读》,《名作欣赏》2009年第5期。

② 郭玉斌:《萧红与外国友人》,《新文学史料》2009年第1期。

时，萧红托她把自己的《生死场》和其他几本作品集转送给美国著名作家辛克莱。辛克莱是萧红仰慕已久的作家，萧红早在哈尔滨读中学时，就非常喜欢辛克莱的作品。萧红与辛克莱隔洋赠书，却始终没有见过一面。史沫特莱回到美国后，将萧红的小说《马房之夜》介绍给了美国《亚细亚》月刊的主编海伦·福斯特。海伦很欣赏萧红，向萧红约稿，却被战火阻绝。鹿地夫妇是日本人，由于当时形势逼迫，鹿地夫妇在萧红的帮助下不得不避居到旅馆。萧红在外国朋友生死攸关之际，能够不顾一切地侠义相助。除鹿地夫妇外，萧红还认识另一位日本友人绿川英子。在上海期间，绿川英子与萧红曾做过一个来月的同屋房客，时间虽然短暂，但彼此相处都很愉快。1938年12月22日，萧红在重庆的塔斯社认识了苏联驻华大使馆文化参赞、著名汉学家罗果夫。萧红与罗果夫谈论最多的是关于鲁迅先生的事情，鲁迅是他们共同感兴趣的作家。罗果夫是第一个将萧红作品介绍给苏联读者的人。萧红是真正从荒原走向世界的作家，她不仅以极富传奇色彩的经历吸引着异域的人们，以充满才情的作品感动了世人，同时萧红也以其率真、热情、开朗、大方的个性赢得了一些外国人士的尊重与友谊。

三 萧红比较研究

1. 萧红与丁玲

姜子华、刘雨[①]认为，丁玲和萧红的女性题材小说在中国现代文学史上具有重要的意义，丁玲前期创作的短篇小说《莎菲女士的日记》和萧红的《生死场》中的女性欲望和女性身体承载了丰富的文化内涵，两位女作家都表达了共同的女性情结与性别意识，但她们各自不同的叙述方式使小说呈现了不同的文字特点，小说中透露的女性自我的体验及其艺术表现方式给我们不同的启迪。丁玲创造的莎菲形象呈现了女性自我和女性身体的欲望，也体验了身体疾病与精神困境。丁玲小说中的女性自我、女性欲望和女性身体感受，表现的女性身体是矛盾困惑的女性

---

① 姜子华、刘雨：《女性自我、身体疾病及其文化内涵——论丁玲与萧红女性小说的表现差异》，《东疆学刊》2009年第1期。

自我的表现，是女性灵魂与生理的身体共同作用的个体。萧红的生命表现更具有颠覆性，她自觉地超越了苦难和控诉的姿态，把女性的生存真相、身体真相纳入到艺术视野之中，用文学意象和生活场景呈现了农村女性群体的物质性生存。萧红那支柔弱的笔窥破了所有男人制造的女性神话，女人们是粗砺的环境中挣扎着为了生存而生存的原生态的女人，女性的身体是丑陋的、粗糙的，不值得美化和升华的。在女性思想和身份并未完全解放的当年，她们以极大的勇气和智慧书写了男权传统中女性的内心困惑和身体的疾病，体现出中国现代女性写作的现实性和深刻性。

张丽丽[1]则认为，丁玲与萧红在创作中不约而同的坚守着女性的写作立场，表现出极其鲜明的女权意识，真实地传达出中国妇女在性别歧视的社会中所承受的压迫与摧残，对占据主宰地位的男权观念进行了愤怒的控诉与决绝的批判，从而在中国女性文学的空间中形成了艺术奇观。第一，在女权意识的产生和发展上，呈现出不同的演变轨迹。丁玲在幼年时期看到母亲追求自力更生与独立人格的风范，留下了刻骨铭心的情感记忆，最早的生长出女性意识的萌芽。萧红则在幼年时期更加饱尝了性别歧视所给予的冷漠与屈辱。第二，在女性形象的塑造上，展示出迥异的艺术风采。丁玲的小说真正实现了以女性为主体的"女性书写"，彻底地改变了长期以来自身被男性讲述、阐释的被动局面。萧红在左翼思潮的影响下，主要表现对黑土地上的农村劳动妇女的关爱与同情，真实地反映出她们在严酷的阶级压迫与异族统治中所遭受的凌辱与摧残。第三，在女权意识的表现上，反映出迥然有别的思想内涵。丁玲的小说作为个人所选择的倾诉方式，富有情感的宣泄性。萧红则善于把情感弥散开来，深深地潜藏在一个个独立的艺术生命之中。

2. 萧红与姜敬爱

刘艳萍《绚丽悲壮与素雅凄婉——论萧红与姜敬爱小说的审美意蕴》[2]认为，萧红与朝鲜女作家姜敬爱的小说都具有质朴、含蓄与明丽

---

[1] 张丽丽：《丁玲与萧红比较论》，《宁夏大学学报》2009年第4期。
[2] 刘艳萍：《绚丽悲壮与素雅凄婉——论萧红与姜敬爱小说的审美意蕴》，《东疆学刊》2009年第2期。

之美，但是通过小说的格调、意境和色彩的对比，可以见出其小说呈现出不同的审美意蕴，即格调上，萧红沉郁顿挫，姜敬爱平实淡雅。萧红喜欢用浓重激昂、沉郁顿挫的乐调抒情写意，表现出壮美与优美的和谐统一；而姜敬爱则喜爱用平实淡雅的音调写人摹景、精雕细刻，呈现出清水出芙蓉的自然美。意境上，萧红悲凉寂寞，姜敬爱凄愁哀婉。萧红小说惯常出现疾病、瘟疫、坟墓、棺材、花圈、自杀、鲜血、尸骨等清冷、消极和负面的荒原意象，呈现出悲凉寂寞之美。姜敬爱则通过眼泪和凄风苦雨的自然环境来营造小说哀婉凄愁的意境。眼泪的意象是姜敬爱小说表现人物悲伤心绪和苦难人生经历的突出手段，在其作品中俯拾皆是，很具普泛性和象征性。色彩上，萧红鲜红绚丽，姜敬爱素雅纯净。萧红常常以画家的慧眼观照笔下的自然风光和社会人生，描绘出一幅幅五彩缤纷、绚丽多彩的图画，给读者以新鲜感、立体感和充实感，从而其小说获得了"绘画化"的美誉。而姜敬爱的笔下，蓝天、大海、白云都是作家喜欢着力刻画并渗透着作家主观情思的对象，因而蓝色、绿色和白色这些柔和清淡的颜色是其小说的核心色彩，象征着平静、纯洁、浓郁、美好等积极的意义。

其《杜鹃啼血，昭示不平——萧红与姜敬爱小说底层女性悲剧之比较》[①]则认为，萧红与姜敬爱秉着真实是文学生命的创作理念，书写底层女性的苦难与悲剧。萧红着重从历史、人性和性别角度揭示底层女性所遭受的性别歧视和愚昧无知的精神状态，而姜敬爱主要从民族、阶级和社会层面来透视穷苦女性的悲剧命运。萧红与姜敬爱通过对笔下女性所遭受的赤贫、饥饿、疾病、生殖和死亡等苦难的描写，展示了20世纪30年代中朝两国女性共同具有的悲剧命运。萧红与姜敬爱根据亲历体验，将中朝现代女性文学以抒发知识女性自我情感的小世界，升华为透过底层女性的苦难与悲剧来观照民族灾难和女性悲剧的大世界，并由此勾勒出一大批蠕动在生死线上受苦、受穷、受性虐待的底层女性形象，表达出真切的对女性关怀，这也是其小说对中朝现代文学的最大贡献。

---

① 刘艳萍：《杜鹃啼血，昭示不平——萧红与姜敬爱小说底层女性悲剧之比较》，《延边大学学报》2009年第4期。

3. 萧红与迟子建

李枫《论原始崇拜对萧红和迟子建小说儿童梦想世界生成的影响》[①]认为，萧红和迟子建小说儿童视角构成的儿童世界的独特审美形态和文化价值，主要体现在儿童梦想世界层面。运用原型理论来分析，这一儿童梦想世界的构建源于萨满文化万物有灵和万物有神信仰观形成的原始崇拜对作家文化心理的影响。儿童梦想世界的主要构成元素是具有童话特质的自然景色、通灵的女孩形象、慈善的长者形象和人格化的动植物形象。萧红与迟子建这一儿童梦想世界的形成和东北地域文化的核心萨满文化有直接的关系。第一，童话特质的自然景色与萨满文化的自然崇拜。儿童梦想世界是萨满文化自然崇拜的文本显性体现，是自然崇拜对创作主体审美观念潜在而深入的影响和支配，它体现了作家独有的自然观。第二，富于人格特征的动植物形象与萨满文化的动植物崇拜。萨满文化的动植物崇拜观作为东北文化的深层文化积淀，对她们的心理、意识产生了影响，并进而凝聚在她们的文化心理和审美意识中。第三，通灵的女孩形象与萨满文化的女神崇拜。萨满教的女神崇拜对东北作家的妇女观、文学叙事及人物形象等都产生了直接的影响。第四，慈善的长者形象与萨满文化的祖先崇拜。萨满教作为民族信仰的载体，它更贴近于民众，也就形成了萧红和迟子建笔下既是神灵的化身又具有现实感的令人敬重的男性长者形象。

其《萨满文化对萧红和迟子建平民文化立场的影响》[②]则认为，黑龙江省的作家萧红和迟子建在意识形态被禁锢的历史时期，自觉选择坚守平民文化立场，和同时代大多数作家选择主流文化立场及知识分子精英文化立场形成了鲜明对比，成为中国现当代文学史上独特的文学艺术景观。这种创作上的突破，来自东北地域文化的核心萨满文化的影响，萨满教神际平等关系影响了两位作家平等意识和平民思想的形成，萨满教的万物有神论和万物有灵论影响了两位作家悲悯情怀的形成。由于受

[①] 李枫：《论原始崇拜对萧红和迟子建小说儿童梦想世界生成的影响》，《学术交流》2009年第10期。

[②] 李枫：《萨满文化对萧红和迟子建平民文化立场的影响》，《齐齐哈尔大学学报》2009年第3期。

萨满文化自由平等观念的影响,萧红和迟子建自然地观照人物,与人物平等或低于人物,而不像一些启蒙主义作家一样,站在高处,板着面孔,以救世主的姿态教化和训导。萨满教的信仰观和崇拜观影响了萧红和迟子建的生命意识,形成了她们特别关爱和尊重生命的独特的生命观,其中包括具有宗教色彩的悲悯情怀。萧红和迟子建受萨满文化的浸润,在集体无意识中形成了自己的创作倾向,她们敢于张扬和安于坚守自己的艺术个性,在中国现当代文学史上,异军突起。

4. 萧红与郁达夫

张向凤[1]认为,郁达夫作为创造社的干将与从东北作家群走出的萧红不论是人生经历还是各自的小说创作都有明显的区别,但与此同时也存在着相通之处:坎坷困苦的人生经历使两位作家都将小说创作的视点集中在对人的生存困境的关注方面;他们都与鲁迅有着深厚的友谊,小说创作也都得到了鲁迅的肯定,并程度不同地受到了鲁迅的政治观与文艺观的影响;他们在小说创作上具有相似的美学追求,他们都非常重视包含了自我情绪、时代情绪和普遍的人类情绪的主观情感的表达;在小说的艺术表现上也都具有散文化、抒情化和绘画化的特征。郁达夫和萧红的前期小说创作都得到了当时文坛中进步作家的肯定,随着时代的发展,两位作家还是执着地依照自身对人生的理解进行创作,但在20世纪三四十年代阶级和民族矛盾日益尖锐的时代背景之下招致了众多的批评和否定。萧红与郁达夫的小说中蕴含着强烈的社会责任感、对人性弱点的细致剖析、丰富细腻的情感体验,确实是极为明显不可否认的。

四 萧红研究之研究

张杰[2]认为,相比较于夏志清的萧红研究,葛浩文的萧红研究则是比较全面的。葛浩文是美国中国学的研究者,他翻译了大量的中国作品。在还没有形成"萧红热"的时候,他就已经注意到了萧红,并且

---

[1] 张向凤:《对郁达夫、萧红小说创作的再认识》,《江苏大学学报》2009年第5期。
[2] 张杰:《美国汉学中以葛浩文为代表的萧红及东北作家群研究》,《新文学史料》2009年第2期。

对萧红研究十年如一日，深情款款，终令即使没有看过萧红作品的中国读者，也熟悉她的名字。萧红的作品曾一度被人埋没，在很多当时的作家及后来的文学评论家眼中，萧红后来的创作既未能发挥她的潜能，也没有符合当时的时代需要。1949年后所写的文学史中，萧红竟被列入二流作家之林。甚至她的私生活成了人们讨论的题材，而她的作品反而成了次要。无论在萧红生前还是死后，如此的评价和地位，无法让葛浩文接受，于是他把为萧红鸣不平并恢复她的历史地位视为己任，并且在1976年出版了第一个英文版的《萧红传》。在书中，葛浩文对萧红提出了全新的评价。英国学者詹纳认为葛浩文把萧红带到西方世界来，功不可没。葛浩文以国外中国学学者的眼光"发现"了萧红，还用更"文化"的观点阐释了萧红，并且以此影响了国内学界。从萧红研究出发，葛浩文的研究逐渐向东北作家群辐射和扩展，萧红之后是萧军。对萧军的研究，夏志清则早于葛浩文。由于夏志清、葛浩文在英语世界的开拓，萧红、萧军和端木蕻良等"东北作家群"在英语世界的中国现代文学研究中的地位，远比本国要高。

　　谁能绘得萧红影？这是聂绀弩先生悼念萧红的诗句。它道出了一个寂寞的、难以命名的萧红。南蛮子[①]认为，现代中国作家中，萧红有着哀婉的生命历程和卓异的写作成就。她独特的文学风格和经验抒写，构成一曲天真与经验融合的哀歌。萧红写出了两种文学：一种可以让那些在时代大话鼓励下摇旗呐喊的同行们引为同好，另一种则留给了后人。林贤治《漂泊者萧红》，让我们又见萧红影。在林先生娓娓讲述中，时间的积尘被缓缓拂去，萧红以不同于以往的形象款款出现。在书中，他力图细腻地呈现萧红的孤单。林传中也穿插着对萧红情感生活的别致描述。作为一个颇有成就的现代文学研究者，林贤治的萧红传记颇有不同于以往的特点。作者在还原人物细节的过程中，作者依据的基本都是萧红的原作，或其亲友回忆材料中透露的信息，这样的工作尤需一个学者的态度和眼光。回首面对更广阔的时空沟壑的阻隔，林贤治的传记又走了一遭文字长途，恰似给冷艳于时间中的萧红献去一束我们这个时代的红山茶。而萧红依然在卧听海涛闲话，在我们的漫漫长夜中，默默等待

[①] 南蛮子：《萧红：大地之蜜来了又去——读〈漂泊者萧红〉》，《全国新书目》2009年第7期。

着更多心灵的献祭。

赵勇[1]则认为，林贤治的文字是以冷峻、劲健而见长的，但在这本传记中，却看到了他的另一种风格：温情、柔和，注重事实呈现，收敛理性剖析。所有这些，大概是作者对传主寄予了敬佩与同情的缘故吧。当然，也不单单是敬佩与同情，其中还有痛惜，对男性世界的痛恨，对众人误解萧红的深深不平。关于萧红本人，林贤治是把她定位成"五四的女儿"和女性主义者而加以描述的。萧红一生都处在对男权社会的反抗中，因而也就铸就了她所有的悲剧。萧红与萧军、端木蕻良之间形成了一种扯不断、理还乱的情爱关系，如何对萧军、端木进行评判，也是一件棘手之事。对于萧军与端木，林贤治下笔是很不客气的，可以看出那些文字蕴含着作者的义愤和谴责。《漂泊者萧红》是一本特点鲜明的传记作品。它的写作风格虽与作者以往的著作不大相同，却依然打着林氏写作的思想标记。

黄玲[2]发现，萧红的小说研究从20世纪30年代至今大致经历了三个阶段，即20世纪三四十年代带强烈政治色彩的文学批评，80年代在"改造民族灵魂"文学传统下的重新审视，90年代以来女性文学批评框架下的再度解读，无论是研究视角还是研究方法都有所拓展。纵览历史发展线索，扫描萧红小说研究的得失，并勾勒出运动的轨迹，不仅可以推动萧红小说研究向更高、更深层次发展，也将有助于整个现代文学的研究。

五　萧红综合研究

吴晓佳[3]认为，萧红本人及其作品从20世纪80年代中国女性主义批评兴起至今，一直被视为女性主义和女性文学的一个高峰。由于她的作品皆诞生于20世纪的抗战时期，民族与性别（尤其是民族与妇女）的关系成为解读这些作品所绕不开的问题。而随着中国女性主义批评本

---

[1] 赵勇：《弱者的追求与反抗——读〈漂泊者萧红〉》，《博览群书》2009年第7期。
[2] 黄玲：《萧红小说研究述评》，《海南师范大学学报》2009年增刊第2期。
[3] 吴晓佳：《萧红：民族与女性之间的"大智勇者"?》，《清华大学学报》2009年增2期。

身的发展变化,即受到民族主义和后殖民主义等新思潮的影响,对这一问题的分析也有所改变,妇女由民族的共谋者变成民族的受害者。但事实上,萧红笔下所体现出来的民族与妇女的关系是远比这些解读复杂得多的,也因此,她的作品无论在国家正统文学史中还是在女性主义批评中都能被奉为经典。萧红对妇女与民族之复杂关系的深刻体会以及由此所产生的迷茫,正是第三世界女性所普遍面对的困境。对她们来说,女性意识与民族意识、女性解放与民族解放并不是简单对立、非此即彼的。对第三世界的男性而言,民族国家的主体意识也不是自然而然地获得的。萧红正是因在民族危机中,因其作品有利于民族主义话语(或者可以说部分从属于这种叙述),才得以在作品中为女性发出声音并为社会接受,且在后来的文学史上一直占有一席之地的,这也正构成了我们后人会不断选择它来进行重读的可能性及必要性。

20世纪30年代末,萧红在其创作的后期逐渐脱离了抗战文艺模式。一般认为萧红小说以1938年为界可以分为前后两期。张霖[①]认为,萧红思想的动荡和变故,并非始于1938年,而是发端于1936年。在这一年里,发生了两件大事,对萧红的一生有极其重要的影响:其一是萧红与萧军关系的恶化;其二是鲁迅的逝世。发生在1936年的这两件大事将萧红彻底地从她所依附的男性中心社会中抛出。萧红迈出的第一步,使她走向了女性的独立,更走向了历史的孤独。萧红挑战的第二步就是争取女性对历史、对社会的解释权。萧红苦苦争取的女性对历史、对现实的解释权,实际上遭到生活上相当严重的压抑。萧红清楚地认识到女性的意义与民族国家意义之间的严重对立。因此,萧红在后期创作中,一直坚持自己的创作个性,孤独地在主流抗战文艺模式中开辟新的话语空间。

对萧红综合研究作出解读的还有冯永朝和王丹。冯永朝[②]认为,萧红是中国现代文学史上具有成熟的女性意识的女作家之一。她以独特的女性视角和女性情味,书写着从自然存在到社会存在到精神存在均受到

[①] 张霖:《另一种选择——论萧红后期文学创作及其思想》,《华南师范大学学报》2009年第5期。

[②] 冯永朝:《身体的毁损 精神的驯服——论萧红笔下女性的悲剧命运》,《阴山学刊》2009年第2期。

男权社会的压迫、歧视、侮辱和摧残的处于社会最底层的中国农村妇女的历史和命运,展示了她们在严酷的自然条件和恶劣的社会环境中为了活下去所遭遇的痛苦不幸,所付出的惨重的身心代价。王丹[①]则认为,萧红是一位凭个人的天才和感觉进行创作的情绪型作家,其作品具有很强的自传性,融入了其独特的生命体验和情绪记忆,充分发挥出了她的天赋才华与独特个性。她凭借女性纤细敏锐的艺术感悟能力,捕捉情感记忆中富有韵致的人事景物,抒写出现实的人生和自我的情怀。

[①] 王丹:《萧红及其作品解读》,《文化学刊》2009年第2期。

第十章

2010年萧红研究述评

一 萧红作品研究

1. 萧红小说研究

本年度所发表的与萧红小说研究相关的文章,主要集中在《呼兰河传》、《生死场》、《手》和《小城三月》。

(1)《呼兰河传》研究

杨秀江[①]认为,萧红的《呼兰河传》运用儿童视角去观照自己已逝的童年的家园,作者用细腻的笔触和纯真的语言表现童真童趣,透过儿童的心灵世界,借助鲜明的儿童思维赋予万物生命,让诗性的记忆和历史的细节栩栩如生地重现在我们眼前,使读者真切地感受到呼兰河原初形态的美。然而正是由于运用独特的儿童视角,在表现快乐幸福的童年生活的同时,才更加反衬出萧红内心深藏的悲凉与寂寞,充溢着一种成熟生命对人间冷暖的关爱,从而走向一种超越成人视角的精神高度。《呼兰河传》中的儿童视角,不仅反映了萧红创作中的一种或许无意识的技巧,更体现了一种支配性的创作精神。儿童视角在《呼兰河传》中虽不曾贯穿全篇,却有达到巅峰的运用。儿童视角及其背后的创造精神,正是使萧红这位作家及《呼兰河传》这部书产生这份"独特"的重要原因。

---

① 杨秀江:《论萧红〈呼兰河传〉中的儿童视角》,《泰山学院学报》2010年第1期。

(2)《生死场》研究

李志红[①]认为,在萧红的成名作《生死场》中,倾注了作者对女性生命世界里悖论的悲哀和感叹,充斥着作者对女人的理解和怜悯。在这个悲剧的"生死场"上,作者为我们描述了一些女人在这个男权世界里卑微而无助的生活和死亡。在《生死场》里,女人们没有真正的关于女性自我的身份认同感。她们以为,自己生来就是属于男人的,供男人愉悦、享乐的。并且她们为得到男人的享用而高兴,而自豪。她们是这个男权社会的真正的他者。所以,她们心甘情愿地成为这个世界的他者。作者表达,是因为她想唤醒更多的女性,是想让更多的女性来自救。从女性学角度理解和阐释小说中众多的女性形象,让我们感受到了女性作为他者的悲剧。

鲁迅的《〈生死场〉序》一直影响着半个多世纪的萧红研究,成为《生死场》的阅读预设。曹旭光、宋学清[②]认为,鲁迅的评价突出了作品的战斗性,赋予其特定的历史使命感,可以说见解中肯而深刻,但同时却限制了作品的开放性阐释。曹文结合萧红个体生命体验对《生死场》创作的影响,从生存危机体验对宏大叙事话语的遮蔽、女性生命体验与自虐性叙事策略、个体情感体验的自传式体现三个方面,讨论《生死场》与萧红生命体验的紧密关系,还原文本本身的意义。作者认为,萧红创伤式的记忆与女性特有的生命体验的结合,最终将《生死场》变成了深沉的自叙传和血泪书。

(3)《手》研究

侯颖[③]认为,《手》以其复杂的文化内涵、透彻的人性批判和超越时代呼声的主体自觉,成为萧红构筑的文学世界中令人敬慕的篇章,也可以说是中国现代儿童文学史上,真正意义上的儿童小说现代性的开篇之作,即使放在世界儿童小说之林,也有深长的意味和特殊的价值。通过对《手》中许多精彩的"诱人"表达的分析,作者认为,萧红是较

---

① 李志红:《〈生死场〉:女性生命世界里悖论的悲哀》,《齐齐哈尔师范高等专科学校学报》2010年第5期。
② 曹旭光、宋学清:《宿命的规避与精神的还乡——萧红的生命体验与〈生死场〉的创作》,《北华大学学报》2010年第2期。
③ 侯颖:《"她的眼泪比我的同情高贵得多"——论萧红儿童小说〈手〉的现代性》,《小说评论》2010年第2期。

早具有个人主体意识的作家,她对儿童生存境遇的关爱与困惑,具有强烈的人文关怀和理想诉求,是对人类为了持久的焦虑,她一生都在儿童世界中挖掘着、憧憬着人类的"爱"与"温暖",一如鲁迅赞誉她作品中有着一抹"明丽和新鲜"。萧红《手》从儿童小说这个意义上来看,应该"是中国儿童文学现代性的开篇之作"。

(4)《小城三月》研究

王言锋[①]认为,萧红的小说《小城三月》通过城市中的青年女性在城市物质时尚上的追寻、婚姻情爱上的保守,反映了城市女性在新旧观念间的游走,展示了 20 世纪 20 年代前后中国城市女性的生活状态、精神面貌以及苦闷的内心。在这部作品中,一方面,城市生活被增加了明丽的色彩,城市为女性的生活增添了活力和新鲜的空气,而追寻时尚的女性又是城市的美丽风景;但另一方面,城市也罢,女性也罢,外在的时尚与张扬,都无法改变内在的传统与守旧,所以在欢快的表面下,依然是痛楚和无奈。小说自然地将女性与城市相呼应,委婉地表现出了城市新的气息和传统内质的冲突。揭示了刚刚步入现代的城市和女性,在外在的时尚与张扬的华衣下,仍然无法彻底摆脱内在的传统与守旧的境况。

(5)萧红小说整体研究

萧红是以写小城而闻名于世的。郭玉斌[②]认为,萧红小说的篇章中最引人注目的无疑是她的"小城系列"。尽管这类小说是写小城镇的,却以黑土文化为底色,不仅展示了寒地的荒原景象,更展示了生命的荒原景象,它超越了一般的反映现实的层面,而带着民族文化寻根的意味,具有丰厚的文化内涵,并趋近于人生哲学高度。萧红的"小城系列"小说往往带着对童年、少年生活的追忆,带着对故乡的眷恋,讲述着一串凄婉的故事、一方苦闷的黑土、一个黯然的小城。萧红的小说不厌其烦地反复咏叹着她的寂寞。在这一声声反复的咏叹中,表现了作者对物是人非的感慨,自然而然地流露出丛生的思乡心绪,这是贯穿萧红

---

① 王言锋:《外在的张扬与内在的传统——谈〈小城三月〉中的城市与女性》,《信阳师范学院学报》2010 年第 1 期。

② 郭玉斌:《论萧红小说的"小城系列"——以〈呼兰河传〉、〈小城三月〉、〈后花园〉为中心》,《黑龙江社会科学》2010 年第 4 期。

小城系列小说的灵魂。这种乡土意识、乡土情结本身，不仅是萧红个人对故乡的依恋与回归，同时也具备了复杂矛盾而又丰富的现代的多层内涵，代表着人类对精神家园永久的憧憬与不断的追寻。萧红乡土小说表现了20世纪中国人，尤其是知识分子最典型的漂流与回归的乡土意识，成为现代漂泊者一个充满诗意与温情的灵魂栖息地。

2. 萧红作品整体研究

高芳艳《女性身体丑怪的铭刻——论萧红对乡村女性的另类叙写》[①] 认为，萧红是一位经历坎坷而又颇具艺术个性的短命女作家，她在作品中书写最多的是生活在社会底层的广大农村劳动妇女，这些女性大多身体丑怪，萧红用"细致的观察和越轨的笔致"描绘了这群处于半封建半殖民地社会和男权专制社会压迫下，最底层劳动妇女因为强奸、怀孕、生产而支离破碎的身体。萧红之所以拒绝如传统般想象书写女人美丽性感的躯体，与她叛逆悲情的个性气质密切相关。悲情气质使萧红总是以一种悲悯的目光关注乡村女性在男权世界中所遭受的种种不幸，而叛逆的个性又使她在观照这些乡村女性的悲凉和悲苦时，挑战传统，以个性之笔直面血腥、肮脏、丑陋，彻底颠覆了人们一再讴歌的女性美丽的容颜及躯体，大胆书写了女性因生育、病痛等折磨所致的身体变形与死亡毁形，真实再现了"女人"的尊严被无情践踏的历史命运，并颠覆了父权文化下对女性身体的定义，彻底质疑了宗法父权为女性所塑造的虚假表象。萧红反叛传统、追求艺术个性的文学创作，使她的作品在内容上另辟蹊径，别有天地，深深地按上了她自己个性气质的印记，呈现着独特的审美空间。

其《母爱神话的颠覆——解读萧红笔下的母亲形象》[②] 则认为，萧红是一位命运悲苦但富有传奇色彩的现代女作家，她的一生颠沛流离、悲凉短暂。传统观念里的"母亲"一直是伟大和崇高的化身，是牺牲和奉献的代名词，而萧红划开笼罩在"母性"之上的灼人光辉，使被

[①] 高芳艳：《女性身体丑怪的铭刻——论萧红对乡村女性的另类叙写》，《黑龙江教育学院学报》2010年第5期。

[②] 高芳艳：《母爱神话的颠覆——解读萧红笔下的母亲形象》，《哈尔滨学院学报》2010年第9期。

施予了华丽外衣的"母性"骤然赤裸。她笔下的母亲不仅形体、相貌丑陋,而且大多在无爱的婚姻中进行着动物似的生育,游走在生死的边缘,为"物"而疯狂,都是自私、冷酷、残暴的母亲。在萧红作品中母爱被颠覆主要体现在两个方面,即女性生育的苦难消噬了神圣的母爱、贫穷的生活吞噬掉了母性的光辉。萧红之所以淡漠母爱,颠覆母爱,与她成长历程中母爱的缺失、贫穷的流亡生活及萧红对母性的颠覆性认识密切相关。童年母爱的缺失,成年后苦难的流亡生活及萧红对母性的颠覆性认识,使萧红笔下的母亲形象颠覆了传统观念中神圣、伟大以及崇高的母亲形象。萧红通过还原母亲的真实与疯狂,解构了母爱神话,这也是对男权社会中女性现实生存图景的一次认知。萧红对母亲形象的颠覆性书写,也改变了性别秩序中的母亲定位,完成了对传统文化价值的解构。

其《论萧红作品中乡村女性的婚恋悲剧》[①] 则发现,萧红是一位极富才华的现代女作家,她在作品中观照最多的就是生活在社会底层的广大农村劳动妇女。萧红以"越轨的笔致"大胆真实地描绘了这些女性在婚恋中触目惊心的悲剧性生存状态,彻底消解了爱情的甜蜜,颠覆了情爱的愉悦,甚至否定了女性生命创造的内心喜悦及生育创造行为本身的伟大、神圣,这种极其另类的书写与萧红自身的情感经历有密切的联系。萧红笔下女性的婚恋悲剧主要体现在两个方面——婚恋中爱情的缺失与婚恋中生育的苦难。萧红正是从缺失爱情的婚姻生活中窥视到人性的失落和作为女人必然遭受的摧残,揭示了女性更深层次的悲剧。萧红正是通过对女性生育痛苦的动物性还原来完成对女性幸福而崇高的生育神话的解构。萧红婚恋的不幸,她与异性世界说不尽、理还乱的恩恩怨怨,在她的作品里留下了一道道阴郁的影子。萧红在对爱情神话和伟大生育的颠覆过程中,与笔下的女性人物共同咀嚼着人生的悲怆,并对造成女性婚恋悲剧的渊源——男人及男性社会进行了无情的控诉。萧红的悲剧性情感经历及其反叛传统、追求艺术个性的文学创作,使她的作品在内容上另辟蹊径,别有天地,呈现着独特的审美空间。

---

① 高芳艳:《论萧红作品中乡村女性的婚恋悲剧》,《南华大学学报》2010 年第 1 期。

刘森[①]则通过对萧红童年生活的分析,研究了萧红对"家"同时充满渴望与抵触厌倦的矛盾心理及其成因,指出这种对家庭的双重态度形成了萧红在流亡中对"家"的悖论性书写,使萧红的"家园"书写充满了张力。从离家逃亡到无家而终,从描写凄凉的家庭到建构理想家庭的失败,萧红终其一生都在"家"的边缘徘徊,却从未真正地走入家的核心。家园的双重内涵留给了萧红双重的回忆,也直接造成了萧红对家园的双重态度:无家又思恋着家,恋家又拒绝皈依。对萧红来说,家园不仅给了她生命和永不枯竭的创作灵感,也给了她一生都难以消解的流亡漂泊之痛。造成萧红对"家"情感渴望的二律背反的原因很多,除了和她独特的童年成长经历和流亡漂泊历程有关外,也源自于她在学生时代接受的"五四"新文化运动带来的西方知识,它促使萧红形成了具有现代意义的叛逆性格,使其勇于冲破封建家庭的专制牢笼,彰显自我独立人格和尊严。漂泊与皈依的二律背反,反映出萧红内心对"家"的矛盾和焦虑,使其在文学创作上形成了迥异于其他流亡作家的写作视角,同时它也是对流亡文学的一种艺术的升华。

萧红抗日文学作品与主流文学风格的疏离使她成为一位争议颇多的作家。余娜[②]认为,萧红的短篇小说《孩子的讲演》可以看作是她对创作时的时代环境和自身心境的展现,以及对创作抗战文学的独特思考。在公式化、概念化的抗战文学主流中,坚持适合自身特点的创作方式的主要原因在于作家所受到的文学影响和女性视角。在萧红不长的文学生涯中,给予她影响的有以萧军为主的东北同人和鲁迅先生。萧红的题材和作家情感情绪一致的创作主张和抗战文学与战时生活关系的看法,可以看出她与鲁迅先生明显的师承关系。另外,萧红始终没有放弃女性自我的身份,用女性的细腻感受来书写时代和历史。在《孩子的讲演》中,萧红表达了在当时历史环境中书写抗战的努力,同时也嘲讽了当时存在的概念化和表象化创作。

[①] 刘森:《漂泊与皈依:论萧红在流亡中对"家"的悖论书写》,《长春工程学院学报》2010年第2期。
[②] 余娜:《从〈孩子的讲演〉看萧红的抗战文学》,《南昌航空大学学报》2010年第4期。

王丹[①]则发现，门意象和窗意象是萧红作品中的两大意象。它们与萧红的生活经历和生命体验紧密相连，都蕴含着家的寓言。门外的世界与窗里的人生构成了萧红的生命心象，而她内心深处交流的渴望与逃避的意识则贯穿始终。萧红作品中的门意象和窗意象展示出时代社会、世态人生，蕴含着她对家的渴望。萧红作品中那些反复抒写的门窗意象，表现出漂泊灵魂还乡的渴望，满足着游子精神还乡的期冀，蕴含着家的寓言。在这个意义上，门窗意象具有精神寄托和精神还乡的召唤意味。在萧红的作品中，缤纷的门窗为人们提供一个进入她深层内心世界的入口，激发人们去探索和发现蕴含于门窗意象后面的更多的生命心象。交流的渴望与逃避的意识如同一对矛盾的统一体贯穿于萧红的门外世界与窗里人生之中。

二　萧红思想研究

李向辉[②]认为，萧红是20世纪30年代初走上文学道路的，1935年随着《生死场》的发表而蜚声上海文坛。之后萧红的名字与抗战紧紧联系在一起。前期代表作《生死场》既给萧红带来了名声，客观上又局限了萧红的整体评价。创作于旅日时期的《牛车上》《家族以外的人》等作品标示出萧红创作的转型，后期萧红的创作和作品既与时代紧密相连又远未局限于抗战，在战争的大背景下呈现出日益鲜明的萧红风格。重视后期萧红的作品和风格，结合时代背景分析后期作品的艺术特色，对于从整体上把握萧红创作和评价至关重要。作者结合萧红的生活经历，对萧红作品进行分期，即"跋涉"时期的悄吟（1933—1934）、上海文坛的萧红（1935—1937）、日本的孤寂（1936年7月—1937年1月）、逃难途中（1937年10月—1940年1月）、悲壮的大时代与"蛰居"的个人（1940年1月—1942年1月）五个时段，并分别选取代表作品详述之。通过分析萧红不同时期的所有主要作品，作者发现，生动

---

① 王丹：《绘影萧红：门外的世界与窗里的人生——解读萧红作品中门窗意象的深层意蕴》，《河南广播电视大学学报》2010年第4期。

② 李向辉：《大时代中的个人写作——兼论萧红的文学思想和作品分期》，《兰州大学学报》2010年第1期。

的生活场景的展现,活灵活现的人物对话,有意味的叙述者的叙述声音,以及更深层的作者对生活现象的细致观察和高度概括,再加上作者自身对世间万物悲剧感的超常感应,这一切完美地结合在一起,构成萧红作品的魅力所在——让读者透过她的眼睛看世界,凭借她对生活非凡的观察力,用充满感情意味的文字将她对生活的"发现"生动地再现出来。而在更高层次上,透过个人身世的悲剧感受传达出对生命意义层次的思考和对苦难人间的深切关怀。其中那些将内容与形式完美结合在一起的作品,成为文学史上不朽的艺术精品。

唐恬恬[①]则认为,20世纪20—30年代的中韩两地,日本帝国主义的扩张进一步激化了两地的社会矛盾,民族矛盾上升为当时社会的主要矛盾。这一转变也对当时的两地文坛产生了一定影响,具体表现为抗日题材作品纷纷登场,成为时代主题。女性文坛方面,两地女性作家不约而同地转变了创作视角,抗日题材的作品成为主流。文章主要以这一现象为研究中心,分析在民族、阶级及性别三重压迫的社会背景下,当时中韩两地女性文坛中最具代表性的女性作家——萧红与姜敬爱在创作中所表现出的与以往女性文学所不同的时代见解,及与当时男性作家相似的选材趋势。萧红和姜敬爱在人生阅历相似的背景下,在中国和朝鲜半岛30年代社会发展的相似性的决定作用下,都不约而同地选择了关心最下层群众的疾苦,并由此体现出强烈的民族独立意识。民族矛盾的影响使两地女性作家创作中女性意识的无性化甚至男性化成为一种普遍现象。因此这时期两位女作家的创作中所表现出来的思想开始无性化,甚至是男性化。然而这一时期内女性意识的无性化并不是女性意识的消失,而是女性意识的深化。它归根结底仍属于女性意识,只不过是一种比较激进的女性主义。这是因为这一时期两地的女性作家们企盼通过暂时的无性状态超越无性而达到真正意义上的女性意识。

卢建红[②]则发现,萧红与其故乡呼兰小城的关系一直以来多被讨论,除了传记性的史料搜集和整理外,讨论者多关注作家的乡土情结和作品风格,而萧红对于故乡的"发现"和"想象",或者说,故乡之于萧红

---

① 唐恬恬:《20世纪30年代中韩左翼女作家创作中的女性意识变化——以萧红、姜敬爱创作中所体现的民族国家意识为中心》,《当代韩国》2010年冬季号。
② 卢建红:《"故乡"与萧红的自我认同》,《黑龙江社会科学》2010年第4期。

写作根源上的价值和意义却并没有得到彰显。与鲁迅、废名、沈从文等男性作家不同的是，萧红同时从情感、性别和底层三个维度寻求自我认同的途径，它们最终都通向和汇聚于"故乡"——一个由文字和想象建构起来的空间。作者分别从"寂寞"到"荒凉"：萧红的情感自我、性别差异与女性认同、底层认同与底层的文学三个方面论述了自己的观点。从"寂寞"到"荒凉"的情感历程，就是作者在现实中与故乡渐行渐远，而在书写中苦苦追寻"故乡"的过程。对性别差异的这种敏感和认知表现在写作中就是女童视角的普遍运用。萧红的自我认同之路不是通过母亲，也不是在与男性完全对立的框架中展开的，萧红展示的是女性书写者自我认同的艰难和困境。萧红的观怀，不止于女性。在性别视野之上，是更广大的生存和人性的观照。从某种意义上说，底层所代表的就是萧红"故乡"的全部内涵。这是对故乡的升华。作为一个现实中的无家可归者，萧红却自始至终在文字中的"故乡"寻找自我认同的源泉。

三 萧红比较研究

刘艳萍[①]细致比较了姜敬爱小说与萧红小说的主题意蕴。作者认为，姜敬爱与萧红分别是20世纪30年代朝中两国颇有影响力的女作家，她们的小说表现出了共同的主题意识："怨沼"和"乱坟岗子"隐喻阶级压迫的现实；中国东北喻示蕴含民族矛盾与压迫的孤苦之地；讴歌底层民众奋起抗争的不屈精神；揭示扭曲病态的人性。姜敬爱与萧红在小说创作上，都经历了一个从同情并描写民众苦难和命运，表现阶级仇与民族恨，塑造不屈反抗的民族性格，到揭示民众人性扭曲与缺失的创作思想和审美情感的嬗变过程。然而从创作倾向上看，姜敬爱着重从阶级意识出发描写时势变化导致人的精神蜕变现象，显然受到时代主流意识"卡普"思想的影响；而萧红则继承鲁迅改造国民性的文学传统，力求从生存之本真来剖析人的病态灵魂。对萧红和姜敬爱作出解读的还有唐恬恬等。

---

① 刘艳萍：《主流叙事与人性书写——姜敬爱与萧红小说的主题意蕴之比较》，《东疆学刊》2010年第2期。

张丽丽[①]关注的则是丁玲小说与萧红小说的不同思想风貌。作者认为，丁玲与萧红的小说呈现出不同的思想风貌：第一，丁玲的个性意识与革命意识相互交错、此消彼长；萧红由一位激进的左翼作家转变为自由撰稿人。第二，丁玲顺应主流意识需要刻意展示农村革命进程与农民心理变迁；萧红关注东北农民的生存境遇，显示出革命意识与民族意识觉醒。第三，丁玲依据政治理念，从社会分析角度对生活作出评价；萧红从生命体验出发描摹农民生存状态。在小说的现代意蕴上，萧红的小说有着丁玲难以企及的哲理高度，她不仅善于把人推到非人境地考察其生命的质量和价值，而且进一步把人置于死亡的绝境来反省生存的意义，鄙视人们对生的选择，在沉寂的生存状态中表现出一种百年孤独般的文化忏悔和文明自赎，其中涌动着对新生的热望和美好生活的憧憬，这是萧红小说独具的魅力所在。

曾穗菁、王圣杰[②]分别对萧红与沈从文进行了比较研究。曾文认为，沈从文和萧红虽然生活在南北不同的地域，但是，他们的乡土小说创作却有相似的审美特征。同样漂泊的生活经历和敏感的内心，使他们对故乡有着同样强烈的思念与关切之情。虽然传统民俗不同，两片天地却都景色优美、民风淳朴；虽然人物性格命运不同，却都充满理想希望；虽然远离世俗和主流，却都要在文学中找到自己灵魂深处的理想处所和情绪记忆。文章共分为三部分：一、民间和启蒙。无论是民间，还是来自于民间的启蒙，萧红和沈从文的共同之处，就在于他们和那种直接的社会关怀气质的疏离。他们的作品，直指人的个体存在的真实困境。二、悲悯和悲怆。他们不约而同地在作品中将关注的目光更多地投射在底层女子的身上，他们深入到这些小人物的内心深处，倾听她们的哭泣。三、理想和希望。作家们都始终怀着理想，饱含着深情，通过多样的表达，希望能在广泛的天地中追求新的美好生活，实现新的人生价值。沈从文和萧红与其他人不同的地方在于，他们漂泊一生，最后在文学创作中实现了自身灵魂的最彻底的回归。王文则认为，在中国现代小说作家

[①] 张丽丽：《论丁玲与萧红小说的不同思想风貌》，《齐鲁学刊》2010年第5期。

[②] 曾穗菁：《相近美学追求 别样情境表达——沈从文和萧红乡土文学创作比较研究》，《北方论丛》2010年第4期。王圣杰：《〈边城〉与〈呼兰河传〉生态意蕴比较解析》，《长春师范学院学报》2010年第4期。

中，沈从文和萧红在小说创作的生态题材、生态特质与生态意蕴方面各具特色，其中，《边城》与《呼兰河传》分别在表现湘西和东北的自然与人文生态现实方面具有风格迥异、意蕴指向殊途同归的代表性。沈从文"理想生态"的圣地"湘西"和萧红"现实生态"的受难地"呼兰河"的生态特质，在三四十年代旧中国的人文生态现实中具有历史审视价值。

周小英[1]则以当代比较文学形象学关于异国形象构筑的理论为基础，采取细读的方法，着眼于文本的主题结构、词汇和故事情节，从充足与贫困、个体的觉醒与群众的麻木、浪漫情怀与怀旧情怀这三对词汇出发，对赛珍珠的《母亲》和萧红的《生死场》中的中国形象进行了细致的分析和比较。作者发现，同一主题、词汇和故事情节在这两部作品中有不同的表达：赛珍珠笔下的中国具有强烈的生命力、明确的个体意识和对土地浓郁的浪漫情怀；而同一中国在萧红笔下却是枯绝的、生命意识淡薄、充满了对土地厚重的怀旧情怀。作者以为，这不同的表达除了源于两位作家背后的社会集体想象物的影响外，更多的是源于作者本人的选择和立场。

四　萧红研究之研究

虽说女性主义研究不是女性的专利，但因性别体验的天然差异，从事该研究的女性居多，男性因为隔膜而较少，尤其站在女性的角度深切地探讨问题的就少之又少了。故而当李丹[2]读到《漂泊者萧红》[3]时，不禁被其中爱惜萧红的笔触打动。异性著者的女性主义视角可以促使打破那些认为女性的女性主义研究陷入自恋自怜之迷境的观念，并给女性主义研究以坚定的支持。李丹认为，《漂泊者萧红》凸显了传主的女性主义倾向，以个案研究为中国女性主义理论发掘本土资源。《漂泊者萧红》采用解构男性中心主义的方法，依据萧红的生平资料推测她在日常

---

[1] 周小英：《赛珍珠的〈母亲〉与萧红的〈生死场〉中中国农村形象比较》，《宿州学院学报》2010 年第 10 期。

[2] 李丹：《萧红与中国女性主义——〈漂泊者萧红〉读后》，《鲁迅研究月刊》2010 年第 2 期。

[3] 林贤治：《漂泊者萧红》，人民文学出版社 2009 年版。

生活中的感受，进而评判当时的社会文化样态。站在彻底的女性主义角度，著者甚至评判萧红的某些言行还缺少自我，亦即女性立场还不够坚定。作者最后认为，从女性主义视角研究萧红的理论价值在于，它是具有时代色彩、民族特征的中国女性主义经验；阐释萧红文学世界里的女性意识，以及挖掘现实生活中处于屈从地位的女性觉醒者的抗争价值，都可为完备中国女性主义理论提供信实的材料。这也是《漂泊者萧红》出版的意义所在。

第十一章

2011 年萧红研究述评

一　萧红作品研究

1. 萧红小说研究

（1）《生死场》研究

《生死场》与《呼兰河传》是萧红的代表作。王晓平[①]通过政治阐释学发现，由于对政治没有进行理论性的思考，萧红的阶级分析视角常常无法在文学创作中得以贯彻始终，这在一定程度上影响了其小说创作能达到的高度。《生死场》和《呼兰河传》有一个共同点，即对于农民愚昧苟且生活的"暴露"。它显示了作者自始至终对于农民的遭遇深表同情的人道主义精神。然而，虽然前者以其后半部关于民族抗战的内容似乎显得"太政治"，并在当时因为适应时代需要而反响颇大，但今天的文本细读却揭示了其由于政治思维缺乏而无法在小说里认清和处理多重社会矛盾，并导致了多种话语间的龃龉，影响了其艺术的连贯性和有机统一；而后者则退回到以单一的文化思考代替政治经济的视角考察社会的维度，陷入自我循环的农村社会图景，无法看到其出路。究其原因，是因为萧红一生都在人文主义和人道主义之间徘徊，对严格的政治分析没有兴趣。

邓益[②]则认为，《生死场》中的爱情，对于作品中的女性来说，只

[①] 王晓平：《重读萧红的〈生死场〉与〈呼兰河传〉》，《文艺理论与批评》2011 年第 1 期。

[②] 邓益：《女性世界低矮的天空——萧红〈生死场〉底层农村妇女的生存困境与婚姻悲剧》，《小说评论》2011 年第 2 期。

不过是一种虚妄的幻象。她们生活在一个无爱的现实中，以非人性的方式存在。她们是男人眼中的物品，没有一点人的尊严。在作品中，每一位女性都有其对应的"物化"形象，女性的生育常与动物的交配、生产交织在一起进行对比。而她们生存困境的根源，在于其盲目地进行男性崇拜，以致自我迷失。胡辛、何静①则发现，萧红直面女性痛苦的身体，其作品有着自觉的性别意识、性别视角和独特的女性话语，散发出女性身体写作的先锋性光芒，达到了对男性中心社会、父权制文化秩序的解构和颠覆。

（2）《呼兰河传》研究

秦林芳②认为，《呼兰河传》之所以能够成为一部不朽的名作，是因为其灌注了萧红自觉的文体创造意识，且与其所取用的童年视角息息相关。尽管萧红该部小说有叙述视角转移现象，但是童年视角依然是其重点使用的视角。这种特殊的叙述角度，一方面为传达作者"难以忘却"的"幼年的记忆"，找到了一个最佳角度和切口；另一方面，则使作品取得了真实感，丰富了小说的意蕴。具体来说，该作品因为将童年记忆作为书写对象，有很强的怀旧情结。其以浪漫化的手法，通过对童年记忆的选择和重构，使萧红故乡美丽的风物和温暖的人情成为其自我精神家园的载体；以写实的方式，通过对萧红苦涩童年记忆的真实呈现，既使其童年的纯真幻美得到再现，又使其自我精神优势得到确证。同时，该部作品还善于捕捉片段化生活场景，并对之作出画面式的呈现。而这也是该部作品所表现出的另一个鲜明的儿童思维特点。此外，萧红对儿童思维方式的拟用，还造成了作品语言的感性、稚拙与结构的散文化、空间化等特点。

张均③则认为，《呼兰河传》所表达的事物与国家或启蒙无关，它的写作动力来自萧红"漂泊者"的乡愁，它是萧红在虚空之中的自我救渡，是她的一次"精神返乡"之旅。所以，其作品中的事物有着刻意建构的成分，渗透着作家的悲悯。但萧红的精神返乡之旅并未真正完

---

① 胡辛、何静：《别样视野的身体写作——萧红笔下女人的生死场》，《江西社会科学》2011年第11期。

② 秦林芳：《童年视角与〈呼兰河传〉的文体构成》，《中国现代文学研究丛刊》2011年第9期。

③ 张均：《搏击在虚空中——〈呼兰河传〉阅读札记》，《文艺争鸣》2011年第5期。

成。相反，萧红却陷入了更深的精神深渊。所以，《呼兰河传》的"自救"意图是失败的。然而，它却以灵魂的幽深与伤痛展示了艺术贯穿人心的力量。

（3）《小城三月》研究

赵坤①认为，《小城三月》中时空体形式最基本的具象是"我家"。传统与现代，东方与西方，性别及伦理，构成文化错动时代时空体形式的具体生活细节，结构出小城的时空缩影。这种错动的文化环境，既是主人公翠姨生活的时空体形式，也是其爱情悲剧的时空体形式。其悲剧的根源，在于其置身于这种时空，却无法超越其限制。萧红以这样的时空体形式，完成了对翠姨寻常人生诗性的悲凉悼亡，也表达了作为叙事者自身的精神认同。

（4）小说整体研究

季红真②认为，萧红小说包含了不同的文化信仰，并构成了一定的知识谱系。萧红的童年成长之地，汇聚了传统士大夫的文化理念和民间混融的实用信仰，并被西方文化撕裂。这使其家庭混融了多元文化信仰，其中男性家长代表了儒家正统文化精神，而女性长辈则沦入了具有特定状态的民间文化的泥淖。这形成了萧红分裂的童年经验，同时也成为她文学的泛文本知识谱系。其中，女性长辈的民间混融信仰沉入了萧红的潜意识，并且制约着她的命运，给了她精神的强迫。萧红从家族开始的乡土故事扩及至泛乡土的叙事，呈现着民间思想实用混融的信仰方式，并集中地体现为天命的观念。萧红对民间思想的观察，是以人与自然的基本关系为框架的，并力求探寻民间的精神信仰赖以形成的客观条件。萧红发现了其巨大的凝聚力，也看到了其具有愚昧残酷的意识形态力量与自我调节的心理功能，同时，还颠覆了各种封建文化制度，发现了顺乎自然生命的健康人性力量，并在此过程中完成了精神的自我确立，建立起生命的伦理诗学。

---

① 赵坤：《文化错动中的人生悲凉——〈小城三月〉的时空体形式》，《文艺争鸣》2011年第5期。

② 季红真：《萧红小说的文化信仰与泛文本的知识谱系》，《中国现代文学研究丛刊》2011年第6期。

郭冰茹[①]则以《生死场》和《马伯乐》为例，讨论了萧红小说话语方式的悖论与超越性，并对身处民族解放大潮中的萧红如何处理自身写作与文学主潮之间的关系进行了研究。作者认为，萧红的文本可以解读成"抗日文学"，也可以解读成与政治宣传无关的书写，产生这样的悖论与萧红的叙事立场和个性气质有关。萧红一开始就与主流文学保持着一定的距离，并坚持自己日常题材的写作立场，这使她的文本摆脱了抗日宣传的局限，获得了更广阔的写作空间。但是，革命战争又充斥着萧红的生活，使她以个性化的笔致，进入了宏大叙事的领域，自觉地从生存的角度来观照其写作的对象，并使上述文本有了内在的联系。而其介入"民族国家"宏大叙事的方式，不仅使其超越了这一悖论，也使她的创作获得了独特的文学史意义。

2. 萧红散文研究

萧红创作了大量散文，并在其中倾诉了自己的心语。巫晓燕[②]认为，萧红的散文创作艺术，充满了诗意的印象之虹。她的散文虽然多实录自身的生活琐事，但却处处凝聚着真性情，充满了未加雕琢的原始之力，且运用了现代艺术方式。无论是语言、结构方式还是精神指向，萧红散文均具有印象主义文学的特征。这使其既有传统散文所追求的审美品性，又有现代散文理论话语所瞩目的艺术质地与审美感觉。而两者的混融、交错，也使萧红的散文具有了超越时间和空间的能量。沈巧琼[③]则对萧红的《商市街》进行了论说。作者认为，萧红在这部散文集中立足性别立场，以纤细的笔触抒写了女性的种种生命体验，从而显示出独特的生命美学特征和生命真诚意义。

3. 萧红戏剧研究

《民族魂鲁迅》是萧红纪念鲁迅的收笔之作。林幸谦、郭淑梅[④]认

[①] 郭冰茹：《萧红小说话语方式的悖论性与超越性——以〈生死场〉和〈马伯乐〉为例》，《中国现代文学研究丛刊》2011年第6期。

[②] 巫晓燕：《诗意印象之虹——萧红散文创作艺术性的一种解读》，《南方文坛》2011年第4期。

[③] 沈巧琼：《试论〈商市街〉中女性的生命体验》，《社会科学辑刊》2011年第2期。

[④] 林幸谦、郭淑梅：《萧红哑剧〈民族魂鲁迅〉及其鲁迅情结》，《鲁迅研究月刊》2011年第8期。

为，该作品是萧红纪念鲁迅的一种特别方式。萧红大胆使用这种怪诞的西方戏剧形式为鲁迅做传，并有两个方面的表现：第一，分别在各幕剧中对鲁迅的生命事迹等加以表现，凸显鲁迅与"周遭世界的鬼祟跳嚣做个对比"；第二，引入鲁迅的国民性批判理念，并将这种理念投射到她所展示的鲁迅生平，内容与形式相得益彰。该作品突出了鲁迅改造国民性的启蒙价值，可谓是萧红与鲁迅精神的一次对话。但萧红之所以能为后世提供了一个不同于其他父权男性文学史所记录的鲁迅形象，源于其深植于内心的鲁迅情结：她摒弃了所有外在世界对她言说鲁迅的干扰，以女性气质的敏锐笔触将鲁迅还原成为一个凡人，通过日常生活的影像，仔细刻画鲁迅在家庭与社会之间的具体生活内容，将鲁迅的形象雕刻得更有血肉肌理，更具人间质感。

4. 萧红作品整体研究

（1）叙事学

萧红生长的时代，正遭逢现代文明以铁血为先导强行登陆中国的最严峻的时刻。季红真[①]认为，"意识到的历史内容"与民间的叙事立场，形成了萧红观察世界最基本的视角，即民间的历史视角。她从民间的生存与记忆，观察、理解和叙述、参与了民族的现代性历史建构，形象地完成了对于民族特定阶段的历史言说，生动地展现了现代性劫掠中溃败的历史丰富的图景内容。而在审视的时候，萧红首先审视的是自己作为"历史的人质"的命运，其以生命与历史签署了最严酷的契约，以心灵的方式感受书写了整个民族在现代性劫掠中的悲壮抗争。其中，呈现在她基本的民间历史视角中最鲜活的部分，便是以家族为核心推及外缘的乡土人生故事。其次，这种基本的民间历史视角，也使萧红叙述历史的方法独具特色。萧红关注历史的激变对民众生活与精神心理的印象，在对生活细节的追忆中捡拾过往历史的碎片。再有，萧红以基本的民间历史视角，表现了在外来文明强制性袭来的历史过程中，整个中国社会的崩溃。所以，溃败成了她勾画的历史图景中最触目的整体氛围。

[①] 季红真：《溃败：现代性劫掠中的历史图景——论萧红叙事的基本视角》，《文艺争鸣》2011年第5期。

季红真①亦对萧红文学基本的修辞手法进行了探究。她认为,萧红文学的伦理诗学是建立在宇宙自然生命大系统的互喻关系中的,因此象征是其基本的修辞手法。其叙事一开始就以人与自然的关系为框架,构建了一个整体的生命图式,有自己独特的表意系统,并因而具有超越历史理性的情感逻辑。置于这个大系统中的人,与其他生物、自然及宇宙,都有着依存与对抗的辩证关系。这反映了萧红自身世界观的矛盾,其理性的自我和抒情的自我常彼此冲突,其精神是徘徊在民间原始思维与"五四"科学理性之间的。在这样的矛盾中,萧红以民众的精神为焦点,寻找混融的实用性信仰中潜在的民族远古精神,发现与科学民主的世界观、人生观思想交集的话语资源,也找到了民族民间艺术思维的基本范式,以儿童的想象力,在溃败的农耕文明、强势的机械文明与浮华的商业文明之间,建立起象征的心灵模式,并且渗透进语词的缝隙,从而在互文的关系中,呈现出了一个有机的生命图式。

(2) 文体学

萧红笔下的人物故事,无论是自述还是虚构都充满了苦难,生命的毁灭与历史的溃败构成文本中最触目的内容。季红真②认为,萧红的写作,充满了对生命的深沉悲悼与历史的庄严凭吊;而由此出发,则形成了其哀祭文的基本文体。所以,萧红文学与哀祭的基本文体有直接的关系,甚至其情感的光谱几乎从未超出哀祭文的范围。她的作品有着大量死亡叙事与悲凉的基本格调。在悼亡的形式中,其情感常超越一己恩怨,留影于历史的废墟。萧红常借助渗透作品中的凭吊意味,对普通民众的命运来咏怀。萧红文体的特征,可在其祭奠他人,如鲁迅等人的文字中得以体现;还可在其对民间的各种直接仪式和再现的仪式的书写上,得以体认。而萧红也可因为这种文体,被看作是一位衰败历史中的女祭司:她将灵魂的悲苦化作了哀祭的基本文体,庄严凭吊人生广大苦难的同时,也祭奠了自己短暂而多舛的生命。

---

① 季红真:《象征:宇宙自然生命系统的互喻——论萧红文学基本的修辞手法》,《东岳论丛》2011 年第 9 期。
② 季红真:《哀祭:悲苦灵魂的庄严凭吊——论萧红文学的基本文体》,《南方文坛》2011 年第 4 期。

吴玉杰[①]则认为，萧红的文学创作呈现出文体越界的现象，是一种跨体或曰破体写作。它打破传统小说学的限制，融合了多种文体和非文学因素，模糊了文体之间的界限，有着独特的审美意味。它注重场景的象征性铆接、风俗的审美性表现和氛围的艺术性营造。这种跨文体写作与小说文体的融合能力、接受主体的审美需求以及萧红的文化心理结构有关。

（3）写作学

萧红居港期间创作颇丰。林幸谦、郭淑梅[②]注意到，萧红创作的《呼兰河传》和《马伯乐》都涉及重写短篇题材，而这一独特现象可为人们考察萧红居港期间的创作自觉意识及其"民族性"思考提供解读的空间。首先，萧红在《呼兰河传》里，对短篇小说中的有二伯和磨倌等形象进行了再造与重写。萧红在处理有二伯时，并没有借用传统叙述方法，在人物性格或命运上做文章，而是分别采取了主观的叙述模式和客观视角切入文本，依据作家创作观念的内在逻辑的发展，而不是随着主人公性格命运的内在逻辑来讲述故事。其次，作家对《后花园》的主题也进行了重写，并体现在对磨倌冯二成子与冯歪嘴子的重构中。从萧红小说的重构过程中，可以看出其居港时期的小说创作题旨、内在规律，及其在居港期间小说创作的独特性。

（4）类型学

和其他美化母亲的作家不同，萧红对母亲形象的写作是丑化。王学谦、刘森[③]认为，萧红通过对儿童不同常规的塑造，和对女性生育全程式的写实性展示，达到了对母亲形象的直面丑化与颠覆性书写的目的，消解了"母亲"在人们心目中的神话，还原了母亲作为女性自然原始的一面。而她的这种写法，具有重要的文学史意义：她改写了现代文学史中母亲被神圣化的形象，深化了现代文学史上的"审母"传统，拓展了女性文学的写作空间。另外，"母亲神话"的解构，也意味着萧红

[①] 吴玉杰：《现代小说诗学的开创：萧红的跨文体写作》，《辽宁大学学报》2011年第5期。

[②] 林幸谦、郭淑梅：《短篇题材的重写：萧红居港期间的小说创作》，《学术月刊》2011年第7期。

[③] 王学谦、刘森：《"母亲神话"的解构——论萧红对母亲形象的书写》，《北京工业大学学报》2011年第4期。

对母亲所代表的文化姿态的拒绝，和自我独立、坚毅人格的重塑。

二 萧红思想研究

1. 萧红与地缘文化

在中国现代文学史上，萧红是一个独特的存在。陈颖①从地缘文化的角度对其进行了研究。作者认为，萧红以兼有女性自觉与地域品格双重性的文学视野，以童心审美与荒诞审丑相结合的审美意识，既诗意书写着沉郁厚重的黑土文化，又从女性本体意识出发，表现出对女性生存境遇与命运的恒久关注。地缘文化与女性生命性情不仅成为她文学创作的不尽资源与内在动力，也造就了她那灌注着"一"与"不一"两极相通精神的独特审美心理结构。这种超越性的审美心理结构，熔审美与审丑等"相反相成"之象于一炉，充满了"和而不同"的复调之声，呈现出一种张力之美，使她的作品幻化出一种扭结的、失衡的、陌生化的特异审美效应。

2. 萧红的性别意识

不同于前者，葛雪梅②则从女性意识的角度对萧红进行了研究。作者认为，萧红的文学创作始终立足于她的女性立场，以女性特有的细腻感和审美关注女性的生存状态。首先，她凭借女性敏感的直觉捕捉了两组独特的女性生存意象来凸显父权、夫权文化对女性的身心的囚禁与摧残。其次，她常通过对故乡民俗节令的生动描写，喜剧式的冷嘲热讽，荒诞不经的心态描绘，揭示出性别冲突背后的国民劣根性的文化心理。再次，其小说中的性别冲突始终紧扣反封建思想和专制统治、反日本侵略和反法西斯战争这个特殊的时代主题和宏大的历史背景来展开。

---

① 陈颖：《地缘文化因子与萧红审美心理的复调建构》，《辽宁大学学报》2011年第5期。

② 葛雪梅：《萧红文学创作中性别冲突的独特言说》，《学术界》2011年第3期。

三　萧红生平及史料研究

萧红的身世之谜颇多，其中有些已澄清。季红真[①]认为，目前尚待解决的几个重大谜团是萧红的生日、订婚时间与夫家情况，以及她与萧军孩子的下落。首先，关于萧红的生日之谜，作者经过详细考辨，认为萧红出生于 1911 年 6 月 1 日的最早说法，及有关论者所谓萧红一生下来即受到歧视的论点，是可信的。其次，关于萧红的订婚时间，作者认为萧红可能在 3 岁的时候，由祖母订婚。张家隐瞒萧红生日并将其定亲于军方人士，既是想攀高枝，也是想将"不祥"的萧红打发走。萧红在 14 岁时的婚事重提与搁置，18 岁时的正式订婚，都是这桩娃娃亲的变相通融方式。这符合张廷举的处事方法，但萧红的意愿和感觉却未被尊重。再次，经过辨析，作者认为，萧红所产下的那个男孩，很可能被其偷偷送人了。但萧红却因为要彻底阻断和萧军的联系，谎称其死了，从而杜绝萧军的寻访打扰。萧红当时的朋友和萧军关系紧密，对萧红情变问题，无一例外地站在萧军一边，所以萧红不肯对人透露实情。再次经历失去孩子的大悲，而且无人倾诉，是萧红忧郁的根本原因。萧红在这命运的咒语下，只有躲避原先的朋友，才能在拼命工作中遗忘。

袁权[②]在查寻萧红的有关资料的时候，发现了萧红的三篇文章，分别是《八月之日记一（上）》、《八月之日记一（下）》和《八月之日记二》。它们均刊载在 1937 年的《大公报》副刊《战线》。作者将全文摘录，并推测前两篇文章是一个整体，但是因为版面问题而被两次刊登。其主要记叙了当时的抗战形势，二萧的思乡之情及其对朋友的牵念担忧等。和前者相似，第三篇日记也表达了二萧的思乡之情。二萧在《战线》上发表的作品远不止如上三篇，其中为纪念鲁迅而作的《逝者已矣》即为值得重视的一例。在如上作品陆续发表期间，报刊上还发表了《最近来汉的四位女作家缩写萧红　白朗　子冈　彭慧》，并表达了对萧红创作的期待。作者认为，如上三篇佚文以及相关文字的发现，不仅填

---

① 季红真：《萧红身世之谜》，《新文学史料》2011 年第 2 期。
② 袁权：《新近发现的"萧红日记"——写在萧红诞辰百年之际》，《新文学史料》2011 年第 2 期。

补了作品集的空白，也可为解读萧红生平提供新的视角和材料。

对萧红的生平史料进行研究的，还有王观泉和董娜。董娜①对萧红在福昌号屯的岁月进行了梳理，并通过复原福昌号屯及张家腰院的地理和人文面貌，探寻了萧红在此的日常生活状况和精神状况，以及这段生活对她日后创作的影响。作者认为，在庞大的家族的保护下，在福昌号屯的萧红是安全的，她可以免受外界舆论的压力，但家人冷言冷语却刺痛着她的心，并最终使其逃离。但在福昌号屯，萧红却完成了对东北农村近距离的接触，而也这是对她呼兰生活的一个补充，为她日后对东北农村的文学想象做好了必要铺垫和准备。王观泉②则详细介绍了现今东北地区对萧红和东北作家群体的研究和文本出版现状，以纵向的时间线索，勾勒出了上述两者的浮沉变迁。

四　萧红研究之研究

在许多人们心目中，萧红是中国现代文坛上的一位大作家，是大师、巨匠般的人物，也有人用"伟大"评价萧红。但王彬彬③却认为，这种评价是很有几分荒谬的。从鲁迅、胡风到茅盾、王瑶、唐弢，对萧红的文学创作，都是既有肯定也有明确的批评的。如鲁迅认为，萧红的《生死场》只是一幅半成品的"略图"；胡风则认为其有着题材组织、人物描写和语法句法等诸多的问题；茅盾虽然肯定了《呼兰河传》的艺术性，却也指出了其思想上的明显弱点。事实上，过早逝世的萧红，在文学创作上并未真正成熟，其作品虽然有着独特的价值，但其总体的成就也是有限的。所以，在20世纪80年代出版的王瑶、唐弢等的中国现代文学史著作，都没有把萧红说成一个出类拔萃的作家。然而，在孟悦、戴锦华、刘禾等人以女性主义理论重新阐释萧红后，萧红便成了大师、巨匠般的作家，甚至其创作中的缺陷都成了特别宝贵之处。造成这种现象的原因是值得反思的：发掘并充分阐释萧红作品中的女性主义内涵，可以强化和扩展其"文学史价值"，却并不必然提升起其"文学价值"。

---

① 董娜：《萧红在福昌号屯》，《文艺争鸣》2011年第5期。
② 王观泉：《萧红和东北作家群体的命运》，《新文学史料》2011年第2期。
③ 王彬彬：《关于萧红的评价问题》，《中国现代文学研究丛刊》2011年第8期。

王春荣①则对新世纪十年萧红的研究现状进行了分析。作者以"中国期刊全文数据库"相关信息为依据,以21世纪第一个十年(2001—2010)期间萧红研究状况为对象,通过信息分析,梳理了萧红研究在新世纪所取得的新成果以及存在的问题。郭玉斌、彭晓川②则对萧红研究70年进行了摭论。

五 萧红综合研究

萧红是一个相当复杂的女性作家,其在文学史上的意义却被长期遮蔽,还原一个真实的萧红无疑困难重重。季红真③认为,对于萧红的成长,至今尚有一些谜团有待解释。其现存最大的一个谜团,是萧红订婚的时间与其未婚夫的人间蒸发。事实上,种种的蛛丝马迹,都显出萧红初次定亲的未婚夫与抗日名将王廷兰有渊源。另外,从文学的思想性看,在萧红那里,性别的问题是与人生的问题、阶级的问题、种族的问题搅缠在一起的。萧红是从切实的人生出发,以生命的价值为原点,去表现历史人生的种种苦难,其民族国家的宏大主题具有了深厚的民众生活基础。从文学的艺术性看,萧红熔铸前卫与传统,以丰富的艺术创新促进了汉语写作的现代化进程。

---

① 王春荣:《新世纪十年萧红研究状况分析》,《辽宁大学学报》2011年第5期。
② 郭玉斌、彭晓川:《萧红研究七十年摭论》,《学习与探索》2011年第3期。
③ 季红真:《错动历史中的文学飞翔——对萧红的再审视》,《南开学报》2011年第4期。

第十二章

2012 年萧红研究述评

一 萧红作品研究

1.《生死场》研究

面对生命和女性生殖的创作母题,萧红用大场景对个体形象进行勾勒。李钧《混沌美学与女性立场——从〈生死场〉看萧红的小说学》①认为,萧红走出了有别于鲁迅和废名的中国现代乡土小说创作的"第三条道路",即萧红站在"大地民间"立场,从女性生命体验出发,以"散漫的素描"呈现未加雕饰的东北人民生活的原生态。第一,萧红创造了一种以零度情感、散点透视为特质的混沌美学,呈现出粗犷野性的残酷真实,这具有超时空的文化人类学意义;第二,萧红以生命体验为叙事动力,在塑造人物性格成长的同时给读者留下了想象空间;第三,在不以主题先行的宏大叙事中,萧红坚持女性立场,以之消解了阶级与国家的至高无上地位,使《生死场》产生了复调主题和阐释的无限性。

王桂青、姚若冰《生死场"自然"网络中的群体生命形态》②从人和自然的关系层面阐释《生死场》,呈现出其中的群体生存状态和生命形态及其所蕴含的意义。一方面,萧红笔下的农民秉着"靠天吃饭"的传统信念,二里半对山羊有近乎宗教般的感情,母亲将活命的东西如

---

① 李钧:《混沌美学与女性立场——从〈生死场〉看萧红的小说学》,《广西社会科学》2012 年第 2 期。
② 王桂青、姚若冰:《生死场"自然"网络中的群体生命形态》,《东岳论丛》2012 年第 9 期。

粮食、蔬菜、牲畜等看得比孩子的生命都重要,这是"自然"背景中原生态的农民生活,它包含了萧红对"自然"网络中农民的"动物性"生存现状的某种程度的认同和同情性理解;另一方面,生活在自然怀抱中的农民敬畏自然、依附自然、归顺自然,自然却经常对人类施暴,萧红在抒情式的田舍风光中使"生"和"死"的界限模糊,表明乡村中的群体生命已失去了任何意义,既没有思想,也没有生命主体意识。直到外族入侵、生灵涂炭,"奴隶们"才有了作为民族、国家主体的觉醒,才感受到人的尊严,进而走向同命运抗争之路。在"自然"网络的群体呈现中,萧红肯定了农民作为自然之子所表现出的与自然之间的亲和关系以及对自然的珍爱和敬畏,通过"生殖"与"死亡"的场景描写展示了人类生命的荒诞和悲凉,同时对人的生命意识、主体意识的沦落现象进行追根溯源。

郭力的《永恒的"生死场":生命隐文的寓言结构》[①] 从作家的生命意识与女性意识出发,阐释《生死场》对"生命"与"性别"的侧重,认同萧红作为女作家感性而具象的女性经验,并强调《生死场》的独特价值——生命隐文的寓言结构。人如蝼蚁一样死于不能抗拒的自然暴虐的瘟神手中,动物生殖繁盛的夏天被喻为女人"刑罚的日子";从乡村到都市,金枝们始终在男性欲望的刀刃上行走。萧红敏锐的女性主体意识拒绝了把个体作为政治载体的历史可能性。没有任何意义的"生"与"死"与民族觉醒并没有必然的联系;女性意识与阶级意识、女性解放与国家、民族、阶级的解放是不能混同的;意识形态话语并不能完成对女性肉体与精神的双重救赎。郭力提出,《生死场》的内在意义有多种叙事因素,应对它进行多元化的解读,这蕴含着深刻的文化批判意识。

2.《呼兰河传》研究

谢玉娥的《乡土生存的女性人类关注——萧红〈呼兰河传〉解

[①] 郭力:《永恒的"生死场":生命隐文的寓言结构》,《哈尔滨师范大学社会科学学报》2012年第1期。

读》①认为,《呼兰河传》集中体现了萧红与众不同的创作理念和方法,凝聚了作家对社会、人生、文化、习俗、生命、细微、深长的观察与思考。一、"大泥坑"问题是乡土生活的真实写照,喻指以呼兰为代表的北中国乃至整个中国的一种普遍生存状态和社会心理。萧红以幽默、讽刺的笔法对其中的麻木心态予以清醒的揭示与质询,表达了一个作家应有的社会良知与责任。二、"跳大神"等民间习俗反映了一定时期人们的精神与文化需求,萧红指出了它给人们,特别是女子带来的厄运,并对世事的繁华与荒凉、人生的热闹与孤寂、人的生与死等人类永恒的哲理问题进行了文学的思考。三、小团圆媳妇的悲剧源于愚昧无知、迷信鬼神的文化环境,而在一定的社会性别制度和性别习俗中形成的父权思维与母系思维却是导致她有家难回的另一重原因。四、萧红揭示了生存于乡土底层男性的普遍心理,鞭笞着植根乡土的恶风陋俗,例如维护社会等级、病态的看客心理等问题。五、《呼兰河传》所描述的生存问题对现代人类的生存变革仍有启示作用,对处于转型期的中国文学创作也具有现实的意义。

关于小团圆媳妇的死亡悲剧,梁慧《人神祭祀与替罪羊——对〈呼兰河传〉中小团圆媳妇的文化人类学阐释》②将它更多地归因于原始思维的遗留,因为原始的人类记忆还控制着呼兰人的情感与行为。原始人以敬重的态度对待神和自然,然而文化在长期演变中常常把最恶劣的部分保留下来,使之成为民族劣根性,从而导致了小团圆媳妇的死亡悲剧。具体内容有:一、由于文化的稳定性,在呼兰人的头脑中,被称作原始思维的初期迷信或信仰得到了顽固且完整的保留,甚至掌管起呼兰人的生死;二、小团圆媳妇被当作人神沟通的媒介,约束她的不单是社会行为规范,还有不同于人的纯洁性、神圣性与灵性转化而成的行动规则;三、弑神的二重性和圣餐仪式推进了小团圆媳妇的死亡进程,婆婆的打骂上升到宗教仪式的高度,竟代表了婆婆的"关心";四、小团圆媳妇成为罪孽的转移和替罪羊,暗示着必然发生的死亡。她的死"消

---

① 谢玉娥:《乡土生存的女性人类关注——萧红〈呼兰河传〉解读》,《玉溪师范学院学报》2012年第3期。
② 梁慧:《人神祭祀与替罪羊——对〈呼兰河传〉中小团圆媳妇的文化人类学阐释》,《长春大学学报》2012年第5期。

除"了呼兰人的罪孽,使生存者得到救赎。总之,小团圆媳妇的死不仅是个体人类的死亡,还代表了邪恶力量的灭亡,寄托着群体人类对生命永恒的愿望。

3.《小城三月》研究

贺仲明《个人之爱与民族之痛的交融——以〈小城三月〉为例论萧红的创作个性及意义》[①]认为,《小城三月》将个人的情感世界与宏阔的民族社会主题紧密结合,既真切地体现了自己的创作个性,又渗透着对时代和社会的深刻剖析,兼具个人之爱和民族之痛的双重意蕴。第一,翠姨的悲剧与她的性格自卑有关,同时也是她所生存的从旧到新、从传统到现代的时代产物。第二,《小城三月》的艺术表现也非常契合其主题:作品表面温婉,实则有刚健的内核,个别叙述甚至用冷峻来表达;萧红利用成年和童年两种视角的交叉效果,模糊了作品细节,叙述对人物命运的复杂感情。第三,萧红将个人关怀和社会关注结合在一起,使视野超越个人悲欢之上,这种先驱性创作在中国新文学的女性创作中并非个案。巧妙的是,降红燕的《〈小城三月〉的症候式分析》[②]与上述论文的观点有很多共同之处。例如,降红燕对"翠姨"所进行的由表及里的分析:一、女性的死亡几乎成为萧红小说创作中的一个母题,而在《小城三月》之中,女性人物的悲剧意味达到了顶端;二、造成"翠姨"悲剧的原因,来自人物自身性格心理的局限,更来自社会历史文化对女性的无形打压;三、萧红将自身的情感体验投注到作品中,让死亡成为翠姨及其他女性与逆境相抗争的最终方式。降红燕总结道,萧红采用限制叙事的修辞技巧来讲述女性人物的死亡故事,熔铸了无法言说也难以言说的女性生命体验的文本,其笔下的女性故事不独是个别女性的遭际而是某种带有普泛性的女性境遇。在女性低空下,萧红关于女性命运和自我的审视弥漫着忧伤。

王静《论中国绘画美学在萧红小说中的体现——以〈小城三月〉

---

① 贺仲明:《个人之爱与民族之痛的交融——以〈小城三月〉为例论萧红的创作个性及意义》,《吉林师范大学学报》2012年第2期。
② 降红燕:《〈小城三月〉的症候式分析》,《世界文学评论》2012年第1期。

为例》① 提出，萧红将古典绘画美学追求与个性情感特质融为一体，用其独特的生命体验和审美观照建构出一个艺术世界。首先，在创作题材的艺术选择上，萧红用蘸满"爱意"和"温暖"的笔墨来抚摸人物，在人物的神情、动作和语言细节处最打动人。其次，萧红引绘画技法入小说写作，主要有"画簿"式空间结构、"计白当黑"的空白艺术，字里行间都是带有象征意味的写意抒情。最后，萧红善于通过色彩来表现某种象征或隐喻，她把属于自己的生命体验融于艺术性的思维和创作中，使作品获得了一种独特的审美效果——既回归了传统美学的艺术追求，又拓展了现代小说的创作范式。

4. 小说整体研究

马春花、韩琛《认同与/于"卑贱"：萧红小说的性别、乡土与国族》②，以"卑贱"概念分析萧红小说，一是探讨萧红如何书写与女性经验相关的卑贱/母性主题，并通过何种叙事策略将之驱魔；二是探讨她如何抗拒并改写了现代国族论述的路向，最终认同于一个卑贱的乡土中国镜像——呼兰河。通过物化、陌生化的婴孩，民族、阶级话语对母性卑贱话语的挪用和转化，以及对卑贱者"有二伯"的推拒，萧红营造了一个阶级翻身、国族崛起、世界大同的想象空间。然而，作为一个沉陷于现代性想象的主体，并不能在阶级革命、女性解放、民族主义的大叙事中，与卑贱的庶民草根、女性肉体、乡土中国彻底划清界限。故而否认/承认卑贱、追求/抵抗现代性的矛盾辩证，贯穿于萧红创作始终，并反映了一个个中国娜拉的命运。总之，在强调萧红的抵中心、去国族的女性主义特质的同时，亦应考量她们作为出走的娜拉，与现代民族国家叙事之间的契合。萧红小说的叙事立场、主体视角极为复杂，即便在《呼兰河传》中，也纠结了三种视觉主体：全知全能的现代启蒙者、万物有灵的懵懂儿童、阴魂不散的女性/母亲。更为重要的是，它将历史时间收纳于一种与女性主体相连、与自然节律而动——生生不息

---

① 王静：《论中国绘画美学在萧红小说中的体现——以〈小城三月〉为例》，《长春理工大学学报》2012年第10期。

② 马春花、韩琛：《认同与/于"卑贱"：萧红小说的性别、乡土与国族》，《湘潭大学学报》2012年第4期。

却又恍兮惚兮的循环/永恒之乡。

邵丽坤《萧红对抗战题材小说的独特书写》①，根据萧红对战争、国民性和女性生存状态的文本书写，发现了其创作的超越真实时空的共时意义和文化价值。首先，萧红从人性的角度去审视战争、批判战争，自觉地避开宏大叙事的主流模式，着力展现普通大众的生活世界和精神世界，其共时意义与救亡图存文学的政治功利意义和价值意义远远不同。其次，萧红在战争中审视国民性，揭露抗战时期小知识分子的自私与懦弱，并对病态国民灵魂、人的生存本相作了深层次思考。最后，萧红使女性写作的独特意义浮出历史地表，她反对女性人物的符号化、功能化的书写，以愚昧、冷酷等词汇消解了时代传统女性的勇敢与善良。

5. 散文研究

沈红芳《〈商市街〉中的叙事性与主体性》②认为，萧红创作的回忆散文《商市街》，既是现实生活中精神苦闷使然，也包含着通过回忆建构自我的积极诉求。一方面，萧红在作品中揭露了贫穷且破败的生活本相，强调性别主体间性的价值立场。于三层式嵌套的"到达—离去"模式中，表达失望与忍耐乃至绝望的情感基调，展现出循环往复的叙事特征。另一方面，它以自我投射和生存隐喻的片段式书写，在性别、阶级、民族的框架内对个体的现实与文化处境进行了深入思考。沈红芳谈到，萧红的创作，在思想上继承了鲁迅在《狂人日记》中对传统文化的总结与批判，在艺术上体现出以鲜活的女性经验和细腻的女性心理表达见长的叙事特征。

在重点分析了萧红的多部散文后，刘钊在《萧红散文的"越轨"叙事》③中以叙事学理论方法做出三方面概括：一、《商市街》以单纯的线性时间叙述方式，搭建了二萧哈尔滨生活的叙述框架，用完整的叙述时间链条清晰明了地叙写了他们这段人生特殊经历"故事"的来龙去脉；二、萧红通过人物对话的"戏剧化"叙事方式来塑造自我形象，

---

① 邵丽坤：《萧红对抗战题材小说的独特书写》，《西安欧亚学院学报》2012年第3期。
② 沈红芳：《〈商市街〉中的叙事性与主体性》，《中国现代文学研究丛刊》2012年第5期。
③ 刘钊：《萧红散文的"越轨"叙事》，《东北师大学报》2012年第5期。

在描述其他人物时，亦采用以虚代实的手法；三、在《回忆鲁迅先生》的散文创作中，萧红采用不受限制的"限知性"叙述人视角，通过自由变换人称的叙述方式来表现鲁迅的多重人格力量。刘钊提出，应将萧红的小说和散文贯穿起来作为一个"大文本"去阅读，从而进一步理解鲁迅对萧红创作"越轨的笔致"评价中所包含的"文体无意识"结论。

6. 萧红作品整体研究

季红真《永不陨落的文学星辰——萧红文学创作综论》[①] 从六个方面对萧红的文学创作进行了分析。作者认为，民族国家的基本立场与左翼的意识形态，使萧红从民间的历史视角来叙述现代性劫掠中的溃败、变革与抗争，从而进入了人类最前卫的文化思潮和艺术思潮。一、萧红文学以生命为核心，沟通了宇宙自然的博大系统，她深入到生命的原始悲哀，探寻永恒的人性价值；二、在时代、社会原因，传统文化、民间文化与外来文化的同时作用下，萧红建立了一个自我完足的艺术世界，深刻的寂寞成为她临终的主要遗憾；三、萧红借诗性的方式表现出心灵的混乱，在她笔下，因流亡所造成的时代混乱有了可触可感的时空体形式；四、在萧红文学的历史视角中，血肉之躯是基本的视点，它牵引着叙事的发展，人生的所有苦难都呈现为身体孤绝的生存困境；五、死亡一开始就是萧红写作的母题，它和生殖一起反复变奏，驱动着艺术思维的内在情绪；六、萧红文学的伦理诗学是建立在宇宙、自然和生命的大系统中，具有超越历史理性的情感逻辑，并构建出新的伦理精神和心理模式。萧红的文学使命"对着人类的愚昧"，文化人类学是其基本的学科基础，天命的原始思想是她阐释民间精神的泛文本背景。

高兴《空间和话语：东北文化与萧红的文学创作》[②] 深入到文本结构、主体意识、话语方式等内部因素，对萧红的精神世界及创作方式进行剖析。第一，提出鲁迅评价萧红的"越轨"一词，还意味着文化空

[①] 季红真：《永不陨落的文学星辰——萧红文学创作综论》，《山东师范大学学报》2012年第4期。

[②] 高兴：《空间和话语：东北文化与萧红的文学创作》，《佳木斯大学社会科学学报》2012年第4期。

间的突破或移位,即从"边缘"到"中心",旨在实现对东北文化与萧红文学史意义的再认识。第二,萧红的创作心态、文本世界与东北的宗教文化、地缘精神有关,例如冰雪文化、鸟图腾文化和崇敬太阳的情结等。此外,俄罗斯人道主义哲学影响下的苦难精神、人文情怀亦不能忽略。第三,东北作家具有鲜明的空间感、地域感和场面感。萧红的独到之处在于,她以空间物象在视觉构图中寓意,运用"散点透视"的心理视点,在儿童视角下进行精神返乡。总之,文学史的建构不应忽略文化的多元性和话语的丰富性。

徐晓杰、刘军《萧红作品中"睡"字探议》[①]从萧红频繁使用的一个语词——"睡"中洞见萧红的精神世界:对生命的悲悯,对国民性的审视,以及生命哲学中的"生""死"悖论。首先,萧红用"睡"拒认死亡,企图以拟人化和儿童视角陌生化的方法将死亡淡化。其次,"睡"中的死亡本质被无意识地展露,它不仅展现出人们对战争的麻木,也指向人对生命的漠视、人与人之间的冷漠、自私乃至无情。最终,萧红使生与死、生命和非生命之间的界限模糊,在积极的生命意义中呈现出死寂、沉滞的消极一面,将"菜颗的价值胜于人的价值"的状况展现。"后花园"中的动物、植物生机盎然,人却以怪诞的姿态存活,其中的女性人物更是惹人深思。

二　萧红思想研究

李建军《萧红活着会怎样》[②]在人们谈论"鲁迅活着会怎样"的话题之后,作出"萧红若活在当下"的假设。一、李建军之所以提出这个问题,是因为在鲁迅的学生中,萧红是在精神气质和生活方式上是最接近鲁迅的人。首先,像鲁迅一样,萧红是自我意识和独立意识都很强的自由主义者,对"组织生活"保持着高度的警惕,本能地拒绝盲目的服从。其次,他们都很敏感,对自己的孤独和忧伤,对别人的疼痛和不幸,都有细腻而深刻的感受能力。最后,就文化气质来讲,萧红并不

---

① 徐晓杰、刘军:《萧红作品中"睡"字探议》,《哈尔滨师范大学社会科学学报》2012年第3期。

② 李建军:《萧红活着会怎样》,《文学自由谈》2012年第6期。

适合延安的生活方式，丁玲记忆中的她更适于"幽美平静"。二、更重要的是，萧红的文学理念，与延安的主宰性的文学思想，是截然不同甚至格格不入的。萧红的文学观是自我主义与人道主义的混合物；她的作品的人性视野是宽阔的，人性内容是丰富的，但那基本的色调，却是感伤和寂寞的，甚至是凄苦和悲凉的。李建军认为，萧红从来就不曾认同文学的"阶级性"，对她来说，文学的根本任务是从整体上解剖、批判"人类的愚昧"，从而推进人性的健全发展和社会的文明进步。在萧红与奚如的争论中，便可发现萧红文学思想的两大特点：一是拒绝狭隘、庸俗的"阶级论"文学观；二是坚执启蒙主义的批判精神。关于萧红文学思想，胡风和茅盾的评价甚是流行，胡风坚持正统的"阶级论"文学思想，从根本上反对萧红的文学主张；茅盾则对萧红抱有同情的"误解"，认为萧红没有看见更广阔的生活内容，没有看见"人压迫人"和"人剥削人"这样的"事实"。李建军强调，一个被孤独和病痛折磨的女作家有权选择自己适合自己的生活方式，我们应怀着体恤的心情尊重萧红。三、在文章的最后，作者给出了萧红不堪设想的命运结局：如茅盾所说，萧红可能投身到农工劳苦大众的群中，一方面不满于知识分子的各种活动，另一方面却不能彻底改变生活；胡风则说，萧红会毁灭自己创作的道路，最终走上脱离人民、脱离生活之路；甚至于，萧红会被打成"各类分子"，沦为人们批判的对象。

高艳丽《"重回历史现场"与左翼文学研究》[①]在阐释30年代左翼发生的历史现场的同时，兼谈都市空间的压迫、弃子之痛与萧红左翼的选择。一、近年来的左翼文学研究在追求客观化、理性化的学术方向和试图回答面对当下现实问题、实现其意识形态价值之间徘徊。二、新时期以来左翼文学观让我们把萧红读"小"了，读"简单"了。一方面是由于盲目"祛左翼化"导致的对于其左翼精神资源的忽视；另一方面源于单纯的左翼话语解读，使她主体的复杂性在政治术语中失去了应有的分量和真实的面目。在复杂的话语环境中，以都市生活的视角来谈萧红和她的早期作品，有助于突破当代左翼文学解读的混乱，辨清左翼文化的历史真意和当代意味。三、在东北进步文学力量和萧军的引导

[①] 高艳丽：《"重回历史现场"与左翼文学研究——兼谈都市空间的压迫、弃子之痛与萧红左翼的选择》，《文艺争鸣》2012年第12期。

下，萧红的作品带有左翼话语倾向，而冷漠的商业都市则提供了一个物质环境。萧红整天与饥饿、寒冷、歧视、死亡相伴，左翼化对于她是很自然的选择。同时，这也是她借以倾诉个人苦难，超越个体创痛，完成自我拯救的途径。高艳丽将萧红看作是一个在20世纪30年代资本主义商业都市环境中生活的人，从她的物质性处境梳理她的思想倾向，这是一次由概念向历史真实的回归的解读历程，由此看到了萧红走向左翼的必然性。

陈玉雯《探寻萧红书写中的生命意识与书写意识》[①]拟以回归文本阅读方式，尝试窥探一个本然的萧红。一方面，文章分四部分讲述了"生命归属的失落"，即两性的失落、"家"的挽歌、身体的无处安放、对"大事"的消解。《生死场》中的金枝和成业、《呼兰河传》里的周三奶奶，以及小说中的赵三、有二伯，萧红小说中的人物，无论男女，总是无可避免地陷入两性的失落；萧红小说中的"家"可分为三种，即理想、现实和虚设的家园，于笔触间流露出渴望却又厌倦的情感；承载着生命的身体成了一切之本，萧红对身体存亡的本能感受倍感强烈；萧红书写了生命归属的种种失落，社会使命感并非她生命意义与价值的唯一。另一方面，回忆与怀乡、生之力量（大地之母）和主体尊严的召唤，三者共同叙述了萧红于人生路上的"漂泊与依归"。萧红将生命意识与书写意识的交织在一起，在失落之中抒情，在抒情之中了然生命。陈玉雯对此做了多方位的解读，旨在寻找主体尊严与生命依归的本然的萧红，同时也给读者带来了多方面的体悟。

范庆超《论萧红的"苦难叙述"》[②]对造成诸种苦难的社会根源进行了两方面的探寻。一是将萧红笔下的苦难划分出女性生存之苦、阶级压迫之痛和战争所致的心灵创伤三部分，把现实动因归于萧红的多舛命运。二是把人类在外部环境挤压下导致的生存裂变视为苦难的一致性质，在萧红对东北历史文化的冷峻批判中探寻苦难的根源。萧红深刻揭示了秩序和礼俗牢固缠结后对国民的麻痹、禁锢和荼毒，于历史文化的批判中，蕴含着改造国民灵魂的愿望。范庆超提出，萧红的"苦难叙述"以及反思批判意识，导致了其创作的沉郁之风，而叙述的碎片化、

---

① 陈玉雯：《探寻萧红书写中的生命意识与书写意识》，《理论界》2012年第5期。
② 范庆超：《论萧红的"苦难叙述"》，《信阳师范学院学报》2012年第1期。

语言的无序、比喻的怪诞也都大大强化了这种文风。此外，萧红试图通过种种光怪陆离的比喻，来揭示人和世界的不和谐，用冷僻和扭曲的方式来传达她内心深处的不安以及对苦难世界的抗拒。

三 萧红比较研究

洪亮《独异的"萧红鲁迅"——兼论〈马伯乐〉与〈阿Q正传〉之关系》[①] 从三方面分析了萧红对鲁迅的理解：一是萧红的"鲁迅观"与文学观。萧红将鲁迅视为常人，用温暖的笔调作回忆性文章，自我评价说没有达到"鲁迅和笔下人物一起受罪"的高度。不过，她继承了鲁迅的"国民性批判"主题和"对着人类愚昧"的创作点。二是将《马伯乐》看成讽刺性的另类"抗战文学"。在民族危亡的时代背景下，萧红给抗战时期的"文化人"马伯乐以"阿Q相"，再拿之与冷漠、自私的民众相比较，既颠覆了"抗战文学"，又对"启蒙"提出了强烈的质疑。三是鲁迅和萧红甘愿把自己降到与启蒙对象同等的地位。这是关于"启蒙者"的自嘲，即"启蒙"的庄严与神圣在主人公身上被消解得一干二净。洪亮通过《马伯乐》和《阿Q正传》等作品探究鲁迅对萧红创作的影响，在展现萧红对鲁迅理解的同时，也分析了萧红创作的合理性与独特性。

陈晨《"自我"与"乡土"的关联——论萧红与师陀乡土想象中的现代诗性》[②] 主要以《呼兰河传》和《果园城记》两部作品为例，对两位作家建立在本体性存在基础上的"现代诗性"进行比较分析。一方面，萧红和师陀主要的创作题材是乡土，他们在"跋涉"与"返乡"中寻觅精神家园；另一方面，他们触摸到人生的虚妄与荒诞，表述孤独、伤感和忧惧的人生体验。此外，他们的作品有多种时间向度，前者对风俗节日的描写凸显带有民间色彩的循环往复时间的意识，后者以一种较为成熟的哲学理性去关注个人的时间。陈晨提出，师陀在乡土叙事

---

① 洪亮：《独异的"萧红鲁迅"——兼论〈马伯乐〉与〈阿Q正传〉之关系》，《鲁迅研究月刊》2012年第9期。
② 陈晨：《"自我"与"乡土"的关联——论萧红与师陀乡土想象中的现代诗性》，《山东社会科学》2012年第8期。

的意义及其个人风格上比萧红要走得更远，两个人的独特性在于，对于生命感性与个体意识的叩问与反思成为其作品中的现代诗性的主要源头。总之，在启蒙主义话语、民族主义革命叙事、民间立场、性别体验及现代生存哲学的共生场域中，师陀和萧红的作品应得到多元化的解读，不能轻易地贴上"存在主义"的标签，要真正接近作者的精神世界与文本的意义世界。

刘艳萍[1]针对阿赫玛托娃与萧红创作的死亡主题，分析文本中的死亡图景及意象，在体味创作情感的同时挖掘其创作动因：一、阿赫玛托娃与萧红在文本中描写了大量的因饥饿、威吓、迫害、虐杀等因素导致的死亡图景；二、她们用"一黑一红"的死亡意象来勾勒现实，并以沉郁、冷寂的悲凉格调描述出民众与自身的苦难；三、面对死亡时，两个人分别用超然体验和挖掘人性的方式来处理。从文本描述到情感表达，再到两人面向死亡的坦然，刘艳萍肯定了她们的创作价值，并追溯到时代、社会、宗教和心理等诸多元素，这对该主题所蕴含的宗教、心理和美学等方面有重要的透视意义。

四　萧红研究之研究

刘巍在《文学史话语表述中的萧红》[2]中提出，对萧红文学史价值的研究应集中于萧红在文学史上的独特贡献，包括她作品的人文精神蕴涵、艺术感染力、所具有的显在与潜在的阐释空间等。文章从三方面进行具体分析：一、两篇"序"和一篇"后记"的话语权力，肯定但也制约了对萧红的文学史评价。鲁迅将萧红纳入阶级、民族斗争的大框架之中，为新文化构想服务，有一定的功利性；胡风的评价为文学史上称颂《生死场》的主题而小觑它的叙述笔法埋下了伏笔；茅盾《〈呼兰河传〉序》中的论说使萧红的艺术个性在文学史上基本定型。二、在文学史话语表述中，有大陆与海外两类版本。大陆现有的萧红文学史评价成为民族国家取向与文学批评实践的合谋，权威化的表述已压抑了不同

---

[1] 刘艳萍：《"献给逝者的花环"——安娜·阿赫玛托娃与萧红创作的死亡主题》，《山东社会科学》2012 年第 7 期。

[2] 刘巍：《文学史话语表述中的萧红》，《理论学刊》2012 年第 12 期。

的解读方式,具体表现为扬前期而抑后期、扬《生死场》而抑《呼兰河传》、扬"抗日文学"而抑"寂寞回忆文学"。而域外文学史在再现中国现代文学样态的同时,试图绕过意识形态和社会意义的定位,希望以"纯文学"的叙述话语来对待萧红。三、萧红的作品具有多方面的文学史意义和价值。萧红的创作向全国乃至全世界敞开了东北区域(不仅仅是沦陷时期)的原生生存状态,在当时不是简单地迎合阶级政治,还揭示了更为深层的人性问题、生存问题,使其创作超越于单纯的个体经验和苦难之上。萧红作品中尽管多是关于男人之"恶"和女人之"痛"的书写,她还营造了"温暖"和"爱"的空间,塑造出坚忍的冯二成子、多情的表兄和"长得窈窕"的翠姨等人物形象。

黄绍君《抗战文艺抑或启蒙主义文学?——关于萧红批评的批评》① 针对以往萧红研究中普遍存在的误区指出:一、在抗战文艺中,萧红更关注战乱对个体造成的精神伤害,主张以"人类意识"来观照生活。二、在启蒙主义文学中,萧红展示了人们愚昧麻木的精神病态,并由此来观照他们生存的深层困窘。作者以鲁迅为参照来考察萧红的创作,结合葛浩文、皇甫晓涛、赵园等的相关论述,得出人生悲凉之感是萧红创作中潜在的最能代表她创作个性的因素。萧红传达更多的是对人类生存状态的一种普泛的焦虑与凝视,其作品还有一种无能为力感,痛苦、焦灼,又无可奈何。

陈思广《〈呼兰河传〉接受 70 年:四种视阈与三个问题》② 谈到,70 年来《呼兰河传》的接受实绩主要集中在四种视阈上,即:文本审美、鲁迅影响、女性视野和文学定位;值得商榷的问题亦集中在三个视点上,即:"寂寞说"、"枯竭说"与两极化倾向。一、《呼兰河传》被视为诗化的小说,每一种再解读都是对它叙述艺术的补充与完善,其文学地位已转向目前明确的肯定。二、萧红传承与发扬了改造国民灵魂的总主题,其笔下的社会风俗画着力于"人的心的历史"、"社会关系的历史",展示人物生存哲学,揭露历史惰性。钱理群谈到,萧红具有鲁

---

① 黄绍君:《抗战文艺抑或启蒙主义文学?——关于萧红批评的批评》,《社科纵横》2012 年第 7 期。
② 陈思广:《〈呼兰河传〉接受 70 年:四种视阈与三个问题》,《南京师范大学文学院学报》2012 年第 2 期。

迅那样的艺术家的敏锐的感受力，也许在思想家的鲁迅所特具的深邃的思想力方面有所不足。三、女性视阈拓宽了萧红研究的接受视阈：女权主义与人道主义的双重交锋、女体书写和乡土文化空间建构的双线并行，萧红笔下的女性人物形象具有文化背负力。关于三个视点问题：《呼兰河传》的艺术特质是喜剧性的幽默讽刺，寂寞是作品的艺术表象；"枯竭说"的讨论不过是接受者思维情绪化的一种表现；对《呼兰河传》的评价呈现出过于拔高和过度贬低的两极化倾向。

张昭卿《跟她去漂泊——读林贤治〈漂泊者萧红〉》[①]，将林贤治的《漂泊者萧红》概括为"辩"、"情"二字：一方面，林贤治不拘于已有评价，对萧红的作品进行多方位解读。面对《生死场》和《呼兰河传》的权威评价，他辩证地看待，并提出了自己的独到见解；另一方面，林贤治集中笔力描写了萧红作为女人的故事，将其称为"悲剧英雄"。他将回忆录和萧红自传性作品相结合，深入探究萧红的内心独白和心理。张昭卿评价道，林贤治的《漂泊者萧红》洋溢着独特的人格，是萧红传记中的最深情、最彻底的版本。在他人搁笔的地方，林贤治用畅达、透明的语言继续前行，他引导读者关注人与社会环境的冲突，人与人之间的冲突，尤其是男人和女人之间的冲突。将女性视角上升为自觉的女性文化，借女性弱质挖掘人性的深度，从自然中回归到人与文。这是萧红的成就，更是研究者所期盼的。

---

① 张昭卿：《跟她去漂泊——读林贤治〈漂泊者萧红〉》，《书屋》2012 年第 8 期。

第十三章

2013年萧红研究述评

一　萧红作品研究

1. 萧红小说研究

（1）《呼兰河传》研究

《呼兰河传》是萧红晚期的重要作品，渗透着萧红的死亡意识。杨碧薇[①]认为，该部小说对故乡的自然面貌、民俗人事的回忆，构成了忆乡模式的基本框架。萧红的死亡意识，通过忆乡模式而呈现。死亡意识所包含的死亡情感、死亡本质与死亡价值都在忆乡模式的统摄下完整地统一，使该小说区别于其他乡土小说，并获得了更广大的阐释空间与文化意义。

赵海涛[②]则认为《呼兰河传》深隐着萧红心中的"恨"。萧红饱经现实的摧残，无所依托，故只能从童年的回忆中取暖，借以对现实抗拒。所以，《呼兰河传》表面读来平静如水，其实蕴含了作者极为深重的苦恨。而这些苦恨，正说明了萧红在现实的洪流中，找不到自己的人生方向，不知何去何从的惆怅。

（2）《生死场》研究

赵德鸿[③]探讨了《生死场》的文化象征内涵。作者认为萧红在叙写

[①] 杨碧薇：《回忆与死亡——〈呼兰河传〉忆乡模式下的死亡意识》，《海南师范大学学报》2013年第2期。
[②] 赵海涛：《论萧红〈呼兰河传〉的"恨"》，《忻州师范学院学报》2013年第6期。
[③] 赵德鸿：《萧红〈生死场〉的文化象征》，《绥化学院学报》2013年第6期。

家乡时，着力表现了愚昧文化对人的深入骨髓的雕塑与戕害，又将人们生存状态中的"动物性"和价值观念中的"物质化"进行了剖析和展现。高艳丽①则认为，萧红在该部小说中，以女性独有的感觉和对生命自觉敬畏的姿态，切近了事物的本真，越过了诸多话语的界限。但其"越轨"之处，却充满了直逼人心的真实。

（3）小说整体研究

和上述学者不同，冯仰操②以萧红小说《生死场》、《呼兰河传》和《马伯乐》为中心，对萧红小说进行了整体研究。作者发现，萧红的文本内部存在着种种差异，而这一特征源于反讽叙事。具体说来，《生死场》通过场景并置与主题杂糅，导致了文本与文本接受的众声喧哗。在一系列的细节或场景并置中，人们的命运相互缠绕，指向了丰富的世界，彰显了被遮蔽的存在。《呼兰河传》中叙述者与童年、成年的"我"三种视角的杂糅，使该文本以泪中带笑的方式，呈现出温情与荒凉的多重色彩。《马伯乐》中悲凉而倔强的萧红面对世人冷遇不惜反叛自己成熟的风格，实践着对男性文本的滑稽模仿，人物自身、仿本与原文本之间存在多重差异，重复的反讽成了笼罩文本的叙事动力与美学风格。

张学敏、马超③则探讨了萧红小说中太阳意象的叙事功能。作者发现，萧红小说中的太阳意象绵密奇崛，多彩丰盈，寓意苍凉深远。首先，它有描述性功能，作为单纯的自然现象的环境描写，为作品提供时间背景，创造氛围。其次，它有隐喻性功能，既是温暖、正义等的象征，又是挣扎在"生死场"上底层民众艰难生存图景的外显，更是暴戾社会男权专制的写照。

赵德鸿④则探讨了萧红小说的叙事对比艺术。作者认为，萧红小说叙事，貌似简单，却通过人物、场景、意蕴表现了人类的愚昧，并

---

① 高艳丽：《经验与话语的冲突与逃逸——解析萧红〈生死场〉中"越轨的笔致"》，《文艺争鸣》2013年第6期。
② 冯仰操：《论萧红小说的反讽叙事——以〈生死场〉〈呼兰河传〉〈马伯乐〉为中心》，《社会科学论坛》2013年第4期。
③ 张学敏、马超：《萧红小说中太阳意象的叙事功能》，《绥化学院学报》2013年第11期。
④ 赵德鸿：《萧红小说的叙事对比艺术》，《文艺评论》2013年第7期。

探讨了造成这种愚昧的原因所在。而这也许就是萧红小说本身最为诱人的地方。萧红小说叙事的对比艺术,体现在人物描写的对比策略、自然美与人性丑的对比策略、心理描写的对比策略和意蕴营造的对比策略上。

2. 萧红诗歌研究

萧红的诗歌数量不多,却多写爱情。孔令刚[①]以萧红的《幻觉》写作时间的不确定谈起,解读了萧红爱情路上的五味杂陈。作者发现,关于《幻觉》的创作时间,不同版本的萧红文集资料说法不一。但关于其创作时间的说法背后,却都隐藏着多种解读的可能性。其中,有两种说法很明确地凸显了出来,即表白或抗议。但综合多种解读可看出,《幻觉》并不是一首简单的爱情诗,它拥有无限丰富的阐释空间。

3. 作品整体研究

季红真[②]认为,萧红一生都跋涉在历史动荡的混乱中,却始终不懈地寻求着世界人生的终极价值,建立起了自己抗争的生命伦理学。追问即是萧红文学意义生成的基本表义结构。具体说来,萧红以追问的方式,完成了文本意义的生成,并使文本情节的连缀与人物形象的逻辑推演,呈现出对话结构,以不同的谈话对象和不同的谈话方式,生成不同的具体语义。其作品也因而呈现出倾听的叙事伦理。其次,文本的对话方式,还可展现在不断转换的言说角度与立场,以及对话双方联系方式的多种差异上。它使文本语义场的心理关联具有了柔韧的弧度,超越了具体情境中的言说内容。再有,对话式结构的追问,还使叙事保留了多种含混的可能。总之,不同的立场与联系方式,形成了萧红文学复调的结构、众声喧哗的效果,以及语义的不确定与开放性,形成了融会中外诗画艺术的美学特征,呈现出具有原创性的艺术思维特点。

熊娟[③]则从文化反思和审美透视的角度,审视了萧红作品中的"故

---

① 孔令刚:《爱情路上的五味杂陈——从萧红〈幻觉〉写作时间的不确定谈起》,《南方文坛》2013 年第 3 期。
② 季红真:《追问:精神跋涉的价值寻求——论萧红文学意义生成的基本方式》,《学习与探索》2013 年第 5 期。
③ 熊娟:《论萧红作品中的故园意识》,《艺术百家》2013 年第 7 期。

园意识"。作者认为,萧红的故园意识是一种在 20 世纪社会剧变的历史条件下作为游子的萧红对家乡进行审美关照后形成的一种意识系统结构。该意识系统结构是一个从民族意识、阶级意识等较浅层面上的意识形态深化为审美意识、生命意识、生存意识等深层意识形态的过程,并且通过独特的"故园"空间和"故园"视角体现在其作品中。

二 萧红思想研究

1. 萧红与左翼文学

毫无疑问,萧红是一个相当重要的左翼作家。秦林芳[①]专门撰文,就"萧红与左翼文学"的关系作了全面探讨,对萧红初期创作的左翼形态、初期萧红融入左翼的原因和萧红稍后疏离左翼的思想轨迹及成因等进行了深入辨析。作者认为,萧红在步入文坛的初期,其创作以阶级对立和阶级斗争为主线,以阶级分析的方法书写城乡底层的苦难,描写底层人民的觉醒和反抗,它们在性质上既与左联所规定的主题和题材原则相吻合,又使萧红的早期创作呈现出了相当典型的左翼形态。但萧红的左翼化,是经过点化、提升主体要求与时代要求相共鸣的结果。从 1934 年 3 月起,《蹲在洋车上》等作品的发表为标志,萧红创作开始发生重大转折。她以童年记忆题材的摄取和"人性"主题的表现,疏离了左翼文学,迈入了启蒙主义的文学轨道。这一转折的发生,以其对"人"和"人性"问题的思索为基础,也与其对左翼文化的反思密切相关。在完成转折后,在人物关系的设置上,萧红不再有意识地以贫、富来划分人物的营垒,而是使用"人性"为标尺,书写特定的、具体的"人"。

2. 萧红的精神特质

目前,学界对萧红研究中的难题和不确定因素,阻碍了对萧红小说

[①] 秦林芳:《萧红对左翼文学的融入与疏离》,《中国现代文学研究丛刊》2013 年第 9 期。

独特性和独创性的评价。贾振勇[①]看到了这一点，并认为当务之急是研究者要有"越轨"眼光，要解构或跳出既有知识谱系等方面的限制，在文学起源和发生意义的层面上，去寻找真正的萧红。作者从萧红的创伤性体验、文学幻想和诗性智慧三个方面，对萧红进行了相关研究。作者认为，在赋予萧红小说以独特性和独创性的艺术生成过程中，创伤体验及其内在转换是一个至关重要的因素。萧红用"退行"的方式实现了艺术创造，将退行行为中的积极能量转化到艺术的世界，把艺术世界中的幻想升华，从而实现了对现实世界的创造性回归，并给自我找到了诗意栖息的场所。此外，退行行为还使她较少地避免了文学观念、文学理论带给文学本身的种种异化，从而为她提供了一个返回本源和发生意义上的文学创作路径。萧红凭原始意义上的那种巨大的幻想能力，诗意地把握和再造了一个文学世界，她的小说属于诗性智慧和创造性直觉意义上的"重现"形式。

3. 萧红与传统文化

萧红的小说表现了农村的生活、农民的命运和民族的战争，深隐着对中国诸多问题的思考。曲慧芳[②]认为，萧红继承了鲁迅启蒙主义的文学传统，致力于改造国民的灵魂，努力践行了自己所提出的"作家的创作始终对着人类的愚昧"的主张。这使其作品超越了特定的阶级和族群的局限，透射出深厚的人性和人道主义光芒。在男性形象塑造上，萧红深入挖掘男性人物精神特质形成的深层社会、历史、文化根源。其中，贫困与贫困文化、中国传统文化与男权至上、特定地域民众的性格气质等成为萧红借助男性形象进行文化反思和文化批判的核心内容。其中，前者不仅成为萧红笔下男性人物灵魂萎弱与人性炎凉的首要原因，还塑造了其共同的群体性格和文化心理；中者表现在男尊女卑、女性生育苦难、地域风俗描写三个方面；后者主要表现在东北地区独特的自然条件、人文环境等方面。

[①] 贾振勇：《寻找真正的萧红：创伤·幻想·诗性智慧》，《东岳论丛》2013年第4期。
[②] 曲慧芳：《从男性形象塑造看萧红小说的文化批判意识》，《阴山学刊》2013年第3期。

曲慧芳[①]另有一文分析了萧红笔下男性形象的精神世界。作者发现，萧红作品中的男性形象着墨不多，却极富文化批判意味。灵魂的萎弱与人性的炎凉，是萧红赋予其笔下男性人物最基本的性格特征。灵魂萎弱表现为男性精神世界的群体性颓败，一切形而上的精神生活都失去了意义，人堕落为虫，甚至行尸走肉；人性炎凉则是男性心灵世界的全面性扭曲，暴烈和冷酷是其基本性格特征，而"看客"心理和"无主名无意识杀人的群体"则是萧红对其炎凉人性的极致表现。萧红通过对男性精神世界的刻画，继承了鲁迅改造国民性的文学传统，践行着她一贯倡导的"作家的创作始终对着人类的愚昧"的文学主张。

4. 萧红与女性主义

高芳艳[②]从女性主义的视角探讨了萧红笔下的男性形象的内涵。作者发现，萧红笔下的男性形象可分为两类：一是懦弱无能、粗暴残忍的农民形象；二是自私虚伪、胆小懦弱的知识分子形象。萧红用"越轨"的笔触，大胆瓦解了男权社会所公认的理想男性形象，彻底消解了男性权威，真实地还原了男性的本来面目。而萧红之所以颠覆男权话语中的男性形象，与她成长历程中父爱的缺失和情路的坎坷有密切的关系。

从女性主义的视角对萧红进行研究的，还有季艳华[③]等人。

三　萧红比较研究

萧红、迟子建不约而同地在其作品中描写了死亡。马宇飞[④]注意到了这一点，并着重探讨了二者对死亡不同书写所呈现的生命关注及其背后的文化选择。作者认为，首先，二者对"死因"的探寻不同：萧红

[①] 曲慧芳：《灵魂的萎弱与人性的炎凉——试析萧红笔下男性形象的精神世界》，《阴山学刊》2013年第2期。

[②] 高芳艳：《瓦解神话　回归真实——解读萧红笔下的男性形象》，《哈尔滨学院学报》2013年第5期。

[③] 季艳华：《"乞妇"萧红的"身份"认同与女性反叛——以女性主义视角解读其自叙体散文》，《鸡西大学学报》2013年第6期。

[④] 马宇飞：《死亡：在残酷与静美的比照中——萧红、迟子建死亡书写比较研究》，《文艺评论》2013年第5期。

喜欢从启蒙的角度，探讨非正常死亡，追问其必然性；而迟子建则多从社会个体的角度，书写偶然性死亡。其次，二者将"死亡"纳入了截然相反的价值维度：萧红透过"愚民"麻木的生死观，批判传统文化；而迟子建则肯定了故乡淳朴乡民顺乎自然的生存态度，意在回归传统。

刘艳[①]则认为，童心与诗心的女性书写，是萧红和迟子建共同具有的独特的心性和创作品格。她们以浑然天成的童心和诗心，结合其特有的女性的视野和立场，构建起不乏诗意而且充满思想和审美意蕴的艺术世界。她们的作品，具有穿越时空的艺术魅力。

---

① 刘艳：《童心与诗心的女性书写——萧红、迟子建创作品格论》，《齐鲁学刊》2013年第3期。

第十四章

2014年萧红研究述评

一　萧红作品研究

本年度所发表的与萧红的作品研究相关的文章，主要集中在《呼兰河传》和《生死场》。

1.《呼兰河传》研究

童年生活对萧红的创作与性格的形成有着深刻的影响。王金茹、王雪峰[①]认为，萧红之所以构建迥异的东北形象，是想让读者见见她的家乡及家乡的父老乡亲——那个不起眼很普通但却是活生生的、有血有肉的地方。她让这个小城活在了中国现代文学史中，更活在了一代代读者的心中。在《呼兰河传》中，呈现最真切的不是主题，而是空间。换种思维方式，也可看作是对东北形象的一次成功地塑造与呈现。东北形象的构建离不开东北生活的风土人情，更离不开萧红童年生活的影响。童年时代父母对她过于严肃与严格的教育给她的心灵造成了不可抚平的伤害，而祖父的宠爱与宽容又让她体会到了人间的温暖与亲情，这两种极为反差的情感教育让她养成了敏感细腻、喜欢求真，而且对事物的观察有着迥异于常人的直觉和穿透力。这种批判性思维，让她看到了常人发现不了的一些习焉不察的传统陋习。萧红对于自己的家乡有深层的思考，她用她的笔记下她的故乡，那片被占领的土地及土地上的人们，揭示他们的生活状态，剖析他们的思想意识，批判他们的惰性与保守，把

[①] 王金茹、王雪峰：《论〈呼兰河传〉中的东北形象的构建——兼谈童年生活对萧红创作的影响》，《长春工业大学学报》2014年第6期。

一个真实状态的东北留存下来。王澄霞①则认为，《呼兰河传》中的《祖父的园子》潜藏着解读萧红一生悲剧的"达·芬奇密码"——萧红至死怀念童年时代在祖父园子里自由的生活状态，其实是她借助描写童年生活所创造的一种人生梦境，从中清晰折射出萧红任性偏执的性格特点，这种性格特点让她在梦幻与现实中迷失。最终萧红把这段不可复制，不可再现的童年生活作为人生理想来追求，这种梦幻一旦产生便难以改变，再加上其偏执的性格特点，最终成为萧红人生悲剧的内在根源。

作为左翼文学的代表，萧红师从鲁迅，继承了鲁迅"国民性批判"的精神。李志瑾《从〈呼兰河传〉看萧红对鲁迅国民性批判的传承》②认为，这种"国民性批判"在《呼兰河传》中主要表现在：一、对麻木看客的批判；二、对鬼神文化的批判；三、对男尊女卑思想的批判。这一创作观点是萧红对鲁迅所开创的批判国民性题材新的延续和挖掘，也正是萧红小说的创作价值所在。总之，鲁迅和萧红在国民性批判的题材上已成为两座难以逾越的高峰。如果说鲁迅的国民性批判是犀利、一针见血的，那么萧红的则是不动声色、娓娓道来，她对国民性"哀其不幸，怒其不争"的表达大都蕴含在对风土人情和人物命运的描写之中，堪称"于无声处听惊雷"。无论是在当今还是在未来，鲁迅和萧红的这种国民性批判精神依然不会过时。

对于《呼兰河传》作出解读的还有段从学。其《〈呼兰河传〉的"写法"与"主题"》③评价《呼兰河传》：一、它是一部"不像小说"的小说，即萧红不是以写小说为目的，而是作者写作之前没有"成熟的构思"，最后结尾处也没有留下"明确的结局"，从而成为一次真正的艺术冒险。二、萧红直接以绘画的艺术为元话语"画出"了《呼兰河传》，是"画出"而非"写出来"。三、时间在《呼兰河传》里被处理成了从属于空间的内在元素。时间被空间和事物包裹着，使其每一色块

---

① 王澄霞：《从〈呼兰河传〉看萧红性格特点及其人生悲剧》，《中国现代文学研究丛刊》2014年第12期。
② 李志瑾：《从〈呼兰河传〉看萧红对鲁迅国民性批判的传承》，《文艺理论与批评》2014年第4期。
③ 段从学：《〈呼兰河传〉的"写法"与"主题"》，《中国现代文学研究丛刊》2014年第7期。

区域独自展开，构成了一个完整的结构。四、《呼兰河传》明暗并存的"绘画"元话语，中断了"五四"现代性"改造国民性"的主题。冯歪嘴子不屈不挠地扎根大地的生存姿态，不仅改变了《呼兰河传》的"写法"，改变了萧红居高临下的批判意识和悲悯情怀，更重要的是：它让萧红从"改造国民性"的中国文学现代性方案中挣脱出来，成为萧红自己。概之，《呼兰河传》之所以"不像小说"，根源在于萧红不是用时间性叙事艺术"写出"，而是用空间性的绘画艺术为元话语"画出"了这部小说。这种空间性的元话语，不仅造成了小说明暗并置的色块结构，而且暗中消解了现代线性时间神话，造成了萧红对"改造国民性"主题的反思，把《呼兰河传》与抗战时期的民族生存意识联结成了亲密整体。

2.《生死场》研究

李美慧《"被虐"与"虐人"的双重困境——从〈生死场〉看萧红的女性写作》[①]从女性命运角度出发，论述了《生死场》中女性的生命价值被践踏，难逃"被虐"的命运，而女性也在有意无意中将自身所受到的种种压迫强加到同类或比自身更为弱小的孩子身上，对他们施以"虐人"行径。而造成这种"虐人"与"被虐"双重困境的女性悲剧的根源，正在于那个病态社会的病态心理。她认为造成萧红独特的女性写作的内在原因有以下两个：一是萧红的人生体验，奠定了她的作品的基本思想基调；二是鲁迅的直面现实与改造民族灵魂精神，影响了萧红的写法与关注点。总之，通过对北中国土地上女性"被虐"与"虐人"的双重困境的展示，萧红以其审视的目光，完成对男权社会的解构，使《生死场》具有深刻的反思意义。

对《生死场》作出解读的还有张露晨《文本的断裂与多重反抗主题的纠葛——谈萧红〈生死场〉的叙事困惑》[②]。她认为，《生死场》呈现了阶级反抗、民族复仇以及女性生命体验的三重纠葛，如果说"阶级

[①] 李美慧：《"被虐"与"虐人"的双重困境——从〈生死场〉看萧红的女性写作》，《昌吉学院学报》2014年第1期。

[②] 张露晨：《文本的断裂与多重反抗主题的纠葛——谈萧红〈生死场〉的叙事困惑》，《内蒙古大学学报》2014年第2期。

反抗"与"民族复仇"话语展现的是人类对压迫者本能的反抗与退缩的话,那么这些关于女性生命体验的篇章所呈现的则是作为生之弱者的女性在生与死中的痛苦挣扎,且贯穿在萧红自我的生命感受中。它并不能算是一部成熟的小说,但是在众多文本主题交错的背后,却透露了深刻且复杂的文本研究空间。而萧红这位依靠天赋创作的女作家以一种近乎原生态的写作方式,将人性最本能的反抗与退缩展现在世人面前,这里有着最真实的反抗话语,也有着最现实的关于反抗的迷茫——小人物的迷茫,萧红自身的迷茫。

3. 萧红作品整体研究

王昉《论萧红创作对主流文学话语的反思》[①]从对文学主题反思的角度出发,认为《生死场》《呼兰河传》《红玻璃的故事》都聚焦于东北乡村农民的生存状况与农民的精神改造。将三部小说在此主题上联系起来,可以清晰地解读出萧红对农民生存状态和农民精神改造的主题的思想转变:由《生死场》《呼兰河传》人物死亡指向异族的侵略与男权社会的压迫和封闭落后的传统痼疾,到《红玻璃的故事》中人物精神对命运的自觉。而出现这种思想转变的原因,首先在于其精神追求与主流文学话语的根本矛盾;其次是与知识分子思维方式的根本性差异。而由主题思想转变推断出萧红对主流文学话语的态度并非仅仅是陷于矛盾与纠结之中,思维方式的差异也使萧红最终走向了对启蒙与左翼文学关于农民精神改造这一历史功利主义意图的自觉反思。

吴竞红《论萧红小说信仰缺失状态下对自我和艺术境界的展示》[②]从自我追求与艺术境界角度出发,认为缺失信仰,但又以强烈的人道主义思想以及对生命和人生价值的思考距离信仰很近是萧红文学世界的宏观环境。在信仰缺失的状态下,萧红小说展示了动态的自我与传统思想文化的矛盾以及"弱"的自我个性中的文化价值意向,其"缺失信仰"的人文环境和"接近信仰"的人道主义思想、生命情结又共同酿造了

---

① 王昉:《论萧红创作对主流文学话语的反思——从〈生死场〉〈呼兰河传〉到〈红玻璃的故事〉》,《中国现代文学研究丛刊》2014 年第 8 期。
② 吴竞红:《论萧红小说信仰缺失状态下对自我和艺术境界的展示》,《山东社会科学》2014 年第 6 期。

悲观主义顺其自然的艺术境界。总之，萧红的小说展现出信仰缺失状态下的人生体验，其意识既是受无神论影响的现代性的，也是中国本土传统意识上的，由于小说总体上缺失对信仰的观察和体验，就不免被悲观主义所笼罩。但是她从自己的生命体验出发，以巨大的悲悯和同情，描绘出了20世纪二三十年代中国的悲惨图画，其作品的思想艺术价值便在中国现代文学史上有了不可撼动的地位。

关于萧红作品的整体研究还有丁琪的《萧红创作中的性别、乡土与民族观念解析》[①]。她认为，首先，萧红所揭示的老东北黑土地的愚夫愚妇们异性隔膜、同性相惜的性别关系，这种性别关系远远超出了启蒙作家批判前现代的思考范畴，是真正立足于民间现实立场的一种睿智洞察和逼视；其次，她的性别主题始终是伴随着民族话语的一种隐形书写，无法独立地支撑起文本的意义空间，这是现代化国家思想启蒙的一种特殊表达形式；最后，萧红对乡土民间的这种悖论性书写，被性别化的乡土空间呈现出"卑琐"与"原初生命力"相抵抗的分裂状态，折射了作家处于理性启蒙者与具有原始思维特征的儿童双重身份之间的精神游离与徘徊，暗含了作家对自己羁旅生涯的自我救赎的精神祈愿。而记忆中乡土的残酷伴着记忆中乡土的温热扑面而来，它反映了一个被启蒙精神照亮的作家如何在启蒙与传统之中游走与挣扎的过程，这同时也是五四一代作家在面临民族现代化的征程如何经历拔根的痛苦与欢欣的真实写照。

二 萧红思想研究

1. 萧红与传统文化

萧红和迟子建，作为中国现当代文学史上著名的东北女作家，创作存在很多相似性和相关性。刘钊《鲁迅批判传统文化的精神延续——以萧红、迟子建对萨满文化的接受差异为例》[②] 指出：迟子建对萧红地域

---

① 丁琪：《萧红创作中的性别、乡土与民族观念解析》，《社科纵横》2014年第9期。
② 刘钊：《鲁迅批判传统文化的精神延续——以萧红、迟子建对萨满文化的接受差异为例》，《鲁迅研究月刊》2014年第1期。

文化的书写有所继承。而萧红《呼兰河传》中萨满文化的描写是秉承以鲁迅为代表的"五四"文学精神，将传统文化视为腐朽的、落后的糟粕加以批判，以期在彻底清除旧的文化陋习的条件下建设新的、现代的文化秩序；而迟子建《伪满洲国》到《额尔古纳河右岸》萨满文化思想的转变，则是在对现代文明的质疑中呼唤着合理的传统文化的回归。总之，他认为：萧红和迟子建对待萨满文化的不同接受与她们不同的文学审美追求有关，又与时代差异所造成的作家不同的文化认同有关。虽然萧红与迟子建对待萨满文化的接受态度不尽相同，但她们对于鲁迅的传统文化批判精神均有所继承和延续。三者之间继承、延续和补充的关系使"五四"的启蒙传统呈现出由中心文化及边缘文化、由俯视民众到深入民间、由呼唤现代性至反思现代性、由单一向多元逐步扩大和深化的发展态势。

申霞艳《萧红与亡国悲歌的文学传统》[①]发现，历史际遇让萧红与亡国悲歌的文学传统相逢，但她的创作并非止步于以宣传为目的的"抗日文学"，而是以崭新的启蒙精神改写了位于"士"文化中心的家国情怀，为之注入现代性和世界性的内容。萧红对亡国悲歌文学传统的继承是双重的：内容上她对家国情怀进行了现代改写，形式上则对古代诗文情景方式加以借鉴。萧红对亡国悲歌文学传统的拓展，主要表现在：思想上不仅仅停留于国破家亡之痛，而是将笔触针对民族精神的弊病与沉寂，以现代价值为指归的书写；写作技艺上增添了女性经验，将古典诗歌的写景状物方式吸收进现代小说中，形成非常个人化的诗意小说风格。概之，萧红的写作在黑暗和反抗中落实，以个人的女性经验和五四启蒙思想改写了"士"文化的家国观念，光大忧国忧民的文学精神，拓展了亡国悲歌的文学传统。

2. 萧红与地方文化

杨慧《隐秘的书写——1930年代中国东北流亡作家的白俄叙事》[②]认为，萧军、萧红、舒群、罗烽等东北流亡作家重新发现了白俄，并继

[①] 申霞艳：《萧红与亡国悲歌的文学传统》，《文艺争鸣》2014年第4期。
[②] 杨慧：《隐秘的书写——1930年代中国东北流亡作家的白俄叙事》，《中国现代文学研究丛刊》2014年第3期。

承了左翼文学的叙事经验与话语规范。而因为经常游走在阶级与民族话语的间隙，东北作家笔下的白俄叙事难免有"越界"之嫌，并因此而招致左翼阵营的批评。东北流亡作家讲述白俄，其实也就是探寻他们如何在那个特定的时代表述自己：以一种若即若离的"中间状态"漂泊在关内文坛，艰难而隐秘地讲述着自己的流亡痛楚。这些流亡作家源自故乡经验的写作与当时左翼文学运动的主流仍有距离，因而他们不得不隐秘地讲述着流亡的痛楚，成为左翼文坛中的"巧妙的模仿者"与"秘密的流浪人"；另外在东北流亡作家的白俄叙事中不约而同地出现了"家"的隐喻，日本的侵略带给这些东北作家国破家亡的命运，使他们又不得不啼血讲述抗日救亡的民族主义话语。而当他们流亡到上海，投身左翼文学之时猛然发现自己那些"悲哀的回忆"在这里不得不婉转尘中，侧身前行，似乎注定了东北流亡作家笔下的流亡痛楚是一次又一次艰难而隐蔽的书写。

3. 萧红的精神特质

萧红作品创作的一大特色便是寂寞孤独。袁国兴在《萧红"寂寞"的"问诊"和"疗伤"》①中指出：萧红创作倾向中的"寂寞"与她的人生境界相关。寂寞也是一种痛楚，萧红的创作就是对自己这种类似于"病"的痛楚的书写。对人生、社会、自己倾向的"问诊"，是着眼于对萧红所患之"病"的认识，从中寻找解脱的方式和方法；当作者把自己的"患病"感觉倾诉出来，发泄在创作中，也相当于是情感"疗伤"。作者认为，萧红对"灵魂而后走到本能的作家"表示赞赏之后，并没有忘记告诉人们，还有一类作家，他们好像"暴乱、邪狂、破碎"，但最终也要走到"灵魂"的道路上。对于萧红来说，创作首先是她的生命需要，她的"灵魂"只有在创作中才会感到一丝安慰，这是更深层次的情感"疗伤"。

---

① 袁国兴：《萧红"寂寞"的"问诊"和"疗伤"》，《广东社会科学》2014年第6期。

4. 萧红与左翼文学

崔璨、陈国恩《从救赎到飞升——论萧红与左翼文学的契合与疏离》[①]认为：在左翼作家中，萧红是个另类的存在。她的创作在现象与成就上均与一般左翼文学呈现出程度上的契合与疏离。而她偏向私人化、体验性的笔触与视角展现出迥异于左翼文学的独特风貌，也体现出一种超越时代的文学品格。她的创作，由于突破了单一话语的束缚，达到了对于人生世界进行无差别审美与同情的"飞升"境界。总之，她对于左翼的契合，是环境推动与逃离命运的压迫，是她对自我的重新认识；对于左翼的疏离，是一个独立作家对于话语程式的突破，更是一种人生向上的突围。一个天才作家是不能被标签所限定，萧红比大多数左翼作家更清醒地明白思考与体验的重要，她的人生逐渐从时代的中心走向了大陆的边缘，她的创作却在历史与审美的维度中超越了焦虑的时代。

三　萧红生平与史料研究

季红真《萧红年谱》[②]采用一般年谱写法，分上中下三篇用编年体体裁完整记录了萧红的生平事迹和著作情况，资料搜集完备，体例安排得当，有助于对萧红直接而全面的了解。《萧红年谱》主要包括简洁的历史纪事、地方纪事（呼兰纪事）与详细的萧红纪事，主要涉及萧红一生的生活状况及其历史背景、人际交往、文学创作、思想观念等。从时间上看，从1911年萧红出生到1942年萧红去世，记录了萧红31年的人生经历；从空间上看，从哈尔滨到青岛到上海到日本最后到香港，记录了萧红一生的足迹。这其中不仅有时间空间的变化，还有萧红精神思想的变化。《萧红年谱》资料多来源于萧红本人的著述及学界所公认的事实，文章注释中多次提到"以上资料可见萧红散文"。萧红一生的著作和文章也都可以从《萧红年谱》中迅速找到。《萧红年谱》的语言

[①] 崔璨、陈国恩：《从救赎到飞升——论萧红与左翼文学的契合与疏离》，《江淮论坛》2014年第6期。

[②] 季红真：《萧红年谱（上、中、下）》，《新文学史料》2014年第3、4期，2015年第1期。

呈现出散文化的特点，这主要体现在《萧红年谱（上）》中，作者在简洁的纪事后，都写有一段散文化的有关萧红的生平故事。《萧红年谱》还采取了夹叙夹议的叙述手法。作者在叙述萧红生平故事时，夹杂对萧红的评价，如指出萧红对时间、空间的感知，对创伤的记忆，对生命消逝的感受等。毫无疑问，运用《萧红年谱》进行萧红研究会省去许多力气。尽管如此，《萧红年谱》有些内容仍与事实有所出入，郭玉斌《〈萧红年谱〉勘误》[1]即指出并修正了其中的四处讹误，主要包括与萧红的祖籍地及至亲相关的讹误、与鲁迅相关的讹误、与华岗通信相关的讹误以及与萧红创作相关的讹误等。可见，《萧红年谱》的写作是一个长期的渐进的过程，其间任何点滴的进步都是相当不容易的。但只要作者坚持不懈，最终《萧红年谱》会越来越趋于完善。

对于萧红的史料研究，难以避免的便是"二萧"的情感生活的讨论，自萧军的部分日记公开以后，有关事实真相得以浮现。叶君《萧军日记里的二萧》[2]认为：作家萧红逝世后，其生平被一再叙述，传记多达数十种。然而，大多数叙述者受所能见到的材料的拘囿，对二萧分手前近六年的情感状态，很大程度上充满想象与讹传。近年，萧军部分日记公之于世，参照二萧在1937年春平沪间的通信，可理性认知二萧真实的情感世界，以及最终分手的原因。

郭玉斌《对萧红貌似公允的冷酷》[3]认为，萧红生平的资料是有限的，已经被研究者开发殆尽。但有人为了有所创新，不断地进行挖掘，于是出现了捕风捉影、大胆推理的现象，甚至于胡编乱造、无事生非，一些人热衷于萧红身世八卦，从而削弱了对萧红文本的关注。

四　萧红作品影视改编研究

2012年由许鞍华导演、汤唯主演的《黄金时代》上映。杨早《〈黄金时代〉：一篇被史料压垮了的论文》[4]认为：首先，这部影片可谓

---

[1] 郭玉斌：《〈萧红年谱〉勘误》，《新文学史料》2015年第4期。
[2] 叶君：《萧军日记里的二萧》，《天津师范大学学报》2014年第2期。
[3] 郭玉斌：《对萧红貌似公允的冷酷》，《文学自由谈》2014年第6期。
[4] 杨早：《〈黄金时代〉：一篇被史料压垮了的论文》，《现代中文学刊》2014年第6期。

"治学严谨",小心到每一句对白,每一句旁述几乎都是直接引语,萧红史料中几乎所有的细节,它都没有漏过;其次,《黄金时代》有被史料压垮之嫌,过于追求面面俱到而无所见地,对影片所触及的内涵没有深入挖掘;最后,《黄金时代》只是对萧红传奇人生书写,而非探寻作品的意义,没有让观众对影片传主产生浓厚的兴趣,于传主的公众形象,电影最多只是一种叠加,而非改变。

陈洁[1]则认为,萧红吸引文化界影视界的原因在于她的叛逆性和越轨行为,使她在成为一位天才女作家的同时,她的人生也成为不可复制的历程。萧红在思想上受到"五四"新文化影响而成为地主家庭的逆子,从而走出了她独特的人生之路。另外影片《黄金时代》引用了大量史料,做了扎实的工作,弥补了认识上的缺陷,拍了民国文人群像图,但没能表现出作家们的精神特质,对萧红的关注点则主要放在了萧红的情感生活上,但缺乏对萧红统一的系统性认识。

---

[1] 陈洁:《越轨的萧红》,《北京观察》2014年第11期。

第十五章

2015年萧红研究述评

进入21世纪以来,萧红研究已经发展到了第15个年头。本年度的萧红研究主要集中在四个方面:萧红单篇作品研究、萧红作品整体研究、萧红比较研究和萧红综合研究。萧红思想研究、生平研究、史料研究,在本年度的萧红研究中,或则表现不佳,或则付诸阙如,或则语焉不详,故而一概从略。

一　萧红单篇作品研究

本年度所发表的与萧红单篇作品研究相关的文章,主要集中在《生死场》和《呼兰河传》。

1.《生死场》研究

夏志清在谈到萧红时,曾认为《生死场》对中国古老农村刻画之深刻,胜过了鲁迅的《呐喊》《彷徨》[①]。尽管这一评价显然过当,但仍然在某种意义上高度肯定了《生死场》。《生死场》确也以其钝重、粗砺的笔触再现了东北人民生存的原生状态,描写了在"生死场"上无奈挣扎的生命群体。王渤《钝重粗砺的沉吟——〈生死场〉原生态意蕴特征探析》[②]认为,《生死场》中的这种原生态意蕴特征主要表现为:一、民间精神的沉淀与凝聚;二、承载原始生动的生命气象;三、构建

[①] 夏志清:《中国现代小说史》,复旦大学出版社2005年版。
[②] 王渤:《钝重粗砺的沉吟——〈生死场〉原生态意蕴特征探析》,《社科纵横》2015年第4期。

混沌粗犷的美学风格；四、生态意识的自觉生成与表达；五、传递深沉浓郁的乡愁情结。总之，《生死场》以其原发性、多元性、交错性的原生态意蕴特征旷日持久地产生着强大的效应，在民间精神、原始气象、混沌美学、生态意识、乡愁情结诸方面共同凸显着原生态写作的因子与情愫，多维多向地阐释了独特的文化艺术内涵与书写特质，是原生态写作的经典范例，其原生态意蕴特征对文学作品的叙述方式、情感表达、思想内涵、审美风格等方面都有着一定的启示意义。

对《生死场》作出解读的还有李艳云的《论萧红〈生死场〉女性身体经验的表述》和赵崇欣的《萧红〈生死场〉中的女性身体书写》[①]。这两篇文章都采取了女性主义的视角，一篇侧重于女性身体经验，一篇侧重于女性身体书写。李文认为，萧红的《生死场》中，纠缠了两种声音——作为一个大的时代语境下的具有国民、阶级、阶层身份的社会人的声音与作为遭遇人生种种磨难的女性而发出的女性声音，两种声音互相碰撞、抵牾，由此我们可以看出时代主流话语对女性边缘话语的挤压，以及萧红这样的女性作家对主流时代话语的突围。赵文则从女性与生育、女性与死亡两个方面，昭示出萧红对女性真实生命本原的关注与追问。

2.《呼兰河传》研究

茅盾的《〈呼兰河传〉序》一直影响着半个多世纪的萧红研究，其在萧红研究史上的影响，近似于瞿秋白的《〈鲁迅杂感选集〉序言》在鲁迅研究史上的地位。杨迎平《从〈《呼兰河传》序〉看茅盾对萧红的误读》[②]在重新解读萧红时，发现茅盾在思想上、情绪上、艺术上对萧红都有所误读。在思想上，萧红不仅仅局限于阶级的抒写，她还继承鲁迅的传统，表现人类的愚昧，国民的劣根性；在情绪上，她并不像茅盾说的那么过分的"感到苦闷焦躁"，她是以宁静的心情创作了她的优秀的小说《呼兰河传》。从艺术上看，《呼兰河传》汇合了多种文体，特

---

① 李艳云：《论萧红〈生死场〉女性身体经验的表述》，《文学教育》2015年第9期。赵崇欣：《萧红〈生死场〉中的女性身体书写》，《文学教育》2015年第6期。

② 杨迎平：《从〈《呼兰河传》序〉看茅盾对萧红的误读》，《现代中文学刊》2015年第4期。

别是运用了戏剧的表现方法，使其成为一部奇著。该文重视文本细读，回归原初语境，充分发掘出《呼兰河传》的原汁原味；敢作翻案文章，不惧权威结论，大胆质疑前人，并将这种质疑落实在具体而实在的文本细读中。从整体上看，该文逻辑严密，翔实论证，结论可靠，勇气可嘉，值得学习。

对《呼兰河传》作出解读的还有刘茸茸和程遥。刘茸茸《回归诗性——〈呼兰河传〉的"陌生化"手法》[1]认为，"陌生化"手法意味着文学要不断摆脱"自动化"、"机械化"的方式，自觉追求"陌生化"的语言和叙述方式。《呼兰河传》使用了大量的"陌生化"手法使其回归文学的诗性本体地位，从而呈现出一个独创、诗意的艺术世界，这一手法的使用在叙述语言和叙述策略中尤为突出。叙述语言中，新奇的修辞手法，语言的反复和副词"就"、"了"的频繁使用是最富于个人化特色的三种"陌生化"手法。叙述策略中，"陌生化"手法主要体现在两个方面，一是儿童视角的运用，二是情节淡化和时间的假定性。程遥《萧红〈呼兰河传〉的空间叙事》[2]则认为，《呼兰河传》并非寂寞之作，相反，萧红在这部小说中展现了深谋远虑的叙事手法。采用空间叙事，她刻画出呼兰河静止的愚昧状态；用儿童视角来展露成人世界，她的复调预示着不可复归的伊甸。而更重大的主题是萧红通过描写呼兰河人的愚昧寻找到了改造国民性的另一种方式——以愚昧对抗愚昧。

二 萧红作品整体研究

除萧红单篇作品研究外，本年度还有一批文章是从各种视角和层面对于萧红作品的整体透视研究。较具代表性的视角和成果有：

1. 哲学视角。崔云伟、郑萍萍《论萧红作品中的"寂寞"语境》[3]从哲学视角出发，认为萧红作品散发着大地的苦难气息，呈现出生机退隐、文明远避的荒原景象。荒原景象投射于个人心灵就是"寂寞"体

---

[1] 刘茸茸：《回归诗性——〈呼兰河传〉的"陌生化"手法》，《太原师范学院学报》2015年第4期。
[2] 程遥：《萧红〈呼兰河传〉的空间叙事》，《文学教育》2015年第10期。
[3] 崔云伟、郑萍萍：《论萧红作品中的"寂寞"语境》，《东岳论丛》2015年第12期。

验。"寂寞"是萧红文学世界的形象特征。萧红作品中的"寂寞"语境，与作者本身具有密切关系。生命文本为其创作的"寂寞"语境打下了现实基础。"寂寞"是萧红的一种哲学语言，是萧红生命个体的标识，是萧红生命哲学的存在语境。以"寂寞"为语境的萧红生命哲学，价值旨归表现在敬重生命、重视生存困境和强调自为人生。萧红的生命哲思，简而言之就是在广袤无垠的时空经纬中叩"寂寞"以求音，探寻人类的救赎之路。该文从生命哲学角度透视萧红生命及其创作文本，视萧红为继鲁迅之后的又一位存在主义哲学大师，论证周密翔实，结论扎实可靠，为近年来不可多得的萧红研究力作。

2. 美学视角。孙梦醒《病丑与诗美：论萧红小说的悖论性叙事美学》[1] 从美学视角出发，认为病丑与诗美的相互交织，构成了萧红小说悖论性美学的叙述世界。诗美非但不能覆盖病丑，反而反衬出病丑。在这背后是两种不同的文学观念，即写实主义与古典主义美学的冲突。写实主义要求萧红对于病丑多有描绘，古典主义则主要体现在萧红对于诗化的语言与节制苦难的叙述方式上。从中还可看到萧红小说在叙述立场上重大变化，即宏大叙事与个人抒情的悖论。正是这种悖论性的叙事立场创造了一种别样的美学奇观，树立了萧红在文学史上卓尔不群的地位。该文采取二元对立的思维方式，在张力中充分发掘出萧红小说的悖论性之美。这种悖论性之美恰恰亦是萧红小说原生态的一种突出表现。作者为90后在读硕士研究生，年纪轻轻即有如此笔力，未来前途不可限量。

3. 社会学视角。葛延峰、刘彪《场域视阈下的萧红乡土小说》[2] 从法国社会学家布迪厄社会实践理论的核心概念："场域"视角出发，细致剖析了20世纪30年代萧红笔下呼兰河社区的社会文化状况。萧红在经济场域批判地展现了呼兰河乡土社区物质贫乏、经济落后凝滞的荒凉图景，表现了乡土世界生存的艰难和痛楚。萧红对民间场域的塑造则是以启蒙的视角，挖掘人的精神状态，继承了鲁迅对国民性的解剖，进而达到推动社会进步的目的。民间权力场域则在萧红文本空间内细化为两

---

[1] 孙梦醒：《病丑与诗美：论萧红小说的悖论性叙事美学》，《牡丹江大学学报》2015年第10期。

[2] 葛延峰、刘彪：《场域视阈下的萧红乡土小说》，《文艺理论与批评》2015年第3期。

个场域，一个是封建男权场域，一个是阶级场域。萧红对民间权力场的自觉书写集中体现了左翼文学的审美价值取向。该文将呼兰河视为一个独立的社区，将《呼兰河传》视为萧红的一部田野考察报告，其社会学的视角可谓新颖，但是从总体上看，对于"场域"概念的采取，却并没有带来多少新奇的发现。采取了一个好的视角，却没有带来预期的好的效果，这在萧红研究中也是不能不注意的。

4. 女性主义视角。龚润枝《萧红作品与女性群体的人格失落——以〈生死场〉和〈呼兰河传〉为例》① 从女性主义视角出发，认为萧红一直在苦难的生存环境中坚持着对女性自我人格的呼唤，她文本中的女性自出生便被置于艰难的成长氛围中。不仅女性的生命权利被漠视，而且女性的个体命运也被父权掌控；爱情将意识混沌的少女唤醒，但女性指望凭借爱情来争取自由人格的愿望终以幻灭收尾；而在受控的婚姻生活中，女性的自我人格越来越难以体现，唯有一直在苦难中争取完整人格的王婆是萧红笔下女性群像的一个特例，萧红也在这个人物身上寄托了对整体沉寂中的女性的期望。从女性主义的视角透视萧红作品是一个极其常见的视角，前述李艳云和赵崇欣的文章采取的也是女性主义的视角。该文在继承前人研究的基础之上，着力于萧红笔下女性群体的人格失落，能够有所发现并将此命题再次推进，已属不易。

三　萧红比较研究

本年度萧红研究中的一大亮点，是刘艳关于萧红与迟子建的比较研究。

萧红和迟子建，作为中国现当代文学史上著名的东北女作家，创作存在很多相似性和相关性，单纯的影响研究有失偏颇。刘艳《童年经验与边地人生的女性书写——萧红、迟子建创作比照探讨》② 通过童年经验这样一个意义维度，首先考察了童年经验是如何直接为她们的创作提

---

① 龚润枝：《萧红作品与女性群体的人格失落——以〈生死场〉和〈呼兰河传〉为例》，《集宁师范学院学报》2015年第12期。
② 刘艳：《童年经验与边地人生的女性书写——萧红、迟子建创作比照探讨》，《文学评论》2015年第4期。

供了生活原型和题材，令其对于边地人生的女性书写，呈现出细节化叙述的艺术特征和属于她们的独特审美意蕴。其次，文章探讨了童年经验经过成年经验的重塑和再造，是如何进入了她们的创作，甚至还直接影响了她们的小说创作理念。最后，文章指出童年经验作为潜在意向结构，对于她们的文学书写尤其是边地人生的女性书写，发生了切实和深远的影响。总之，两位极具艺术才气和艺术禀赋的女作家，都曾以她们不俗的表现和才情，搭建起奠基在她们童年经验基础上的边地人生的艺术世界，为我们的当代文学写作与研究，提供了丰富的文学样本，并且也开启了对其多层面、多维度诠释和研究的可能性。

徐晓杰《空间设置：萧红对鲁迅的继承与创新——以〈阿Q正传〉〈呼兰河传〉为视角》[1]则认为，《阿Q正传》《呼兰河传》是鲁迅、萧红以自己家乡承载启蒙主义创作主旨的代表性作品，一个为人作传，一个为城作传，两者都打破了传统的线性时间桎梏，创建了格式特别的时空形式，成就了它们"历史存在的位置"。在《阿Q正传》《呼兰河传》的空间设置比较中可以看出，萧红对鲁迅传统的继承，是一种真正意义上的继承，她不仅以鲁迅的艺术表现方式继承了"改造民族灵魂"的"未完成的事业"，还从精神上领悟了鲁迅"创造小说新形式"的真谛，在继承的基础上融入自己的艺术个性、对空间观念的独特理解、女性丰富细腻的情感和东北地域文化特质，创造了全新的以空间为主角、以空间展开结构全篇的小说形式，完成对鲁迅传统的创新与发展，形成小说创作中的新传统。对萧红比较研究作出解读的还有王艳丽的《关于死亡的女性书写——〈生死场〉与〈生死十日谈〉比较研究》和严晓驰的《〈呼兰河传〉与〈城南旧事〉在女童视角中的比较研究》[2]等。

四 萧红综合研究

在萧红综合研究中，孙郁的解读堪称经典。

---

[1] 徐晓杰：《空间设置：萧红对鲁迅的继承与创新——以〈阿Q正传〉〈呼兰河传〉为视角》，《北方论丛》2015年第4期。

[2] 王艳丽：《关于死亡的女性书写——〈生死场〉与〈生死十日谈〉比较研究》，《社会科学战线》2015年第12期。严晓驰：《〈呼兰河传〉与〈城南旧事〉在女童视角中的比较研究》，《宁波大学学报》2015年第5期。

萧红是个被传奇化的人物，是民国文坛的异类。在孙郁《萧红与黑土地上的亡灵们》[①]看来，萧红所发出的完全是天籁般的声音，纯粹而悠扬，带着野草的香气和松林的野味。《生死场》表现出东北人的灵魂。萧红于此昭示出存在的状态，把一张未曾得以精神沐浴的乡民之图，以惊人的方式展现在我们面前。《后花园》则像一曲哀伤的笛声，婉转的旋律里是死灭般的旷野气息。与鲁迅不同，萧红没有以思想者的沉思抵达精神的彼岸，而是以生命的常态触摸到了存在的隐蔽。在《呼兰河传》中，萧红则多了一种欣赏与自省的眼光。民间遗存的可怖性，在这里得到了清晰准确的表达。她以自己的经验，证明了礼俗杀人的本质。萧红独特的书写，是经过咀嚼的表达，每一句话，都从心灵里浸泡过，丰盈、多致、浑厚，其词语的搭配与意象的叠加，均反常规，这种转化和立意之笔，鲁迅之后，极少有人。萧红是一个迷茫的女子，她在最冷静的时候，仍然清醒于自己的无力。她的可爱，在于对自己的失败感无余的倾诉，以及在绝境里可怜地求索的真的目光。写作对于萧红而言，不是炫耀之舞，亦非智慧的探寻。对于一个永远在路上漂泊的她而言，那是一个温暖之家的寻觅，是自我的救赎。存在、爱情、死亡，是萧红生命中不可分割的乐章。她的创作昭示出，不幸的存在，乃寻美的表达的理由。

[①] 孙郁：《萧红与黑土地上的亡灵们》，《小说评论》2015年第3期。

附录 1：

2001—2015 年萧军研究述评

萧军是中国现代文学史上的重要作家。他传奇式的从文经历，坎坷的人生历程，独特的作品风格，以及他与鲁迅、毛泽东及萧红、丁玲等人的特殊关系等，无一不吸引着当代研究者的眼球。本篇将萧军研究分为以下几个部分，分别是作品研究、思想研究、比较研究、生平史料研究和萧军与报刊研究五个方面。其中，作品研究又可依据题材，细化为小说研究、散文研究、诗歌研究、戏剧研究和日记研究五个部分；思想研究可根据关注点的侧重，细分为萧军的精神气质研究和萧军与政治研究两个部分；生平史料研究可依据题材和所述内容，细分为萧军日记、萧军书信、萧军生平纪事和萧军人际交往四个部分。在本篇所梳理的萧军研究中，不同研究者的关注点虽或有交叉，但亦有偏重。具体内容评述如下。

一 萧军作品研究

1. 小说研究

萧军曾一度被回族文化吸引，在日记中反复透露自己有意搜集回族素材，并尝试写关于回民支队的小说，但最终仅仅留下了一份残缺的创作笔记和日记中散落的关于回族的零星叙事，且由于文本的碎片性，萧军笔下的回族叙事一直未得到研究者的关注。杨秀明[①]注意到了这一

---

① 杨秀明：《论延安时期萧军的个性化回族叙事——基于萧军日记和创作笔记》，《延安大学学报》2015 年第 1 期。

点，并认为萧军在日记和《七月的白洋淀》创作笔记中的回族叙事与其他回族、非回族作家的回族叙事相比，是极具个性的，值得深入解读。延安时期萧军曾对书写少数民族产生了浓厚兴趣，并试图创作回族抗日题材小说《七月的白洋淀》。虽然由于种种原因这部作品没有完成和发表，但是萧军为此记录的创作笔记和日记中的回族叙事呈现了与当时的革命文艺作品迥然不同的文学风格。萧军所喜爱的回族的"信仰的精神"与"强梁的精神"并非专属于"他者"，而是萧军精神"自我"的投射。

对萧军小说进行解读的，还有范庆超①。作者认为，萧军作为一个硬汉子，将坚强不屈的"抗争性"人格注入作品，并使其构成了萧军抗战时期小说创作的精神主线。围绕这种抗争精神，萧军描写城市底层人的苦中奋起、铺展民族革命斗争的画卷、透视"胡子"的硬朗人生，表现出对生命强力的高度崇尚，文风也因此显得粗犷、雄浑、强健、刚猛。在粗砺浑莽之间，精细之笔也偶露峥嵘，对人性沦落"层层剥离"式的描绘、对情理"两难"境地的细致透析，都体现出萧军洞烛幽微的能力。

而梁京河②则对《八月的乡村》的版本进行了探析。作者发现，该小说在1935年首次出版，至1937年"八一三"后，再版（再印）七次，后又印了三次，共印了十次；在抗战胜利后，由作家书屋重又再版，并印刷三次；再后，因1947年萧军创办了鲁迅文化出版社，再次出版；后，又于1954年人民文学出版社出版，但做了大量的修改；于1978年1月，在香港文教出版社重版；于1980年，在人民文学出版社再版；于1985年，在上海书店出版原版影印本，同年人民文学出版社再次重版；于2005年人民文学出版社再次出版；于2009年1月，在华夏出版社又获出版。此外，海外多国也翻译出版了《八月的乡村》。

萧军的《八月的乡村》是第一部被翻译成英文并在英美世界获得热烈反响的中国现代长篇小说。吕黎③认为，国际形势变化带来的原语国

---

① 范庆超：《抗战时期萧军小说创作略论》，《临沂大学学报》2012年第2期。
② 梁京河：《〈八月的乡村〉版本初探》，《中国现代文学研究丛刊》2015年第11期。
③ 吕黎：《求同去异之旅——萧军长篇小说〈八月的乡村〉的英译》，《解放军外国语学院学报》2011年第5期。

家和目的语国家的利益趋同是该小说走向异域、最终成为我国第一部被译为英文的现代长篇小说的推动力,小说的译介策略及接受也都体现出求同倾向;但原文本中的异质因素在异域之旅中却被译介者和接受者逐层过滤消解。因此,该小说的异域之旅不啻为一次"求同去异"之旅。

此外,对萧军小说进行研究的,还有姜翼飞[①]、程义伟[②]、马海娟、冉思尧[③]、陈娟[④]等人。姜翼飞认为,《八月的乡村》表现了萧军的生存意识与复仇意识。程义伟和马海娟等人则在对萧军小说《第三代》的解读中,分别看出了辽宁绿林文化和鲁迅对萧军小说创作的影响。

2. 散文研究

萧军在现代文学史上无疑属于个性凸显的另类作家。陈亚丽[⑤]认为,与同时代的其他现代作家相比,他在文学创作上凸显的主观战斗精神以及侠气的文化人格特征,在他的散文作品中表现得尤为明显。萧军的主观战斗精神与他的人生之旅及他所处的时代有着密切的联系。萧军一生都在抗争中度过。他的主观战斗精神是一种打不倒的硬汉子精神,与鲁迅的硬骨头精神一脉相通。靠着这种精神,萧军顺应了时代的需要,写出了许多笔锋犀利的杂文。同时,这种主观战斗精神,也使萧军的创作充满了"仗剑走天涯"的"侠气"。他的散文因"侠气"而粗鄙,也因"侠骨"而现出"柔情"。萧军所仰慕的,是草莽英雄,个人英雄主义是其"侠气"人格类型的具体表现方式。所以,他一反现代作家常有的儒雅,把"戎马"生涯的直接体验赤裸裸地带到了散文当中。从萧军对鲁迅与萧红的书写,以及其与萧红的结合来看,萧军的上述人格特点已暴露无遗。所以,萧军是一个纯粹"生活型"的作家,他倚靠着其独特的人格,凭着良心写作,也以其人格的独特性,而占尽了风流。

[①] 姜翼飞:《一场战争两刃伤——萧军〈八月的乡村〉中的生存意识与复仇意识》,《名作欣赏》2015年第22期。

[②] 程义伟:《地域文化之镜像——重读萧军长篇小说〈第三代〉》,《名作欣赏》2010年第23期。

[③] 马海娟、冉思尧:《试论鲁迅对萧军小说创作的影响——以〈第三代〉为例》,《延安大学学报》2012年第4期。

[④] 陈娟:《萧军的小说与侠文化精神》,《北京大学学报》2005年第4期。

[⑤] 陈亚丽:《论萧军散文中的文艺思想和文化人格》,《中国现代文学研究丛刊》2007年第6期。

罗爱玲①以萧军《文化报》及其"鲁迅式"杂文被批判的原因、模式、教训为切入点,进行了相关研究。作者认为,萧军的悲剧,从起点来看有着难以避免的主客观因素:萧军《文化报》及其"鲁迅式"杂文都是非文学性的批评,都和政治斗争相联系,并都被按照政治定调、群众批判、行政处理的模式进行了处理,乃至封杀。所以,这是继"王实味事件"之后又一次政治话语权与文学话语权的矛盾与冲突。

而宋喜坤②则对萧军在《文化报》上的文学创作进行了解读。作者认为,因文学与报刊同存共生的关系,散文成为这一时期萧军的文体选择。因同《生活报》的论争,萧军创作了大量争论杂文。这些杂文,既体现了萧军对鲁迅杂文的继承和发展,也代表了萧军杂文创作的最高成就。萧军在《文化报》上的文学创作是东北新启蒙的实践之作,同时也是研究东北"《文化报》事件"的重要文学资料。

3. 诗歌研究

萧军在20世纪50—70年代创作了数量可观的旧体诗。李遇春等人③认为,萧军在这些旧体诗中呈现出或隐含着多重自我身份及其修辞意图。这主要表现为隐士、国士和传道者三种自我身份,而这三种自我身份的文学建构意在实现对"边缘人"、"待罪之人"等现实身份的修辞性转换,以其接通意识形态话语所许可的合法身份。这三种身份彼此联系、贯穿始终,体现了诗人萧军重建自我历史的心理诉求,以及他与意识形态话语之间复杂、隐蔽的互动关系。

而杨永磊④则认为,旧体诗是真正体现萧军文学才情和文学价值的精华之一。萧军的旧体诗是真性情的结晶,不仅酣畅淋漓,而且凝练精致,蕴含着深刻的哲思。他的七律是旧体诗中的精品。他的诗善于化用古人和用典,却又了无痕迹。它们不仅具有"史诗"的性质,关乎个人和国家,而且促使我们重新权衡萧军及其作品的价值和地位。

---

① 罗爱玲:《萧军杂文批判反思》,《福建师范大学福清分校学报》2005年第4期。
② 宋喜坤:《萧军在〈文化报〉上的文学创作》,《语文教学通讯》2014年第8期。
③ 李遇春、魏耀武:《萧军1950—1970年代旧体诗中的自我修辞》,《江汉论坛》2014年第9期。
④ 杨永磊:《萧军旧体诗的价值及其地位》,《宁夏大学学报》2014年第4期。

4. 戏剧研究

萧军是 20 世纪中国文学史上东北地区代表性的作家。接受了革命战争的洗礼以后，萧军在延安开始了历史剧的创作，刘旭彩[①]认为，萧军的这种做法可视为特殊历史条件下的一种创作转型。作者以萧军的剧本《武王伐纣》和《吴越春秋》为中心，分析了萧军的创作特点和剧中的人物形象，以及他戏剧革新的思想，并认为萧军一生都在追求真理和文艺至上。虽然中年以后的这种创作转型并未成功，但是其为多种曲目相互融合付出的努力不可埋没。

5. 日记研究

萧军的《延安日记》中大部分材料未曾披露、足够新鲜，对于透视中共政治文化传统的建立具有不可忽视的重要价值，毕苑[②]对之进行了介绍性的研究。首先，萧军对延安等级文化和不良现象的批评遍及《日记》笔墨。他在日记中记下的这些不满，纯粹是从共产党利益出发，希望帮助共产党人建立德性，改变各种官僚主义习气和不良作风。其次，关于"整风"和"抢救"运动在日记中着墨较多。从总体来看，萧军对整风运动在落实中的表现，是持批评态度的；萧军在"抢救运动"的过程中，经历了从赞同到怀疑、反对和愤怒的心理转变。再次，从日记中可看到萧军的革命观。萧军一面信任、热爱共产党，另一方面却在日记中记载了自己受到的"侮辱"。从情感来看，萧军在延安是不愉快的，他"和党几乎是靠理性结合着"。萧军的《日记》，以个人的真实感受为基点，记录了历史，具有重要的研究价值。

和前者相似，梁庆标[③]也从政治的角度对《延安日记》进行了相应的解读。该书的价值和重心，在于萧军如何看待延安和自己的关系：深受鲁迅影响的萧军，以"人性"而非"党性"为基本点，以独立批判者的姿态，审视了权力被滥用的现象。萧军将延安时代的种种弊病视为人性低劣的表现，试图超越狭隘的党派与政治权力之争，从普遍的角度

---

① 刘旭彩：《萧军历史剧本创作的得与失》，《求索》2013 年第 4 期。
② 毕苑：《读萧军〈延安日记〉》，《炎黄春秋》2014 年第 4 期。
③ 梁庆标：《权力·人性·人格：萧军〈延安日记〉解读》，《粤海风》2014 年第 3 期。

探析人的秘密,并对自我进行了解剖,反省自我的劣根性。《萧军日记》确可为人们提供认识延安政治生活的第一手材料,有益于进一步深入探究权力与人性的关系。

而叶君[1]则认为,参照萧军日记和二萧1937年春平沪间的通信,可理性认知二萧真实的情感世界,以及最终分手的原因。作者发现,萧军与陈涓、许粤华等的情感纠葛,不仅给萧红带来心灵巨创,更扰乱了她作为一个痴迷于创作的作家的生活方式。但处于彼时情境中的萧军却对此未加以彻底反思,常对萧红加以"规训",居高临下地传达自己对萧红的各种"期待"和要求。这使萧红感到痛苦,并在情感上逐渐疏远了萧军。此外,成名后二萧间最为根本的矛盾,还与萧军始终将萧红当作一个"孩子"和自己的追随者看待有关。另外,临汾一别,其实是萧军用一个冠冕的理由与萧红作出的心照不宣的分手。

二 萧军思想研究

1. 萧军的精神特质

萧军在中国现代文学史上具有重要的言说价值。程义伟[2]认为,萧军的言说价值可直接体现于其小说写作姿态所表示出来的绿林文化上。作者认为,萧军的"土匪气"具有多重而丰富的层面。萧军对"土匪"身份是认同的。"土匪"并不仅是他小说的文本状态,也是他激情写作和人生方式的直接体现,并呈现出一种弥漫性的文化存在。萧军对这种土匪文化的存在,表现出了一种传承的姿态。不管是从人生经历,还是从小说文本来看,萧军所营构和表现的"土匪",都是对其家乡历史上土匪生活状态的直接注解和现在表征。就内涵来看,萧军对于"土匪"的言说,实际上是其人生境遇、生存痛楚和生存困境的本质表现形态。萧军用他人生境遇和小说的描述,演进了东北地域"土匪"的生杀搏斗,在历史的境像里,提供了前人未曾提供的新鲜的属于"土匪"个体生命体验的东西。

---

[1] 叶君:《萧军日记里的二萧》,《天津师范大学学报》2014年第2期。
[2] 程义伟:《东北土匪文化与现代作家萧军的文学创作》,《小说评论》2007年第1期。

而陈夫龙①则对萧军与侠文化精神的关系进行了研究。作者认为，作为一个深受侠文化影响和侠文化精神浸润的新文学作家，萧军在现代革命意识指导下，结合伟大的民族解放战争，对侠文化进行了现代性改造和创造性转化。与强悍尚武、敢于冒险叛逆的黑土地文化血脉相通的侠文化精神，不仅熔铸了萧军的人生方式和人格精神，而且也熔铸着他的作品构成与审美追求。他从侠文化中提炼出反帝反封建的精神资源和斗争力量，抒写着民族复仇精神和反抗意志，以此唤醒广大民众的爱国救亡热情，从而使传统侠文化在抗日救亡的时代语境下呈现出新的话语蕴藉，同时，也体现了其个人英雄主义人格追求和自由主义文化理想。和上述作者相似，于宁志②也对侠文化和萧军的关系进行了探究。作者认为，民间文学和乡风民俗是萧军接受侠文化的两个途径。侠文化影响了萧军的精神气质，并使其在作品中喜爱描写打抱不平的侠客。

和上述研究者不同，刘忠③对萧军的精神肖像进行了描绘。作者认为，在萧军的精神世界里，"远方"和"流浪"有着非同寻常的意义。"远方"延伸着萧军的追求空间，"流浪"丰富着他的精神内涵。不管是从东北到上海，从武汉到山西，还是从延安到成都，又从成都到延安，在漫漫跋涉的路上，敢作敢为的"胡子"精神始终伴随着萧军。萧军渴望一种坦诚的交流，一种生命的恣意。在他的身上找不到中国诗教"温文尔雅"的传统，相反，他的豪爽粗犷、重义尚侠，却可让人想起勇战风车的堂吉诃德。

而宋喜坤④则认为，"新英雄主义"才是萧军价值体系的核心。它的核心是革命英雄主义，影响着萧军后期的文学创作和社会生活。同时，它也是在特定历史维度和文化结构中，为保持知识分子自由、独立品性和自觉抵制外来侵袭而形成的精神"掩心甲"。萧军新英雄主义的形成经历了思想构建和行为构建两个过程。思想构建是指萧军运用马克思主义和毛泽东思想对英雄主义进行解构、整合，继而形成新英雄主义

---

① 陈夫龙：《民族复仇精神和反抗意志的抒写者——萧军与侠文化精神》，《山东师范大学学报》2011年第1期。
② 于宁志：《侠文化与萧军》，《太原师范学院学报》2007年第6期。
③ 刘忠：《"胡子"行状与"流浪汉"身份认同——萧军的精神肖像》，《中州大学学报》2015年第6期。
④ 宋喜坤：《萧军新英雄主义构建过程评析》，《学术交流》2011年第8期。

理论的过程。行为构建则包括"英雄的示范作用"、"英雄行为的模仿"和"英雄角色的扮演"三个实践阶段。这种思想和行为的双重构建彰显了萧军的哲学智慧,透露出"五四"以来新文学中强健而张扬的个性主义精神力量。宋喜坤[1]还探讨了新英雄主义和萧军文学创作的关系。作者认为,从萧军的小说和散文中可以清晰地看到毛泽东文艺思想和鲁迅精神对萧军创作的影响,以及新英雄主义的发展轨迹。

和前者相似,徐玉松[2]对萧军的"新英雄主义"内涵及其形成背景进行了探讨。作者认为,萧军的"新英雄主义"在内涵上有"为人类"的远大抱负、强健自己的人生取向和一往无前的斗争精神的三个突出特征。"新英雄主义"不仅是创作思想,同时也是一种人生取向,它在创作上激励作家用宏大的视野和深邃的历史意识创作史诗般雄浑的作品,刻画民族脊梁般的雄健灵魂,同时形成了萧军在杂文创作中匡救时政、针砭时弊的强烈斗争意识。

和上述研究者迥异,阎伟[3]从萧军的"生性"出发,分析造成其1942年在延安文学处境的原因。作者认为,萧军童年的生活经历,催生了他强悍暴力的原始本我特性。及至萧军成年,在强调独立自由意识的超我形象鲁迅的影响下,逐渐凝固为"恃独"的"生性"。萧军的"恃独"的"生性",逐渐与延安文学场的位置关系和话语规则产生抵牾,并最终影响了他1942年在延安的文学处境。而萧军的"生性",也成了延安众多知识分子品质的表现形态之一。

此外,对萧军精神气质进行研究的,还有于宁志[4]等人。作者以"亮节清风铁骨坚"来概括萧军的品格,并对其文化心理成因进行了探析。

2. 萧军与政治

萧军一生两去延安,自身性格的慷慨任侠,思想追求的自由不拘,

---

[1] 宋喜坤:《新英雄主义与萧军文学创作》,《北方论丛》2011年第6期。
[2] 徐玉松:《论萧军"新英雄主义"的内涵及其形成背景》,《淮北师范大学学报》2012年第3期。
[3] 阎伟:《人格三元结构、生性和文学场——1942年萧军的文学处境分析》,《中国文学研究》2014年第2期。
[4] 于宁志:《亮节清风铁骨坚——萧军的品格及其文化心理成因》,《新余高专学报》2004年第4期。

以及文艺界的宗派旧习，使他一直未能在思想与行动上融入延安。刘忠①对萧军两次去延安的经历和感受进行了详细叙述，并将此时的萧军定义为"精神界的流浪汉"。实际上，萧军第一次延安之行，正是去寻找和自己气质相和的精神兄弟，但当他再次到延安，却因为当时特殊的管理制度而感到压抑因而躁动。在延安知识分子中，从言语行动到精神气质，萧军都算得上是一个特立独行的人。萧军在延安是豪爽侠义的，尚侠轻生的"胡子"性格一直伴随其始终，使其成为此时文艺界的独行侠，精神界的"流浪汉"。不过，与王实味"以文叫板"延安的社会体制不同，萧军虽然也言语鲁莽，桀骜不群，但更多的是个体行为，所以，在政治上没有受到大的冲击。

王俊②也对延安时期的萧军做了解读。作者发现，当1942年毛泽东《在延安文艺座谈会上的讲话》把党的文艺政策作为解放区文艺创作的最高指导原则，并建构起相对完善的规范机制以后，萧军却与延安革命政权毛泽东话语保持着某种程度的疏离。萧军以鲁迅的战斗精神为基点，坚持将自我定位为革命体制下独立的批判知识分子，并秉承着一种基于尊重和关怀个体生命尊严的人道主义立场。作为个案的萧军，既反映出一部分左翼知识分子在革命体制下如何坚持作家、知识分子、个体的独立性的积极尝试，也极为微妙地揭示了身为左翼作家革命作家的萧军思想中个人主义的自由主义成分。

相似的研究，还有游云琳③对萧军与解放区主流话语关系的解读。作者认为，萧军之于解放区话语来说，是一种异质而尴尬的存在。萧军从客居进而移居延安解放区时，是毛泽东的"座上宾"，受到优待。但好景不长，萧军因"暴露黑暗"、"同情托派分子"和随后的"文化报事件"，在被重用之后，又连续两次被主流意识形态所"放逐"。萧军与解放区主流话语的关系，也由此经历了由融合到出现冲突，再到冲突恶化的变化过程。通过该过程，可以看到萧军与解放区主流话语的亲疏

---

① 刘忠：《精神界的流浪汉——延安时期的萧军》，《中国现代文学研究丛刊》2007年第6期。
② 王俊：《革命、知识分子与个人主义的魅影——解读延安时期的萧军》，《中国文学研究》2014年第3期。
③ 游云琳：《异质的生存尴尬——试论作家萧军与解放区主流话语之关系》，《福建师范大学福清分校学报》2011年第4期。

冷热关系，以及萧军特立独行的风格。

此外，对萧军与延安政治进行研究和描述的，还有潘磊①、冉思尧②、朵渔③等人。

三 萧军比较研究

从1940年起，丁玲与萧军在延安度过了5年多的岁月，秦林芳④对此时期二人的关系进行了探究。作者发现，以1942年5月为界，前期的丁玲与萧军交往甚密，萧军将其视为朋友和知己，与其无话不谈。他们以个性主义为基础，以继承鲁迅传统为己任，依托"文协"组织，构筑文艺阵地，积极鼓吹以个性主义精神干预现实，以精诚的合作共同推进了延安启蒙文学思潮的发展。其中，萧军与丁玲在此时期的文学阵地有《文艺月报》、《谷雨》、《解放军日报》等；萧军和丁玲在此时期的合作，只从"监督"的思想出发，倡导并从事鲁迅所开创的现代杂文创作。前者，是二人学习鲁迅医治人类灵魂的精神自然生发的逻辑性的结果。合作到后期，丁玲在强大政治外力的作用下迅速转移方向，其已由在一定程度上奉行过个性主义的"艺术家"，转变为维护"他们的根本利益"的"政治家"，而萧军却依然故我地坚守自我、个性。两人在延安文艺座谈会上的发言，表明二人在思想上已开始分道扬镳。会后，二者这一思想的异途在"王实味事件"中得到了突出呈现。此后，丁玲与萧军分道扬镳，迈上了渐行渐远的人生道路，展示出了全然不同的思想风貌。丁玲与萧军在延安时期由"同路"到"分道"的变化，折射出了在特定时空中两种思想的搏击交战以及现代知识分子的再次分流聚合。

---

① 潘磊：《延安文艺整风中萧军精神历程考察》，《枣庄学院学报》2009年第3期。
② 冉思尧：《萧军在延安时期的坚守与改造》，《齐齐哈尔大学学报》2011年第3期。
③ 朵渔：《在阶级的边境线上——从萧军的经历看〈在延安文艺座谈会上的讲话〉》，《名作欣赏》2012年第16期。
④ 秦林芳：《从"同路"到"分道"——延安时期的丁玲与萧军》，《海南师范大学学报》2013年第6期。

《鲁迅日记》中有大量关于萧军的记载，王科①认为，这些书写，既真实而详尽地记载了萧军在鲁迅的关怀扶持下成长进步的经历，也生动而形象地反映了鲁迅先生的伟大奉献精神。根据日记可知，萧军在与鲁迅交往之初曾频繁通信，这些书信真切地反映了鲁迅对以萧军为代表的东北流亡青年的同情与挚爱。《鲁迅日记》中还有很多条目记载萧军和鲁迅先生的互访。鲁迅和萧军的这些互访，绝非一般的礼尚往来，而是先生对初登文坛青年作家的关怀和引领。在1936年4月之后，日记中之所以没有了萧军走访的记载，是因为萧军走访已成了家常，不需记载。鲁迅对萧军走上文学道路的引领，也可在日记中找到很多记载。而这些都可以作为鲁迅为青年献身的证据，驳斥歪曲鲁迅的呓语。

张根柱②也看到了鲁迅之于萧军的影响。作者认为，萧军延安时期的创作忠实地继承了鲁迅启蒙主义的文艺思想。萧军对鲁迅文艺思想的继承主要体现在两个方面：一是坚持鲁迅所倡导的启蒙主义文学精神，利用杂文形式抨击生活中的各种落后现象；二是不畏强权，始终不渝地维护文艺自身的独立性，反对种种非文学因素对文艺的干扰。

和前者稍异，杨静涛③看到了鲁迅和毛泽东之于萧军的影响，并对其做出了比较。作者认为，鲁迅与毛泽东是萧军的两个精神镜像：前者是精神导师，后者是革命领袖。而江少英等人④则认为，鲁迅之于萧军的是一种独立的精神立场，毛泽东之于萧军的是一种"精神流浪汉"的气质，萧红之于萧军的，是豪爽侠义兼细致柔情的心肠。

此外，对萧军进行比较研究的，还有袁启君⑤、王锦厚⑥等人。王锦厚发现，鲁迅逝世后，田军（即萧军）和郭沫若曾为其死因发生过

---

① 王科：《引领跋涉者在暗夜中前行——关于〈鲁迅日记〉中的萧军书写》，《文艺理论与批评》2004年第3期。
② 张根柱：《论萧军延安时期的创作对鲁迅文艺思想的继承》，《齐鲁学刊》2005年第1期。
③ 杨静涛：《鲁迅与毛泽东——萧军的两个精神镜像》，《濮阳职业技术学院学报》2011年第2期。
④ 江少英、陈致烽：《略论鲁迅、毛泽东、萧红对萧军人格的影响》，《福建师范大学福清分校学报》2005年第4期。
⑤ 袁启君：《沈从文与萧军、谢冰莹军旅创作之比较》，《牡丹江大学学报》2008年第5期。
⑥ 王锦厚：《田军和郭沫若——关于鲁迅死因的一次争论》，《郭沫若学刊》2006年第1期。

一次言辞激烈的争论，故曾致信于萧求解，并得萧夫人执笔回复，知其原因是萧军在鲁迅逝世后，发表演说，强调众人应继承鲁迅精神，继续复仇和前进；而郭沫若则在日本写了一篇文章，公开讽刺萧军讲话的内容，萧军为了回应郭，写文章对其加以批驳。郭则在回应萧的如上文章时，叙述了写上文的初因和情景。作者认为，萧郭之争和当时的形势有关：由于宗派主义的余波不断，很多人利用鲁迅之死来对鲁迅造谣诋毁，以博人眼球。而萧郭之争不过是当时关于鲁迅之死争论的一个有着深远意义的小插曲。但平心而论，萧郭之于鲁迅的悼念立场基本是一致的，其争论是因为缺乏信任和沟通。但这场争论却给人们提出了一个值得思考的问题，那就是应当如何纪念鲁迅？另外，萧郭关于鲁迅之死的争论文字，还是鲁迅研究史和郭沫若研究史及鲁迅和郭沫若关系研究上的宝贵文献，包含不少值得总结的经验和教训，故很值得重视。

四　萧军生平史料研究

1. 萧军日记

萧耘等人[①]对《萧军日记》的保存和出版进行了说明。作者们回述了萧军对待日记的态度和日记归还的经过，并重点叙述了萧军去东北解放区工作前后，对资料的保护及资料的意外落水事件。另外，作者们还提到，当年旅行期间被"鲁艺文艺大队"的青年学生们照顾的经历，以及萧耘在后来意外得知了当年一位学生的姓名，并与萧军夫妻共同拜访一事。此外，作者们还根据日记的题记，对萧军日记的价值进行了说明，并对《现代中文学刊》提供使《萧军日记》有缘于众人的机会致谢。

此外，对萧军日记给予了相应关注的，还有陈漱渝[②]等人。

[①]　萧耘、王建中、萧玉：《关于〈萧军日记〉》，《现代中文学刊》2011年第1期。
[②]　陈漱渝：《萧军的两则日记》，《政府法制》2009年第15期。

2. 萧军书信

萧耘①结合自己的成长和萧军的生平经历，将自己手边保存的父亲萧军写给他们的 28 封信件和题诗逐一进行了说明。从这些资料中可以看到萧军的家庭氛围，萧军与子女和友人的交往及其精神气质。不管是在孩子的童年日常生活中，还是在其成年之后的忧患岁月里，萧军对孩子都很关心，后者对萧军也很依赖，很信任。萧军在历难之中，总是尽力和孩子沟通，体恤孩子的苦境，并始终保持着乐观积极的心态。萧军与友人的交往可在其与荀慧生等人的交往事迹中见。这些事件隐含着萧军为朋友仗义相助，不贪名图利、宽容待人的一面。再有，作者还写到父亲萧军对自己的两次误会，或曰不快经历：第一次是自己因身体不适，未完成父亲交代的工作；另一次则发生在"萧军资料室"建立的过程中。此外，萧军在与作者通信时，常托作者办事，其中常牵扯到他人，文中对其都一一作了解说，对事情的背景也有简略介绍，从这些信件中可看到萧军与旁人的交往。另外，萧军赠作者的诗，作者亦摘录于文中，并对之有所介绍。总之，该文按照时间线索，以乃父萧军所赠作者家信和诗为点面行文，文中信息虽嫌琐杂，却客观可证，可为萧军研究之重要史料。

而朱献贞②则对鲁迅与萧军、萧红来往信件总数进行了计算和考证。作者发现，1946 年许广平编辑出版的《鲁迅书简》统计为 54 封，而人民文学出版社 1981 年版、2005 年版《鲁迅全集》统计为 53 封。以上两种统计，萧军本人的回忆和著作与相关文献说法不一，但都没有作必要的解释和说明。经过核对相关资料，作者确认鲁迅给萧军、萧红信件总数统计的误差出在许广平、王仰晨对 1935 年 3 月底到 4 月初鲁迅致萧军的三封信的统计上面：因对鲁迅致萧军的"续信"可以有不同的认识。所以，从统计学的角度看来，鲁迅给萧军、萧红信件总数可以有 53 封、54 封、55 封三种说法。

此外，对萧军信件进行研究的，还有葛涛③等人。葛涛对萧军给胡

---

① 萧耘：《父亲给予我们的……》，《新文学史料》2007 年第 3 期。
② 朱献贞：《鲁迅给萧军、萧红信件总数统计考》，《东岳论丛》2014 年第 1 期。
③ 葛涛：《萧军给胡乔木的三封信》，《粤海风》2008 年第 2 期。

乔木的三封信件的内容进行了梳理，从中可看到萧军与胡乔木对鲁迅思想认识的争论。

3. 生平纪事

萧红与萧军、端木蕻良的感情纠葛历来被当作文坛趣闻广为传诵，他们之间的浪漫故事也常为人们所津津乐道。但郝庆军[①]认为，对观念的演绎和对潮流的趋从往往使研究者忽略掉萧红的真实遭遇和处境，从而漠视了萧红身上朴实自然的人格因素和生生不息的人性力量。故作者用史料考证的方法，通过对文献材料的爬梳与辨证，对萧红真实的情感历程予以重新勘察。作者认为，"二萧"结合并非因为爱的缘故，他们走到一起更多是因缘际会、出于现实考虑和功利需求。萧军与萧红的结合更多的是由于男人的自尊、自强好胜和青春的冲动，而萧红选择萧军是基于现实考虑的理性结果。而萧红与萧军的分手未必是由于性格的差异，而是有着非常实在的现实原因。首先，萧军对萧红疾病的漠视和冷淡使他们之间在身体上不能达成契合。其次，萧军对萧红施加的暴力，使萧红的逃离为情势难免。再次，萧军的几次外遇和对萧红写作的蔑视直接构成了对萧红心灵的伤害，触犯了萧红的底线。而端木蕻良的出现，恰恰弥补了萧红因其与萧军不和谐的夫妻关系而产生的心理缺憾，故萧红与之结合，是势在必行的。

胡恒瑞与萧红萧军相识，其日记中有对二人的记载。彰无忌[②]因故得到日记，以此为据，兼结合萧军的琐谈，对二萧的上海时光进行了叙述。文章第一部分，记叙了胡恒瑞初识二萧的场景及萧红自述自己叛逆离家，历经不幸，终识萧军，弃满入关的经历。第二部分是二萧投奔鲁迅以笔救国的经历，其中有专门提到鲁迅对二萧的帮助及胡与二萧的交往。记述了二萧回忆鲁迅请众人吃饭及与胡的趣谈。第三部分叙述了鲁迅提携二萧，使其在文坛崭露头角，及胡恒瑞在幕后给予二萧资金帮助等事。第四部分有两部分的内容，一部分是关于萧军回述其于鲁迅逝世前后自己的感受及经历，另一部分则是胡恒瑞对鲁迅去世及下葬的经

[①] 郝庆军：《在生存需求与浪漫爱情之间——对萧红与萧军及端木蕻良关系的几点考证》，《甘肃社会科学》2005年第5期。

[②] 彰无忌：《萧军萧红在上海的日子》，《文史精华》2012年第10期。

过。其中，后者着墨颇多，描述非常详细，从中可见到鲁迅下葬场景之盛大，身后评议之喧杂。第五部分记叙了萧军与萧红的合与分，并认为二萧分的关键在萧红，合的关键在于萧军，胡恒瑞日记对二萧的此段经历有相应描述。因作者本人与萧军相熟，且有胡恒瑞日记佐证，故其叙述有重要的史料价值。另外，作者此文还可与其回忆萧军的其他文字形成互补。

而葛涛①则以萧军等人辑录的《鲁迅先生纪念史料辑录选存》为中心，对萧军在延安传播鲁迅的活动进行考证。该书的第一部分是萧军主持"延安鲁迅研究会"工作的相关资料。萧军是"延安鲁迅研究会"的组织者和发起人，并前后主持了三次会议，完成了研究纲领和研究任务的拟定和推荐，成立了常务理事会，策划了鲁迅逝世周年的纪念活动，成立了鲁迅纪念馆，出版了鲁迅的作品等。总的来说，萧军主导了"延安鲁迅研究会"的发展方向，作出了诸多贡献。在萧军的推动下，"延安鲁迅研究会"得到了延安官方的支持，从而有力推动了鲁迅在延安的传播和研究。再有，该书还有萧军与在延安"星期文艺学园"的成员和中央印刷厂文艺小组成员交往的相关资料等。最后，该书还收录了一份萧军与延安鲁艺的"鲁迅研究小组"成员交往的相关资料，从该资料可看出，萧军曾指导并推动了延安的一些民间鲁迅研究小组的活动，从而推动了鲁迅在延安普通青年读者之间的传播。所以，这本资料集可以说是萧军为鲁迅布道的一个真实记录。

秋石②对陈益南撰写的《〈延安日记〉里的萧军与毛泽东》进行了质疑，并将质疑的重点放在了考辨萧军第一次抵达延安的情况。作者认为，陈文有诸多不实之处。首先，陈将萧军写为鲁迅的"头号弟子"错证明显。据与鲁迅交往的程度，以及鲁迅生前的评价，远在萧军之前，著名作家中称得上是鲁迅学生的有三位，分别是丁玲、叶紫和胡风。陈文所述，与事实不符。其次，陈文的另一处严重错讹是断定该书的出版，为了解萧军与毛泽东的交往，提供了"系统、完整而可靠的权

---

① 葛涛：《布道者萧军：萧军在延安传播鲁迅的活动考——以萧军编辑的〈鲁迅先生纪念史料辑存选录〉为中心》，《文艺争鸣》2014年第12期。
② 秋石：《关于萧军第一次抵达延安的一些情况——对〈南方周末〉所刊《〈延安日记〉里的萧军与毛泽东》一文之质疑》，《鲁迅研究月刊》2014年第12期。

威实证"。此说不能成立的原因,一是萧军延安日记已经两次问世了,二是有关当年萧军与毛泽东的交往已有权威资料。再者,陈文另有史实错讹,认为萧军首次进入延安没有与毛泽东接触。作者认为,陈益南之所以有上述分析,是因为论者的上述论断与真实的历史失之千里,论者写萧军却不了解萧军,且在解读《萧军日记》时,有"各取所需"之嫌。

而何方[1]则以自己与萧军同有的延安生活经历为据,对牛津版《延安日记》进行了肯定和补充。作者认为,萧军是位顽强的个人英雄主义者,而共产党则一贯倡导和坚持履行集体主义,两者趋向相反,在特定条件下,有可能实现短暂的合作,但时间一长就必定发生摩擦以至对抗。延安的政治和文化生活,可以"整风抢救运动"为界分为截然不同的两个阶段。在"整风"前,萧军相当"吃得开",他离开时,得到时任总书记张闻天的挽留,和毛泽东没有太大关系。但"整风运动"改变了萧军的地位,王实味事件成为萧军生活的分水岭。萧军为王实味说话,是性格使然。他在此事件后再次回到延安,在情感上与共产党远离。他最后留在延安,没有一走了之,是因为他没有其他出路。萧军是个人英雄主义者,他寄希望于文学来改造人们的人格和灵魂,并将重点放在毛泽东身上。但实际上,萧军并不了解毛。毛发动"整风"的目的和萧军的目的是不一致的,但萧军却以为和他提出的意见关系很大。萧军的理念和性格,决定了他生前最后30年的悲惨遭遇。

《我和萧军六十年》的作者方未艾是萧军的至交,其子方朔[2]是萧军的晚辈,对萧军的一生,别有一番认识和感情,并撰文叙述了萧军的入党历程,以探萧军与共产党的关系。萧军在延安几次申请入党,但最终因为王实味事件没有入成。后来,萧军又在1948年的哈尔滨提出入党。这既不是心血来潮,也不是趋炎附势,而是符合"革命客观需要"和"个人"情感的。实际上,萧军早在东北为解放前,就与共产党有所交往。但入党后的30年,萧军并未得到组织的任何关照,反而遭到了刘芝明等人的围攻。作者在"痛切的沉思"中,回顾了萧军入党前后的遭遇,认为是萧的性格决定了他的命运。

---

[1] 何方:《萧军在延安》,《炎黄春秋》2015年第1期。
[2] 方朔:《萧军入党的前前后后》,《炎黄春秋》2007年第6期。

孟东[①]详细叙述了萧军在东北解放区的遭遇。萧军在抗战胜利后辗转奔赴东北解放区。到了东北之后，萧军做了大量工作，例如演讲宣传党的政策等。后来，萧军又创办鲁迅文化出版社，创刊了《文化报》。其间，萧军的工作可谓有声有色。萧军的工作原本得到了支持，但却因为萧的非党员身份而遭到质疑，萧军在友人的催促下，写了"入党申请书"，并得同意。但《文化报》和《生活报》的"论争事件"，却使萧军入党一事"搁浅"。随着"论争事件"的发生与发展，萧军下放抚顺煤矿，而萧军的厄运，和东北局一些领导人的分歧有关。后来萧军离开东北定居北京，潜心写作，用行动回击了迫害他的人。

葛献挺[②]以当事人和执行者的身份，见证了萧军在北京被批斗的全过程，并撰文回忆了其与萧军在北京戏曲研究所的岁月。作者自述，在未"批判"萧军之前，自己就曾与萧军有过间接的接触，后又因偶然和工作的关系，与萧军有过几次直接接触。如当作者以"调整工资领导小组"成员身份首驻戏研所时，萧军曾在会上作了另类发言；萧军曾因戏研所裁撤问题，请作者吃饭。"文革"开始，在批斗会现场，萧军曾被人为难，舌战勇对，作者巧妙周旋，化解萧军危险。但后来，萧军却因为被人贴"大字报"，当众逼问作者，作者沉着应战，成为与萧军第一回合交锋的赢家。后来，作者成为批判萧军小组成员，见证了萧军在被正式批判之前，让批判小组的"火力侦察瞎火"的过程；而在批判大会开始前，作者曾向萧军提前通气，但萧军没有应对好会议结尾的发言。另外，在批判大会开始前，萧军还向作者汇报了荀慧生的重病情况，强烈要求作者上报；后又在粉碎"四人帮"后，推荐作者为荀慧生写了悼词。后来，作者接管萧军专案，对萧军定案时，维持东北局定论。再后，萧军平反，力邀作者参加自己从事文学生涯50周年招待会；再后来，又答应作者为其主编的刊物助力，并与其合影留念。

彰无忌在萧军百年祭，撰文连载，细数萧军一生。彰文在第一篇文章[③]中，首先自述了自家与萧军的近邻世交关系。其次，以萧军赠送并

---

① 孟东：《萧军在东北解放区的遭遇》，《文史精华》2004年第11期。
② 葛献挺：《萧军的戏研所岁月——我同萧军交往的经过》，《新文学史料》2012年第2期。
③ 彰无忌：《萧军百年祭（连载一）》，《文史精华》2006年第10期。

手书两家合照原委为据,叙述了与萧军的过往。再次,作者还根据自己的见闻和已有的萧军史料,以图文并茂的方式,提到了萧军1946年之前的诸事,如萧军女儿黛儿之死,萧军从延安到张家口的经历,对张春桥的印象和受其打压迫害的经过,1946年在东北的经历,及与萧红的交往始末。作者在第二篇文章①中以萧军1947年至60年代的经历为线索,细数了萧军诸事。如1947—1948年在东北的遭遇,其小说的坎坷命运,其与国民党抗争,勇斗特务的不凡身手和传奇经历,以及萧军在北京戏曲研究所的经历。其中,刘芝明、毛泽东、周扬、彭真等人在萧军的上述经历中分别扮演了重要角色。另外,作者还提到,自己一家曾在萧军病重之时,对其照顾,在作者填报大学志愿时,对其给予教诲及萧军自述的三次青岛之行。作者在第三篇文章②中,叙述了萧军之后的生涯及与作者的交往。作者考入大学之后,萧军曾送他笔记,在扉页手书题字,并常与其讨论问题,如在谈到哈姆雷特的复仇时,萧军将其延伸至《狂人日记》中的"狂人",并表达了对鲁迅文化地位的认可。另外,萧军还曾教诲作者律己学习,为作者认识实际生活中的农村和农民问题指明了方向,教诲作者要宽容大度。文化大革命爆发,作者曾将其与毛泽东的通信与身边的孩子分读,并将其和他人的信件抄录。文革发展,萧军曾怒怼军宣队长,并和老舍等人一起被人"武斗",而作者曾因此而设法向时任领导人送信营救萧军。此外,在生命的末际,萧军曾在辗转求医时,受到彭真的关怀,并由此叙述了其与彭真的交往。

此外,对萧军生平进行叙述的,还有刘一力③、刘少才④等人。

4. 人际交往

作为萧军的相识者,张毓茂⑤对萧军与毛泽东的交往进行了详细叙述,并穿插了自己的点评。萧军对毛泽东,一直是充满尊敬和爱戴之情的。萧军第一次到延安,毛泽东亲自拜访,萧军深受感动,以致晚年仍心向往之。第二次到延安,萧军与人发生矛盾,向毛泽东辞行,并在交

---

① 彰无忌:《萧军百年祭(连载二)》,《文史精华》2006年第11期。
② 彰无忌:《萧军百年祭(连载三)》,《文史精华》2006年第12期。
③ 刘一力:《萧军:"辽西凌水一匹夫"》,《文史精华》2004年第3期。
④ 刘少才:《萧军:文坛拼命三郎的烽火人生》,《党史纵横》2008年第9期。
⑤ 张毓茂:《萧军与毛泽东》,《炎黄春秋》2007年第9期。

谈时，为毛的理论素养和人格魅力所倾倒，决定不走。其后，萧军又萌生去意，毛复信挽留。从毛的复信可以看出，毛对萧军这样的知识分子的心理特点非常了解。所以，萧军后来的遭遇，即使不是毛亲自授意，也是为毛所知道的，但萧军却对毛没有丝毫抱怨。萧军在与毛关系亲近时，曾因有感于毛的遭遇而作文，并得毛删改和投稿建议。后来，该文被批判，毛亲撰按语，可见当时毛对萧军是相当克制和容忍的。再有，萧军在谢绝毛对其弃文从政的建议时，必使毛对萧军的政治态度和为人处世，有深刻印象，但毛却在当时一笑置之。毛对萧军的宽容，还可体现在延安文艺座谈会开始和进行中，萧军数次辞行时，毛对萧军的数次恳留和优待。这一点，还可体现在王实味事件中，但萧军却对之未察，其为王实味说情是一种单凭直觉的感情冲动，并非一个成熟的革命政治家清醒的理智判断。另外，对萧军与毛泽东关系进行探究的，还有盛禹九[1]等人。

而陈漱渝[2]则对丁玲与萧军的人际交往进行了探究。作者发现，从表面来看，丁玲与萧军之间存在严重分歧，丁玲甚至一直置身于批判萧军的最前沿。但在实际生活中，丁玲和萧军的关系并不如此简单。他们曾经是十分知心的朋友，在患难中都曾给予对方以可贵的支持。首先，萧军曾在人生重要的转折关头，将珍贵物品委托丁玲保管；其次，萧军和丁玲之间有不少共同言语，是无所不说的朋友。但萧军与丁玲之间也有分歧和鸿沟。延安时期，萧丁两人的友谊大约只持续了四个月，并于1941年初因《文艺月报》而出现了裂痕，甚至斗争。两人"斗"的焦点，一是关于党跟文艺工作的关系问题，二是王实味问题。应该看到，丁玲参与王实味的批判有迫于形势的因素；但之后，丁玲参与的中共东北局对萧军思想的批判则相当主动，所发表的言论也并不是违心的。打倒"四人帮"之后，丁玲和萧军之间亦有交往，一是尚未平反的萧军主动为丁玲辩诬，二是平反之后的丁玲赞誉萧军作品，三是萧军对丁玲主办刊物表示祝贺。另外，作者还在文末附录了萧军日记中有关丁玲的部分记载。和前者相似，史珍[3]也对萧军与丁玲的交往进行了描述。

---

[1]　盛禹九：《萧军的"毛泽东情结"》，《同舟共进》2008年第7期。
[2]　陈漱渝：《丁玲与萧军——丁玲研究的一个生长点》，《新文学史料》2011年第3期。
[3]　史珍：《延安时期的丁玲与萧军》，《同舟共进》2008年第11期。

和上述学者不同,叶德浴[1]和冉思尧[2]对萧军与王实味的交往进行了梳理。叶德浴认为,萧军因在王实味批判大会上,看到王实味的申辩不断被打断,而为之申辩,却给自己带来了麻烦。但王却因此而把萧军作为唯一的知己,请萧军将申明自己并非"托派"的申辩书转交给毛泽东。萧军转交,并给毛泽东写了一封转交信,以实际行动,表示他支持王实味。萧军这么做,是因为批判王实味的人没有任何根据。事实上,他对王实味印象并不好,也不认为王的《野百合花》是没有错误的好文章。萧军曾经对王实味的绝对平均主义的观点进行了严肃批评,并和王交换了意见。虽然萧军并未说服王,但萧军的批评是中肯的,态度是与人为善的。

五　萧军与报刊研究

"文化报事件"使萧军消失文坛,张毓茂[3]详细叙述了萧军与"文化报事件"的始末。萧军因办《文化报》而走红东北解放区,宋之的办《生活报》并刊登了影射萧军的《今古王通》,萧军愤而回击。在矛盾得到短暂的缓解后,《生活报》抓住了《文化报》社评中的一句话大做文章,刊出文章,指责萧军,并对其进行了多面的批判,导致萧军被钉到了"历史的耻辱柱"上。今天重新翻阅当年双方论战的文章,找出给萧军定罪的那些所谓"根据",其实都是站不住脚,捕风捉影颠倒黑白的材料。实际上,萧军"反苏、反共、反人民"的"罪行",是罗织而成的。虽然萧军及其《文化报》有这样那样的缺点,但这并不能成为理解萧军被定罪的逻辑。实际上,"文化报事件"绝非偶然发生。它和被宗派情绪所左右的《生活报》的人罗织罪名相关,也和封建主义在文化领域中的渗透相连。所以,《文化报》与《生活报》的冲突,并不是简单的个人恩怨。虽然"文化报事件"过去了,然而对它的反思仍具有现实意义。此外,作者还将萧军的三篇反攻和自白文章附在文末。

---

[1]　叶德浴:《萧军之于王实味》,《粤海风》2012 年第 6 期。
[2]　冉思尧:《萧军与王实味"交往"始末》,《江淮文史》2014 年第 3 期。
[3]　张毓茂:《萧军与"文化报事件"》,《新文学史料》2007 年第 3 期。

和前者相似，宋喜坤①也对萧军与《文化报》的关系进行了探究。作者认为，萧军的《文化报》是一种双轨道启蒙文学实践。其中，内道是以"五四"启蒙思想为主的文化启蒙，外道是以延安新启蒙思想为主的革命启蒙。两种启蒙思想在马列主义和毛泽东思想组成的向心力的作用下统一而和谐的并行发展，共同构建了萧军的东北新启蒙思想。《文化报》的新启蒙实践虽是以"五四"启蒙思想为主，却从没有偏废对东北人民的革命启蒙教育，并将文化启蒙和革命启蒙巧妙地融合在一起，做到文化启蒙中有革命教育，革命启蒙中有文化熏陶。它使读者在阅读《文化报》的同时，既能感受到"五四"的文化启蒙思想，又能得到解放战争和土地改革的革命启蒙教育。所以，《文化报》的"双轨道启蒙"形式以其合理的方式解决了"启蒙"和"救亡"的历史冲突。

另外，宋喜坤等人②还对《文化报》的新启蒙文学的方式生成与传播进行了探究，并将之看作是民间立场的文化突围。《文化报》为新启蒙文学的生产和传播打造了一个民间的、公共的、启蒙的、自由文化空间。它的这种独特性是与报刊的民间性质、报刊编辑的政治成分、作家的启蒙思想相一致的，而这也是《文化报》启蒙文学生成和传播的必要条件。另外，作家的构成以及编辑自身的个人经历也是重要的因素：首先，《文化报》的作家，是由萧军等非党文人组成的文学集团；其次，《文化报》是由恪守鲁迅精神的萧军，以单干户的身份，站在民间立场创办的民间化而非政党化的报纸。《文化报》新启蒙文学的独特贡献主要体现在与东北新文化的联系上，并体现在以下三点：首先，《文化报》东北地域文学是东北解放区文学的有益补充；其次，《文化报》加强了对苏联作家及作品的介绍和传播；最后，《文化报》培养了大批东北青年文艺工作者。

另外，宋喜坤等人③还对《文化报》研究资料进行了考辨。作者们发现的问题有：第一，《文化报》总共80期的说法，是没有根据的讹

---

① 宋喜坤：《启蒙和救亡的和谐共存——论〈文化报〉双轨道启蒙文学实践》，《文艺争鸣》2012年第12期。
② 张丽娟、宋喜坤：《民间立场的文化突围——〈文化报〉新启蒙文学的生成与传播》，《文艺争鸣》2013年第8期。
③ 宋喜坤、张丽娟：《〈文化报〉研究资料考辨》，《中国现代文学研究丛刊》2012年第12期。

传,其总期应为 81 期;第二,《文化报》终刊时间是民国三十七年(1948)十一月廿五日,其他日期亦为错误;第三,《文化报》和《生活报》争论发生与 1948 年,且争论过程仅一个月多一点,其他时间错误;第四,在《文化报》研究涉及《生活报》的记述也有个别时间和数据不准确的问题。而产生如上错误的原因,是因为当时的研究者没有原始资料。

六 热点与亮点、问题与建议

综上所述,萧军作品研究因为凝集了最多的关注度,故而成为萧军研究中的一大热点。该部分涵盖内容非常之广,主要包括小说、散文、诗歌、戏剧和日记研究,由此所产出的论文在萧军研究中数量最多,在本文中所占的篇幅也最长。从总体上看,其解读路径是在把握萧军的"文"的基础上,对萧军其人做出解读,并力求沟通两者之间的联系。所以,知人论世是该部分最普遍的解读方法。其中,陈亚丽对萧军人格与其作品的内在联系的剖析,李遇春对萧军旧体诗修辞意图的解读,都让隐藏在文字背后的萧军,走向了历史和现实的前台。与此相关,萧军的日记研究,则让萧军"暴露"了出来。其中,梁庆标、叶君等人对萧军日记的解读,对理解萧军与政治和萧红的关系,具有开创性的意义。

萧军思想研究和萧军与报刊研究,亦是萧军研究中的一大亮点。从总体上看,萧军的精神特质研究主要关注地域文化(东北土匪文化)和民间文化(侠文化)等因素对于萧军的精神影响,并探究了其以"新英雄主义"为核心的价值体系;而萧军与政治研究重点关注的则是萧军的个人意识("精神界的流浪汉")和延安政治、解放区主流话语之间的关系。前者以程义伟和陈夫龙等人的研究为代表,后者以刘忠等人的研究为代表。而萧军与报刊研究,则主要关注了萧军与《文化报》的关系,并在联系萧军精神特质的基础上,将其放置于特定的历史背景和萧军的生平经历中加以展开。其中,宋喜坤将《文化报》定位为萧军新启蒙文学的实践结论,冲出了政治解读的藩篱,很值得关注。

但是,萧军研究在凸显如上的特点的同时,也显露一些问题。第一，萧军研究中的短板十分突出，很多问题尚没有引起学者的关注。例如，萧军的戏剧研究和诗歌研究是萧军作品当中的一部分，但目前来看，该部分领域只有少数学者涉足，可开拓的空间十分巨大。第二，限于研究者的视野及笔力所及，萧军研究尚缺乏相应的广度和深度。例如，萧军作品研究只关注萧军特定题材的作品或只对萧军的单个文本进行了开掘，尚未联系其他作品进行解读。萧军比较研究中关于鲁迅的部分，阐发力度不够深彻，尚未有力开掘出萧军与鲁迅的精神联系；萧军与报刊研究将关注点限定在了萧军与《文化报》，尚有很大的拓展空间。第三，萧军研究偏于人事生平，研究路径单一。作品是一个作家的存在之根，但是除了前面所提到的萧军作品对之进行了研究，其余部分则或直接、或间接地将关注点放在了萧军的人事和生平研究上，且以描述性和考辨性的研究为主，未能对其人其作进行更加多样的深入分析。

针对如上问题，提出如下建议。第一，填补学术短板，开拓新的领域。萧军研究的最大短板是戏剧研究和诗歌研究，故要对之加以填补。但同时，也要对萧军研究中的其他领域进行开拓。例如，书信也是萧军的作品，但目前该领域的研究却处于空白状态。如果能对类似于此的领域进行开拓，将是大有可为的。第二，立足整体视野，拓宽研究思路。萧军作品众多，对单一作品或者单一体裁文本的解读，应立足于萧军作品的整体研究上，努力在萧军作品的整体研究中，为其特定研究寻找位置。所以，开阔的视野，灵活的思路，是做好萧军研究必备的条件；同时，也可避免重复研究和资源浪费。第三，利用现有资源，还原立体萧军。萧军生平史料研究成果丰硕，足以为如上萧军研究提供基石。如果能利用好这些材料，或可在"侠文化"、"土匪文化"、"延安政治"、"鲁迅弟子"等领域之外，开掘出更加真实，更富有生活气息和人情味道，更加立体化的萧军的形象。

附录 2：

2001—2015 年聂绀弩研究述评

一 聂绀弩作品研究

1. 诗歌研究

作为 20 世纪中国文坛的一个异数，聂绀弩写于 1958—1960 年的以东北劳改为题材的旧体诗集《北荒草》可谓中国当代文学史现象的奇迹。这吸引了相当一部分学者的眼光，夏中义可谓其中的一个代表。夏中义[①]的研究集中于探究该诗集的诸元素，例如题材、结构、创作内驱力、格调等，兼有深究聂诗为时代所热衷的价值缘由。从题材上来看，作者认为聂诗有"动作性"、"特写性"和"在场性"三个特点。前者在质与量上，使古老的农居日常生活产生了审美动态质感，中者使细节吸人眼球，后者使作者的体悟关注于诗歌的内核，而这些特点，在中国诗史上是史无前例的。所以，对聂诗"宜用两只眼睛来读"：一只眼睛看其结构的"显性"层面，看字面上的意象、场景如何活泼流丽；一只眼睛看其结构的"隐形"层面所内涵的创作动机。解读了如上内容，即可破解该诗集引人关注的谜团：诗人巧妙地在当年"主旋律"框架中植入了"非歌颂"元素，从而让自己在濒临生命绝境时，能通过诗性自慰而暂获心理自救。从世界文学史上看，聂诗的这种风格可认为是有中国特色的"黑色幽默"，或曰"紫色俳偕"，它根于诗人内在的忧惧，其所内涵的是一种"阿Q气"。它凝聚着诗人对"人与体制"关系

[①] 夏中义：《"紫色俳谐"与知识界精神之困——聂绀弩旧体诗论》，《上海交通大学学报》2013 年第 1 期。

的思考，更凝结着知识界煎熬已久的"精神之困"。所以，聂诗又可作为一面隐喻知识界心灵沉疴的诗性镜子。

夏中义还以聂绀弩等人的作品为中心，讨论了中国当代旧体诗如何"入史"的问题。作者①认为，若将中国当代旧体诗现象纳入共和国前30年（1949—1979）的文学史视野，会发现原来被"一体化"所压抑的"个人化经验"暨"艺术独创"，却在聂绀弩等三家旧体诗中保存得极丰赡极纯粹；其中，聂绀弩的"俳谐荒草"写出了当代文坛难以企及的幽默，诗性地安顿个体尊严于苦难，其亦可视为聂执笔《北荒草》之内驱力。

但是，吕家乡②对此持不同观点。作者看到，在新诗占据诗坛主流地位后，旧体诗仍在延续，且不乏佳作。但旧体诗基本属于古典美范畴，即使像杰出的旧体诗人聂绀弩，在取得重大成就的同时也有明显缺陷：擅长于传达理性深度而拙于表现现代人的丰富内心世界；有诙谐之趣却模糊了悲剧性底色；有古典语言美却难以发挥现代汉语的特长。前者体现于聂的旧体诗与现代诗歌的比较上，中者凸显在聂对旧体诗的时代背景的模糊化处理上，后者体现于聂的旧体文言和现代汉语的差异上。造成聂诗局限的原因之一是，旧体诗必须遵守以语音规则为核心的外在律，因而不能不排斥以诗情的抑扬变化为基础的内在律，聂本人对旧体诗的局限性即有清醒的认识。所以，以聂为代表的近人旧体诗不具有充分的现代性，不宜纳入现代诗歌史。

然而，王学泰③却认为聂的旧体诗可以"入史"。作者看到，在新社会，旧体诗在文学领域一直是"妾身不明"的，所以，聂绀弩的《散宜生诗》的公开出版，对于旧体诗的命运来说，有着标志性的意义：它意味着旧体诗终于被主流社会所承认。作者认为，聂诗写景、写人、叙事都很成功，是"犁然有当于人心"的文学佳作。聂诗不讳之笔，已然超过了"士大夫"情怀；其描绘之景致，都是其复杂心境的投射。聂常用奇思异想的诙谐幽默冲淡悲愤和恐惧，且善于炼句，这对

---

① 夏中义：《中国当代旧体诗如何"入史"——以陈寅恪、聂绀弩、王辛笛的作品为中心》，《河北学刊》2013年第6期。
② 吕家乡：《再论近人旧体诗不宜纳入现代诗歌史——以聂绀弩的旧体诗为例》，《齐鲁学刊》2009年第5期。
③ 王学泰：《聂绀弩诗与旧体诗的命运》，《读书》2010年第6期。

于处于现代汉语语境的古体诗来说，尤为不易，但聂却以之写出了自己的血泪。聂诗的另一个特点是"以杂文入诗"，这是聂诗在艺术上对旧体诗的重大突破。聂诗中的自我嘲笑，反差极大的对偶，使聂诗更具诙谐幽默之风。

如此来看，聂与中国旧体诗的命运是尚待探讨的，而探讨的关键是如何更加客观地看待聂与旧体诗及史的关系。对此，武守志①的论述可谓切中要害。作者自述，他选择聂绀弩来谈中国旧体诗，并不是认为他的旧体诗是"古今绝唱，无与伦比"，而是他的诗作能在一个更广阔的背景和更深厚的层面上拉近一个"贫乏时代"与国人的距离，唤醒史学对历史的遗忘，反应人心向人性的趋近：聂用杂文式的旧体诗留住了一个"贫乏时代"，在使人不要忘记耻辱中看到了人"是其所是"的可贵性和丰富性。聂以漫画自己之幽默，将内在的沉重化为外在的轻快，当他的诗性言说将心灵向"是其所是"敞开而倾听者终于听出了意义时，他终止了言说。而正是在他终止言说的地方，中国旧体诗却遭遇到另外一种沉重。但沉重是压力也是机遇。中国旧体诗不是在这种沉重中死亡，就是在这种沉重中新生。从如上学者的论述中可看到，虽然聂旧体诗入史的问题是尚待讨论的，但聂诗的精神内涵与其人格特点的相通性，却是为人所共认的。那么，聂的旧体诗究竟是一种什么样的诗体？里面所蕴含的又是一种怎样的精神气质呢？

李遇春②认为，聂体或绀弩体，本质上是一种现代打油诗。聂体打油诗的风骨，含有"三气"：阿Q气，离骚气和江湖气。其中，阿Q气使聂诗诙谐，离骚气使聂诗沉郁，江湖气使聂诗狂放。阿Q气是表，离骚气和江湖气是里，前者是邪气（或曰逸气），后两者是正气，前后互为表里，亦正亦邪，恰构成了聂诗"盛气凌人"的独特魔力，也使现代旧体诗（打油诗）别开了新生面。而阿Q式的自嘲、屈原式的忧患、江湖式的狂狷，正是聂绀弩直面人生苦难的三种方式。所以，聂诗的打油是表面的，骨子里是严肃的，在诙谐滑稽的背后隐含着聂在逆境中的

---

① 武守志：《聂绀弩与中国旧体诗的命运》，《兰州教育学院学报》2005年第2期。
② 李遇春：《阿Q·屈原·江湖——论聂绀弩旧体诗的精神特征》，《福建论坛》2008年第3期。

不屈人格。李遇春①另有文章探究聂诗的江湖气，并认为其突出地表现在聂诸多的赠友诗中。聂的这种江湖气，往往能够冲破正统儒家道德规范的藩篱，具有惊世骇俗的一面。此外，对于以聂为代表的旧体诗"入史"的问题，作者认为，旧体诗已经是20世纪中国文学的组成部分，没有旧体诗位置的"中国现当代文学史"，是不完整的"虚伪"文学史。

上述学者对聂绀弩旧体诗的肯定，还可在王尚文②的有关论述中见到。作者专门讨论了聂绀弩诗歌的语言艺术，认为聂绀弩高超语言的过人之处在于，对习见语的创造性改变和创造性组接。其语言艺术，是白话和文言有机化合，烹调得当的结果，可认为是聂绀弩创造的"后唐宋体"，对中国古典诗歌的当代发展具有重要价值。作为自成一格的统一完美的生命体，聂的旧体诗总是能够将最恰当的字摆在最恰当的位置。从总体来看，聂诗风格可分幽默冷峻和清雄奇崛两类。后者是聂气质的诗意表现，其可于意象和对仗等语言层面上得以体现。对于聂与诗歌的关系，王尚文③认为两者是互救的：诗救了聂绀弩，使他超越了功利，成为我国现代诗史上的诗之圣人；聂也救赎了旧体诗，使其重获青春。聂诗有着两个抒情体：一个是忧国忧民，投身革命的大写的我，一个是因身处劳改农场而不得不妥协的平凡的我。他的诗歌艺术正是两个我成功博弈的结果。

但王尚文④不同意章诒和关于聂绀弩"若以人生幸福快乐为标准是个彻底的失败者"的论断，并认为聂诗因苦难而不朽，故而聂是"光荣的胜利者"。在对该诗集中的《搓草绳》解读时，作者不仅不认为其有"遵命文学"的味道，还认为其中的"大我"并未完全为"小我"所败退，而是表现了作者的抗争。虽然这种抗争是欢畅的，并在表面上与阿Q相似，但其实质却不同。所以，欣赏、评价聂诗，不能脱离其产

---

① 李遇春：《聂绀弩诗的江湖气》，《名作欣赏》2009年第1期。
② 王尚文：《聂绀弩及其〈北荒草〉（下）——"后唐宋体"诗话·之六》，《名作欣赏》2011年第13期。
③ 王尚文：《聂绀弩及其〈北荒草〉（上）——"后唐宋体"诗话·之六》，《名作欣赏》2011年第7期。
④ 王尚文：《聂绀弩及其〈北荒草〉（中）——"后唐宋体"诗话·之六》，《名作欣赏》2011年第10期。

生的现实环境。在聂诗中,"大我"、"小我"博弈艺术的最高境界是两者亲密无间,或曰,"大我"常在"小我"的保护下做着淋漓尽致的表演。故聂体之"打油",非"堕泪",实乃"啼血"。

从上述学者的论述中可看出,对聂绀弩旧体诗的艺术性及其精神内涵,学界已有评定之趋势。但在这种趋势下,也有一些学者对一些具体问题提出了疑问。如姚锡佩[①]对有关出版社将聂绀弩比之屈原即有疑问。作者自述疑问的来源起于作者和聂交谈时,聂对上述比喻的否定。和此形成佐证的是聂在《散宜生诗》中对有关屈原的删改。作者推测,聂的做法并非出于"谦逊"或"怕",而是表明他已经走出了屈原的心路。而这样,也更能够使其诗篇符合隐喻其忧伤情怀的"散宜生"诗集之名。再有,作者还叙述了侯井文编撰该书的过程及其功绩,并援引王蒙的序言,对聂旧体诗的成就表示了肯定和赞扬。王蒙的文章见于《〈聂绀弩旧体诗全编〉序》[②]一文。作者叙述了自己和聂的关系及和聂旧体诗熟识的过程,并认为"庾信平生最萧瑟,暮年诗赋动江关"可为聂的写照,同时还肯定了聂的旧体诗是空前绝后地竖立于中文圈子里的一座奇峰。王文可作为对姚文的补充。

此外,对聂诗进行研究的还有刘友竹、季堂等人。刘友竹[③]认为,杜甫是对仗的高手,而聂绀弩因以杜为师,方大器晚成。具体说来,聂从连用字对、连用字与数字相对、当句对、虚字对、流水对、借对、成句对、对起对结及全篇皆对八个方面均对杜甫有所继承和弘扬。后人可从聂学杜有成的经验中受到启迪,在当代诗词的创作中使杜甫"属对律切"这一艺术成就得以发扬光大。如果说,刘友竹是从纯技巧来讨论聂绀弩旧体诗的贡献,那么季堂则是从性格特异性的角度来解读聂绀弩的旧体诗。季堂[④]认为,聂绀弩旧体诗是心灵的咏叹调。首先,聂绀弩是狂狷之士,他的性格是怪异的,所以他的诗也呈现出怪异的色彩。聂诗之怪,体现在句式、内容和打油三个方面。其次,聂绀弩是幽默诙谐的,他的诗歌语言也有同样的一面。聂诗的幽默,起源于聂的思维的敏

---

① 姚锡佩:《读〈聂绀弩旧体诗全编注解集评〉》,《炎黄春秋》2010年第2期。
② 王蒙:《〈聂绀弩旧体诗全编〉序》,《书屋》2010年第2期。
③ 刘友竹:《属对律切 沾丐后人——论聂绀弩对杜甫对仗技巧的传承》,《成都大学学报》2003年第1期。
④ 季堂:《聂绀弩的旧体诗是心灵的咏叹调》,《武汉文史资料》2011年第8期。

捷与机智，聂的诙谐则体现在多方面。再次，聂爱好数字，其旧体诗也常以数字入诗。再有，聂学养丰厚，知识渊博，故其旧体诗多用典故。最后，聂本是杂文家，其杂文情结转移到旧体诗中，特点明显。

但聂旧体诗研究的主流，还是关注聂绀弩旧体诗中的精神气质。寓真①认为，聂的旧体诗虽然别开生面，自成风格，但触动作者心灵的并不是诗的艺术技巧，而是聂的人格气节。聂绀弩其人其诗，贵在气节；因其气节，乃将长存。聂诗集中的《瘦石画苏武牧羊图》一诗，即是以苏武牧羊的典故抒郁苦、寓气节的诗，苏武即气节的化身。此外，作者还提及聂的书法经历，尚未有人提及；聂在危难之中，投诗怀赠友，亦可见出其气节。

再有，寓真②还发现了沉睡在聂绀弩档案中的一些散佚诗句：一为是无题七绝（《丁玲未返雪峰穷》），二为七律《吊若海》，三为七律《武汉大桥》。前者和中者分别是作者为怀念丁玲、冯雪峰和黄若海所作，是聂现行反革命的罪证；后者是作者惬意、昂扬时的诗篇，可反衬时代的荒诞不经。此外，作者还发现聂的《访丘东平故居》和《挽陈毅》很相似，并揣测了原因：因关于丘的诗散佚，聂没有及时回忆，后在为陈写挽诗时，感觉原来写丘的诗句亦适用于陈，故对前者做了"移植"。鉴于此，作者建议重编聂全集时，应让"移植"的两诗复归原位，"移植"增写的句子，作为散句另存。至于其他修改过的诗句，作者在文中一一列举，并建议与原稿并存。

另外，聂诗与其注的关系也引起了有关学者的注意。解玺璋③发现，聂绀弩一面对胡乔木提到的为其诗加注的意愿不领情，另一面则对朱正的注表示满意。而聂绀弩在注诗问题上的游移，恐怕有深层的考虑：聂希望通过注诗，减少新旧两代人的隔膜，但却不希望年轻人沉迷不适宜新时代的旧诗。但聂的旧诗却恰恰自证了旧诗可以表现新的生活和情感。事实上，读聂诗，是必须依赖注解的。侯井天的注，可证明其为聂的知音。不过，"侯注本"的过繁、过细，特别是他的句解，也在很大程度上局限了聂诗的意味和境界。侯注本最重要的贡献，是勾勒出了每

---

① 寓真：《绀弩气节，与诗长存》，《同舟共进》2009年第7期。
② 寓真：《聂绀弩出狱之谜及其轶诗》，《新文学史料》2003年第3期。
③ 解玺璋：《聂绀弩的诗与侯井天的注》，《群言》2010年第2期。

首聂诗的写作年代，这对于读者了解每首诗的历史背景，进而了解作者的初衷，更进一步理解诗人所要表达的情感和思想，是大有裨益的。所以，对聂诗，注而非译，是可采纳的建议。

事实上，聂古体诗不仅是现有的研究者最为集中的话题之一，同时也是聂绀弩晚年所谈的最为集中的话题之一。舒芜①经过整理聂自1976年回京后直到去世前与自己的通信，发现了这一点。通过聂对自己诗作的有力批评，作者推测，聂诗绝不是通常所谓的"打油诗"，不是随随便便地耍油腔滑调，而是出自深厚的功力，遵守严格的格律而成的。

而和上述学者不同，王存诚②以扎实的考据，对聂的《马山集》进行了评析。作者对聂绀弩手抄旧体诗《马山集》的面貌进行了列表对比，并发现《马山集》对编辑聂佚诗的贡献有两个，一个是独立提供了佚诗四首，一个是提供了已收佚诗的异文，使人能够知诗的修改过程。《马山集》题解中的"马"与"牛"非指"马列"，而是分别指卑屈压抑和激愤反抗的状态和感情。这两者既隐含了聂隐秘的真感情，又使聂觉得其是易致误解、难容于世的诗篇，但却凝集了聂的复杂心路，标志着聂体的雏形。《马山集》为聂后来的诗，奠定了技术和题材的基础。聂后来的诗，格调的变化体现在以下几个方面：一是对旧作有所扬弃，二是对原有题材进行了扩充，三是开辟了新的境界。《马山集》的诗序表明，聂对待自己的诗是极严肃的。该诗集中的《杯底》和《咏珠穆朗玛》是作者慧眼"反潮流"之作；《赠梅》确是聂赠杲向真之作，但却不一定是"践诺"之作；《自嘲》之所以未收入《散宜生诗》，一方面和作者不愿留下该诗所反映的不成熟的思考有关，另一方面和此篇中的警句已另存他诗有关。

2. 杂文研究

聂绀弩被学界誉为"奇才"、"鬼才"。黄科安③认为，聂的"奇才"、"鬼才"指的是他有特异非凡、机智奇诡的才能。聂的这种天赋

---

① 舒芜：《聂绀弩晚年想些什么》，《新文学史料》2003年第3期。
② 王存诚：《"我诗非马亦非牛"——聂绀弩〈马山集〉评析》，《新文学史料》2010年第3期。
③ 黄科安：《"成就人间一鬼才"——试论聂绀弩杂文创作的诡异思维特征》，《泉州师范学院学报》2009年第3期。

可表现在杂文家的思维视角、批判性的内容以及层出不穷的文体创新等诸方面：在杂文内容上，他凸显向鲁迅"立人"思想学习和深化的过程；在杂文思维上，他擅长以逻辑推理的直接形式进行形象化说理；在杂文艺术形式上，他认为杂文可以自由出入自己的疆域，故对相邻的姐妹艺术实行大胆拿来，打破当时杂文创作现状的狭隘格局，而这对促进现代杂文艺术形态的多样化发展起到了重要的作用。

而姚斌[①]则通过对聂绀弩杂文的归纳分类阅读，发现聂的文字中，凸显着一个巨大的自由主义者的身影。聂的自由主义精神在其杂文中，可体现在三个方面：第一，聂本真自由，常借文字抒发自己强烈的爱憎，表现自己桀骜的性格；第二，聂坚守的理想与自由主义文学思潮一脉相承，其始终坚持用文字记录现实生活，反映社会问题；第三，聂试图借助文字，坚守人格的自由。

《论申公豹》和《再论申公豹》是聂绀弩创作于20世纪40年代中后期的两篇著名杂文。吴永平[②]认为，这两篇杂文的写作背景都与1944年延安指派何其芳等人来重庆宣讲《在延安文艺座谈会上的讲话》这一重大政治文化事件有关：前一篇杂文侧重于批评胡风对延安"文艺特使"何其芳的态度；后一篇杂文侧重于挖掘胡风之所以如此深层心理原因。

3. 小说研究

聂绀弩是20世纪30年代初走上文坛的左翼作家之一，人们对他的杂文创作成就都是认可的，但对他的小说成就则言之不多。胡绍华[③]发现了这一点，并认为，此时，作为文坛新人，聂承续了鲁迅开创的现代乡土小说传统，在左翼文学支配文坛的历史条件下致力于大众小说创作，并进行了新的历史开拓。聂保持乡土文学写实的优点，舍弃了左翼文学形成之初革命的浪漫蒂克方式和唯物辩证法创作方法，以革命现实主义的笔触对大众题材和抗战题材进行深入发掘，是"普罗"文学成

[①] 姚斌：《浅论聂绀弩杂文创作中的自由精神》，《学海》2008年第5期。
[②] 吴永平：《聂绀弩的〈论申公豹〉和〈再论申公豹〉及其他》，《重庆师范大学学报》2012年第3期。
[③] 胡绍华：《聂绀弩大众小说创作新论》，《三峡大学学报》2004年第1期。

熟的历史见证。

从总体上，剖析聂绀弩小说的创作特色的，还有姚斌①。作者认为，聂绀弩小说内涵丰富，具有鲜明的地域色彩、对个体生命的高度关注和对民族病态心理的洞察等三个特点；在人物形象创作上，善于书写小人物的人生故事；在语言表达上，善用口头语和方言；在情节设置上，情节简单，人物、场地集中。聂绀弩赋予小说投枪和匕首的功用，始终走在对"人的觉醒"进行启蒙的创作道路上。

4. 档案研究

档案研究是聂绀弩研究中的一大特色。

"运动档案"的个人部分是历经诸种运动，检查、交代、思想汇报一类的特殊文体，在无数人的运用中，却已失了语言的特性，变成了一种足以令人麻木不仁的文字操作，由这类文字寻找作者"个人"非易事。赵园②深明此意，但却发现聂绀弩"运动档案"（1954—1957年）至今仍有相当的可读性，很值得品味。聂绀弩的"运动档案"的可读性在于，聂只要认为自己没有错，就直说；想不通就不想，甚至于反唇相讥。聂的这种态度，使他在写"检查"时，或无从隐瞒"自我"，也使其难得救赎。从1954年到1957年的档案来看，聂为自己的辩诬，无不是大实话，"长进"不大。在聂交代自己"批判""右派言论"的未刊文字间，仍然透露着其不同于时论的犀利洞见。虽然聂对自己问题的认识是逐步升级的，但聂对于不能承认的，依旧拒不承认。聂"认罪"的不彻底，有一个重要原因，是他不能说服自己，而非蓄意顽抗——聂对以私下言论入罪是有异议的。所以，聂的交代，虽有自我申辩，却更是在向组织陈情，纵然文字不中式，却也是灌注本色，挖空心思所得。关于聂绀弩档案呈现的原因和过程，周健强③有专门介绍。作者认为，聂绀弩的运动档案有"真史"之魅力，其得见世人，足彰显社会之进步。

---

① 姚斌：《浅析聂绀弩小说创作特色》，《江苏教育学院学报》2009年第6期。
② 赵园：《读聂绀弩的"运动档案"》，《书城》2015年第3期。
③ 周健强：《〈运动档案〉彰显什么？——谈〈聂绀弩全集〉第十卷》，《全国新书目》2004年第8期。

对于这一点，王文军[①]对聂绀弩档案研究价值的言说更具专业性。作者发现，随着中国社会逐渐进入法治时代，公民的法治意识不断加强，以纪实为核心文体特征的报告文学开始面临诉讼的风险。报告文学作家因被指作品不真实或虚构而屡遭诉讼的案件不断发生。故如何在报告文学中，规范使用材料，以确保材料的合法性和如何恰当选择材料，规避可能出现的法律风险成为不得不让人思考的两个问题。从这一点来看，署名寓真的《聂绀弩刑事档案》的创作经验可给人们带来诸多启示。首先，在规范使用材料方面，论者不仅用材料保证了其合法性，而且还将其表现在题目、正副卷和解说及结语等方面。如此，便又达到安全转移责任的目的。其次，论者能够公正使用材料，秉持写作善意，少伤害个体。

二　聂绀弩精神气质研究

作为中国20世纪的著名作家，聂绀弩孤羁不群、特立独行的精神个性在中国知识分子精神史上风帜独标，具有精神范式的价值与作用。但与此相对照的是，聂绀弩的研究成果集中在非文本的"奇人奇事"，以及杂文和旧体诗的创作上，主体精神研究少。贾小瑞[②]意识到了这一点，并试图从聂绀弩的政治意识出发，把握聂的思想与精神个性，为聂绀弩研究开辟一片新天地。作者认为，聂绀弩的一生，虽与政治有着深厚的渊源，但是，聂却并不是一位政治家，而是一位"政论家"。聂总是从人道主义情怀出发，首先考虑底层人民的利益，有着"达则兼济天下"的知识分子的政治意识。聂绀弩后期的杂文，就是他的这种政治意识的集中体现。聂的政治视角使其将社会问题的产生，归因于社会制度。但是，这一政治视角也给聂绀弩带来思维和认识的局限，聂的"光明心态"表明他最终没能超越那个时代的政治认知，没有始终坚持不懈地坚守思想文化视角。但聂服膺于政治意识的一系列社会行为，和聂绀弩的独立人格和自由意志是相溶契的。聂的自由意志是聂能够在严峻的

[①] 王文军：《报告文学创作如何规避法律风险——〈聂绀弩刑事档案〉写作的启示》，《广播电视大学学报》2012年第3期。

[②] 贾小瑞：《书生本色：聂绀弩的精神立场》，《文艺争鸣》2011年第18期。

政治形势下保持自我完整的精神个性的重要因素。而对聂自由意志的形成具有决定性影响的，是无政府主义思想。其和聂所具有的庄子的"逍遥游"的个性气质天然地融合在一起，共同构成了聂内在的精神血肉。所以，聂既有以传统的人道主义情怀为支撑的政治意识，又有现代知识分子的人格独立精神，而这正是今人所要寻找的中国知识分子的脊梁。

贾小瑞[①]另有一文，探究了聂绀弩的精神个性与无政府主义的联系。作者认为，无政府主义的影响造成了聂个性中的孤傲心理和思维判断的特异倾向，这些异端色彩又使其遭受了现实的排斥和攻击，最终经由苦闷的媒介缔结了他与文学的联姻。聂在由无政府主义走向自由意志的行旅过程中，其正义思想中的民族意识、侠义精神中的人道主义情怀，使其自由意志超越了个人精神选择的狭窄界面，而获得社会价值和群体的认可，从而完成了其人格存在的双重忠实：既忠实于自我生命的完整与独立，又忠实于社会环境，把自己纳入群体的参照系中。

对聂绀弩精神特质进行研究的，还有聂的相熟者何满子[②]。何满子认为，聂绀弩在人世的83年，是十分透明的，其做人与作文是一致的，其人格表现在文格里，绝少虚饰和矫揉。聂绀弩晚年最为人知的格律诗，所呈示的苦味诙谐，将他的人格和盘托出，毫无荫翳。聂的诙谐好像是聂与生俱来的资质，而苦味则是其生涯中的阅历，尤其凝结了聂后半生艰辛的遭遇，这两者交融并构成了绀弩的人格特征。另外，作者还提到，聂曾在病逝前向其解释胡乔木主动为自己写序，自己"不稀罕"的态度。作者从聂的性格推测，聂绀弩是不需要"大人物"为自己作序的。

三　聂绀弩生平史料研究

1. 生平纪事

聂绀弩是为人所称道，并在小说、诗歌、杂文等领域为人所认可的

[①] 贾小瑞：《自由的行旅——聂绀弩的精神个性与无政府主义》，《烟台师范学院学报》2006年第1期。

[②] 何满子：《聂绀弩一百岁琐忆》，《文学自由谈》2003年第2期。

当代作家，但其一生特立独行的做派和一贯到底的反叛精神，却使自己的大半辈子遭逢不幸。对该段经历的描述，以章诒和①的文章最具分量。章诒和是章伯钧的女儿，和聂绀弩有直接交往。作者认为，人生成败若以幸福快乐为标准去衡量，聂是彻底的败者。作者自述，其母亲是聂晚期的朋友。聂入狱时，母亲誓言救聂，积极扶助聂夫人周颖，朱静芳即母亲推荐给周的。后，周因聂自感无望、来信言死时，朱静芳积极致信求助亲友，母亲为朱静芳提供物质支持。回信不得，朱带周奔赴山西，见监狱主管的老彭。其间，朱静芳积极创造条件，让聂周会见，并请老彭救聂。朱周离开后，聂的监禁生活有了明显改善。后，聂回京上不了户口，朱为其解围，聂对之感激，为之写诗相赠。但周在其后，却对人说聂的出狱，得益于"某首长出面"，朱为此对周颇有微词。后经戴浩转述，作者发现聂确用毒语攻击领袖，故当时入狱"不冤"。作者亦发现，聂对其所反感的事物，用语常刻毒。出狱后的聂，在得知母亲扭伤胳膊后，曾请萧军为母亲看病，三人也因此成了朋友。母亲未接当选政协通知气恼，聂赠诗相劝，母亲得诗宽慰。聂一直为女儿自杀之谜心悬。母亲在作者与聂第一次见面前，即嘱咐其不可与聂谈子女之事。但聂曾在谈及女儿自杀时，言词及周。作者曾带丈夫见聂，聂冷笑之，及至深聊苦难，聂才平等待之，并自述其读《资本论》的经历。后戴浩为平反事去聂家"报喜"，反被聂连着周一起冷笑讥讽。聂住院时，曾对看望的母亲自嘲其之所以住好医院，得力于周和周的同事朱学范。后聂在作者探望时，透露周疑似出轨，女儿自杀与周前述行为有关。聂晚年寂寞，以读写为庇所，晚年爱金圣叹，谈《金瓶梅》等时，曾论及夫妻的"灵肉"关系。聂晚年与陈凤兮交好，聂的诗集，渗透着陈的心血。陈转述聂的解读，聂诗集以散宜生名之，是表明自己一生的散放状态。聂诗轰动诗坛后，曾在来客问及胡乔木序时，对之切齿怒骂。后聂在得知周疏远母亲等人时，强令周登门道歉。聂80岁生日时，送母亲等人诗，母亲珍藏。聂逝世后，周却未通知母亲参加追悼会。

吴中杰②也梳理了聂绀弩的晚年生平。新中国成立伊始，聂曾犯了批判运动的流行病，但聂的失误很快被"事实的教训"纠正。聂因胡

---

① 章诒和：《斯人寂寞——聂绀弩晚年片断》，《新文学史料》2003年第3期。
② 吴中杰：《晚年聂绀弩》，《粤海风》2011年第1期。

风运动将卷入"运动"旋涡,即促使聂重新思考生活的重要事件。后聂在北大荒"劳动",参与全民写诗的歌颂潮,写出了有声有色的劳动题材的诗歌。但紧接着他因"纵火"被投入狱,后再次返京继续搞研究工作。聂返京原因有两种解释,每种解释都与张执一的斡旋和周恩来的批示有关。再后,聂再次入狱,入狱"罪行"一开始却让人莫名其妙。聂在狱中研读了马列书籍;其出狱,与朱静芳的斡旋和当时的"特赦"政策有关。但出狱后的聂,仍抓住机遇,致力写作。期间,聂还曾为胡风归京仗义执言。

如果说,吴中杰的文章与章诒和的文章形成了互补之局,那么郭力和黎虹的文章与章诒和的文章则有互驳之势。郭力①是聂绀弩女儿海燕的前夫,终生与聂绀弩夫妻保持着良好的关系。作者自述,海燕与其父聂虽未有较亲密的联系,但有着深厚的感情。海燕脾气很像乃父,海燕的死亡给聂造成了永久的伤口。而周颖则是个热心快肠、胸无城府的爱党人士。她曾将聂帮助其写材料的事说出,和聂同遭祸患。周曾经与作者谈起,其向周恩来、邓颖超写信求助,聂辗转因"特赦令"出狱的经历,并表示了对邓小平与华国锋的感谢。另外,作者还谈到聂对其因"国民党高级特务"出狱之事,曾拍案恼怒;聂曾对胡乔木有意作序反应淡然。聂与作者曾经就聂对故人因小事而怨等问题进行过讨论等。作者认为,临终前的聂内心是一个矛盾的综合体,里面混杂着自卑与自负等因素。

黎虹②是胡乔木的秘书,其在文章中谈到了胡乔木为聂绀弩作序一事,并对在章诒和文中所提到的聂绀弩对胡乔木作序,作切齿厉骂一说甚感疑惑。作为亲历其事者,作者认为,胡序绝没有搞坏聂的书,聂对胡为其书作序,也绝不会恨之入骨。作者自述,聂与胡曾因聂的诗集有过交往,并曾为作序事与胡通信。聂在信中,表示迫切希望得到胡序排印诗集。胡很快写完,并在序言中对聂诗推崇备至。后聂向胡赠诗集,并由周颖代其为胡写过感谢信。聂周的感激之情是发自内心的,因为胡还曾帮助聂解决过聂亲戚的户口和聂的医药问题,对聂关怀备至。如此,章文有关聂对胡为其作序而厉声痛骂的转述,使人难以理解。

---

① 郭力:《聂绀弩之死》,《武汉文史资料》2006年第3期。
② 黎虹:《也谈胡乔木为聂绀弩〈散宜生诗〉作序》,《新文学史料》2004年第3期。

和上述学者不同，王培元①集中对聂绀弩生平中的"独立王国"罪案的经历进行了叙述。聂绀弩"独立王国"的罪案，始于"肃反"，终于"整风反右"。聂认为，他的这项罪案，和聂的时任领导王任叔有关。在工作问题上，聂王素有矛盾。"肃反"运动伊始，王找聂的下属张友鸾谈话，张因受到压力，"揭发"了自己和聂的"独立王国"问题。聂违心承认，但运动最后的审查结论却对聂的"独立王国"问题只字未提。整风运动开始，聂等人的"独立王国"问题再次提出，并依旧和张有关。但运动收场后，对聂的处理意见，依然没有关于其"独立王国"的罪行。而张与聂的友谊，却并未因此割断，而是保持了终生。

寓真②则集中对聂绀弩出狱之谜进行了叙述。作者发现，关于聂的出狱现存两种解释：一说归之为朱静芳的营救，另一说则归为当时的"政策"和"党委研究决定"。经过考辨，作者认为，按照政策，作为"现行犯"的聂，不在"政策"的特赦之列，朱静芳等人的营救才是主要原因。此外，在聂出狱的过程中还有一个小插曲：周颖为营救聂的信件，曾促使当局作出批示，对聂改判有期，但聂却因故迟迟未收到判决书；另，聂的改判，只是减去其"污蔑林彪"一项，并未减去其他"罪行"。由此也愈可见出朱静芳的侠肝义胆，而朱之所以如此，和其原本的诗人身份有关。

此外，寓真③还提到了聂绀弩的焚诗事件。聂绀弩在1965年初，有过一次焚诗的举动，把诗稿都烧掉了。关于聂绀弩焚诗的事，在他本人的著述中并未提到。作者经过梳理聂留下来的一些零碎的资料，发现聂绀弩曾经多次提到，他的焚诗和钟敬文有关。钟曾在"四清"中途回京期间，劝聂焚诗。聂在焚诗后，一再说钟胆小怕事，但从实际情况看，聂的焚诗，和高压的环境有很大关系。但事实证明，诗是焚不掉的，优秀的作品都会流传，聂诗可作如是观。

另外，聂绀弩与《七月》杂志终刊的关系，也引起了学者的注意。

---

① 王培元：《聂绀弩的"独立王国"》，《书城》2010年第4期。
② 寓真：《聂绀弩出狱之谜及其轶诗》，《新文学史料》2003年第3期。
③ 寓真：《聂绀弩为何焚诗》，《文学自由谈》2007年第1期。

吴永平[①]认为，《聂绀弩全集》中的《聂绀弩生平年表》对聂绀弩与《七月》杂志终刊的表述有很多可商榷之处。事实上，聂与《七月》"延误半年未出刊"事并无直接关系，不应承担其终刊的全部责任。聂与胡风皆有对《七月》终刊的表述，胡认为聂应负责任，而聂则将之归为国民党当局的蓄意打击。经过考证，聂的说法属实。胡曾因《七月》终刊，讽刺过聂。但聂之所以未续编《七月》，和胡没有及时将聂接收《七月》事通知出版商，并办好相应手续，及时交给聂相应的证明文件有关。此外，日本的轰炸也加剧了聂得到相应补寄手续的困难。另外，关于胡风是否有给聂继续编辑《七月》提供必要的条件，胡与聂两人对此也有不同的说法。事实是，胡只是将有关撰稿人的"友人题名录"交给聂，并没有真正介绍其人；而胡留给聂续编《七月》的"可用的稿件"，聂亦因没有胡的亲笔信而无法得到。至于胡为什么将聂称为"黠者"则有如下几个原因：首先，胡因《七月》终刊，将怨气转移到聂的身上；其次，胡风因不甘久居于"帮"聂的地位，另起炉灶办刊物，并因之与聂产生过矛盾，争夺过稿件。但对于后者，聂却曾以实际行动对胡表示过歉意。

但谢刚[②]不同意吴永平关于聂绀弩与《七月》终刊的判定。作者认为，吴文是全盘认可聂的叙述，对胡风则主要持批判态度。关于聂与胡就《七月》交接手续问题的叙述，论者的考证虽表面严谨周密，却只是一种猜测：日本的轰炸对胡为聂补齐手续的阻碍只是可能存在，而不是必然存在。事实上，在此期间，胡聂有通信往来。聂的说辞可理解为聂出现了短暂的困难，也可以理解为聂的抱怨。论者所说的证明文凭一类的手续，并不足以成为聂无法续编《七月》的阻碍。关于论者所说的胡为聂留作续编《七月》资源的撰稿者和存稿的问题，聂完全可按照录制函索稿，且极有可能成功，论者所述，只能说明聂编刊不易，而非不能；至于存稿问题，吴文则对不明底细的读者使用了"障眼法"：吴文材料证明中所提到存有编刊底稿的周颖，乃聂的妻子也，而聂对寄存稿件的出版公司是熟悉的，并不是拿不到稿子，只是需费点周折。吴

[①] 吴永平：《聂绀弩与〈七月〉杂志的终刊》，《新文学史料》2007年第3期。
[②] 谢刚：《关于聂绀弩与〈七月〉杂志的终刊——与吴永平先生商榷》，《粤海风》2011年第1期。

文对聂的申辩，只可帮其减责，而不应为其免责。事实上，聂弃编的真正原因，和与其有婚外恋情的石联星有关，吴文虽注意到了这一点，却将之作了边缘化处理。关于胡对聂不满原因的探讨，论者所述，会使人感觉胡在"争名夺利"。实际上，胡对聂微词，一者是因为胡视聂为挚友，而聂却不孚所托有关；二者是因为，胡对聂在弃编《七月》时所表现的处世之风不赞同。总之，吴文是不够严谨周密的，其根源在论者先入为主，为聂开脱。

2. 人际交往

作为聂绀弩的熟识者，姚锡佩①认为聂绀弩是识知冯雪峰的，这一点可体现在聂赠冯的诗歌中。第一组诗是聂的《雪峰十年祭》（二首）。作者认为，其中的第一首诗表达了聂识冯不畏时难，不怕杀头，手写革命文章，即"手仇头"的一个层面；其中的第二首诗，表达了对冯罹祸遭忧的悲愤。第二组诗是《赠雪峰》（二首）之一。该诗是在"两个口号"争论激烈，冯身遭灾祸时，聂对历史的愤慨书写和对冯的鼓励之作。要说明的是，聂正是因为不赞同用"两个口号"的问题打人，所以对冯不落井下石，而深感钦佩，故落绝笔写下第一组诗。聂对冯的尊敬还可体现在第三组诗《雪峰六十》（四首）中的第一首（"早抛小布方巾去"）、第二首（"小帽短衣傲一时"）和第三首（"荒原霭霭雪霜中"）等诗中。此外，聂绀弩还有其他赠送冯雪峰的诗歌。这些诗歌在不同程度上，表现了聂与冯的相交相识，并被作者以聂的生平为纵线加以排列解读。另外，作者还提到，在现已搜集的聂绀弩旧体诗中，有关冯雪峰的诗，在赠友中的数量和内容方面，都是首屈一指的，如此可见二人相交情谊之深厚。

而寓真②则对聂绀弩与邵荃麟的交往进行了阐述，阐述的依据是聂绀弩被举报的关于"写中间人物"言论的材料。"写中间人物"问题，本是文艺批评家邵荃麟出于良好的愿望，提出的创作观点。在材料中，聂认为邵提出"写中间人物"，原本是经过一定许可的，但由于没有向

---

① 姚锡佩：《聂绀弩识知冯雪峰》，《炎黄春秋》2003 年第 6 期。
② 寓真：《被举报的材料：聂绀弩关于"写中间人物"的一些言论》，《新文学史料》2007 年第 3 期。

"上面"报告,让人扣了"帽子";实际上,邵的提法是经验之谈,而胡风对一些问题,也是接近真理的;历史上真实的英雄人物,都是从中间人物发展出来的,真的英雄人物,不是天生的,而是在社会环境中产生的;现在没有人带着真感情写东西了,都唯命是从;其实,文艺是很细致的,不是简单地提一句话就能做定律的。这几年之所以这么紧张,归根到底都怪赫鲁晓夫。聂的一些朋友被整垮了很多,可这些人未必就是"当权派"。其实,一件作品只要它对社会主义有好处,管他中间人物、英雄人物,都可以写。作者认为聂对"写中间人物"的肯定是正确的。但由于上述材料,都是聂日常的随意言谈,未必都是正确的,这是作者有言在先的。

此外与前者相似,常楠[1]依据聂绀弩书赠胡风的一幅杜诗手卷,对聂绀弩和胡风的关系进行了阐述。常楠认为,聂抄录此诗送别老友胡风,无疑是别有一番寓意的:聂以老杜诗句为酒杯,浇自己心中之块垒,名为抄录古人,实则隐喻现实,字里行间隐隐约约地流露出自己对于人生世事的感慨和无奈。此诗的首联,运用了《庄子》中的典故"樗树散木",暗指胡风才气过人,却一生颠沛流离,不合于世,未能充分施展出自己的才华和能力,直到晚年还要遭受羁押流离之苦。颔联借郑虔的典故,暗合了聂对于胡风含冤苦境的痛惜和感叹。颈联原意说的是继续借用郑虔典故,暗示聂以诗赠别的原因。尾联把悲凉的氛围推向高潮,既表明了聂对于老友赴川前景的担忧和伤感,又道出了聂胡二人心照不宣的痛楚与无奈。除了与胡冯以诗交际外,聂与李慎之也有一段诗缘。陈章[2]发现,聂绀弩曾经在其诗序中提到一位和自己有通信却"不认识的诗家"。作者考证,聂所指的"诗家"即李慎之。李慎之曾有诗赞聂,将聂比作拉施德,并赠诗于聂。聂收到李的赠诗后,作《赠李慎之》诗,表达对李的敬重。后聂李二人与1977年5月经舒芜介绍见面后,聂又作诗赠李,赞李为奇人。但李却表示并未收到此信,并表示"当时四人帮凶焰犹炽","自谓不敢狂言高论"。作者考证,李慎之对"四人帮凶焰犹炽"为误记,实际情况只是"文革"余毒未清。从作者的此篇文章可看出,聂的赠诗交际,不止限于熟人,其范围是较

---

[1] 常楠:《聂绀弩书赠胡风的一幅杜诗手卷》,《鲁迅研究月刊》2013年第11期。
[2] 陈章:《聂绀弩与李慎之的一段诗缘》,《博览群书》2003年第11期。

为广泛的。

但有时，聂的赠诗交际却也惹来学者的发疑。沈治钧[1]认为，周伦玲近作所列三首"聂绀弩赠诗"都有问题。首先，起句为"老至羞谈高与荆"的聂诗七律非赠周汝昌，而是赠肖力的，此诗本身亦无称道周的任何意味。其次，起句为"客不催租亦败吟"的七律与"探佚学"无关，而是聂因"曹雪芹佚诗"案对造假者进行的嘲讽，并兼有对人我处境置换的慨叹。再次，起句为"少年风骨仙乎仙"的七绝《赠周汝昌》非出自聂绀弩之手，应属赝品。所以，不管是从该诗的来历，还是从聂对该诗的否认和不将其收录诗集等方面来看，学界当前将该诗划入聂名下，十分不妥。事实上，聂氏曾严厉抨击《红楼梦新证》的"辨伪存真"，说它"至少有一半是笑话"，并明确讲："看看也可，无大意思！"此外，聂还说："周汝昌根本不懂《红楼梦》！"凡此均可证明，所谓毛泽东对《新证》有"好评"的那"一句传闻"，绝无可能出诸聂绀弩之口。

除了诗文学术上的交际，聂与他人的日常交际也需人注意。周允中在《聂绀弩与我父亲的交往》[2]中回忆了聂与其父周楞伽的几则交往逸事。

3. 年谱

聂绀弩年谱有两篇文章值得人重视，其中的第一篇文章，是毛大风、王存诚的《聂绀弩先生年谱（1903—1986）》[3]。该文细数了聂一生的经历，间杂评论、补充。其中，年是该文的叙述单位，聂的活动和遭遇是主要叙述内容；聂的心理转变和转变原因，是评论或补充的内容。前者的信息表面琐杂，但细数之下可以发现，聂的童年生活是不幸的，其可用"家贫、母逝、父亡"等字概之。少年时期的聂却是幸运的，因为他赶逢"五四"，并得遇孙铁人。青年时期的聂表现出了"叛逆"的一面，聂的离家、抗婚、读书、入伍、办报等活动皆可显示这一

---

[1] 沈治钧：《"聂绀弩赠诗"发疑》，《红楼梦学刊》2009年第6期。
[2] 周允中：《聂绀弩与我父亲的交往》，《钟山风雨》2006年第3期。
[3] 毛大风、王存诚：《聂绀弩先生年谱（1903—1986）》，《新文学史料》2003年第3期。

点。但可以看到，聂与革命风潮始终是关联在一起的，其在这一段时期所做诸事，表现出了明显的疏离、对抗国民党，亲近共产党的倾向。此外，聂在此时期，已开始在文坛崭露头角。中年时期的聂，延续了青年时期的活动轨迹，其革命倾向更加明显，聂主办的报纸或刊物，非常之多，创作的作品也陆续结集出版。但是，晚年时期的聂，却遭遇了种种不幸。聂先后因胡风、周颖等问题牵连，后被下放北大荒，再后被判刑入狱。虽然这期间，聂也有一段稍好的时候，但时间却很短。所幸，聂最后出狱、平反，重登文坛。值得关注的是，聂的出狱和朱静芳等人的营救有关。这篇文章对聂生平信息的汇总非常全面，可视为聂生平事迹的汇总表。与此相对照的，还有王存诚的另一文章。

王存诚在《聂绀弩生平数事考和旧体诗编年》[①]中，提到现有资料中关于聂绀弩的信息多有不确之处，故对之纠偏、补正。第一，聂生于壬寅而非癸丑年；第二，聂自述的自相矛盾的成都之行的确切时间是1935年；第三，聂在其人生的重要关口曾六次返乡；第四，聂去北大荒实际延续时间两年或稍多一点；第五，聂在解放后曾有五次南行和两次西行，这些出行在他的一生中颇具特征意义。其中，南行大致为五次，其中以"肃反"为转折点，以前三次，以后两次；第六，聂的牢狱生活差不多与整个"文革"共始终。此外，作者还对已知的聂的旧体诗进行了编年。第一，聂早期的旧体诗皆是严格意义上的旧体诗，且可反映聂后来的诗路；第二，聂的《北大荒吟草》与《马山集》标志着其心路历程的转变；第三，从聂1962年至"文革"开始入狱是聂诗地下微吟时期；第四，聂在狱十年中的奇葩之作，当数"武汉大桥"组诗；第五，自晋归来，聂有《三草集》、《散宜生诗》和《咄堂诗》等诗集；第六，《雪峰十年祭》为聂的绝笔。此外，作者还提到，聂诗的拾遗较多，《在西安》的题记非聂诗。王存诚对聂绀弩生平和诗歌创作历程的阶段性概述，为聂及其旧体诗创作勾勒出了大致的轮廓。这篇文章与前篇文章共同构成了解聂诗及聂的生平经历的"导游图"。

[①] 王存诚：《聂绀弩生平数事考和旧体诗编年》，《新文学史料》2003年第3期。

四 聂绀弩与学术研究

聂绀弩学术研究目前是聂绀弩研究中的弱项和短板。

舒芜[①]在有关文章中提到,《红楼梦》和庄子是聂绀弩晚年集中探讨的话题之一。首先,聂曾对《红楼梦》有精辟见解。聂断言在中国古典小说戏曲中,《红楼梦》第一次写了爱情,且这种爱情竟还是西洋小说所未梦见或要避免的。聂对《红楼梦》还有很多奇论创见,譬如,他曾致信作者,表示自己打算写《紫鹃论》,并认为紫鹃应该教黛玉做"坏事",以成大事。作者细思,聂的"怪论",未尝没有道理。其次,庄子也是聂晚年集中探讨的话题之一。作者认为,聂着迷于庄子有两个原因。第一个原因和庄子自伍于残缺贫贱劳苦人之中,隐含着对劳动人民的认可有关。庄子表面看是有一些矛盾的:首先,庄子有将劳动人民和天下隔离开,这虽隐含着有利于统治阶级的思想,却近乎阶级学说,为马克思以前所难有。其次,庄子提出的上天入地的自由说,虽一则发展为道教的邪说,但另一则却发展为近代科学的发明和发现,代表汉人之于全人类幻想的一端。聂喜欢庄子的第二原因,和庄子书中所叙对象,多为身份卑下者,其或取自现实社会真人有关。聂曾怀疑庄子为漆园吏,漆园或为劳改农场,庄子即为其小吏。还有,聂还致信作者,提到了他曾有意探究庄子生死问题,并将其看作"庄之最要"。作者对聂晚年生活的解读,显示出聂曾从事《红楼梦》研究和庄子研究。

对聂绀弩《红楼梦》研究进行相应探索的,还有胥惠民[②]。作者认为,"周汝昌根本不懂《红楼梦》"是聂绀弩对周汝昌《红楼梦》研究一针见血的评价。周汝昌对神瑛侍者与绛珠仙子转世人物贾宝玉与林黛玉关系的错解,造成了他以后研究《红楼梦》的步步错。企图改变宝玉、黛玉相爱的事实,极尽歪曲"木石前盟"和"金玉姻缘"之能事;曲解《红楼梦》诗词,生硬地把描写人物性格的诗词变成胡适早已批评了的猜谜;炮制"一百零八钗"说,把莫须有的东西强加给《红楼

[①] 舒芜:《聂绀弩晚年想些什么》,《新文学史料》2003年第3期。

[②] 胥惠民:《"周汝昌根本不懂〈红楼梦〉!"——诠释聂绀弩先生对周汝昌〈红楼梦〉研究的经典评价》,《广西师范学院学报》2011年第2期。

梦》；炮制所谓的 108 回大对称结构，鼓吹这个结构论决定一切；加上对主题的误解：这一切无不说明周汝昌根本不懂《红楼梦》，聂对周的《红楼梦》研究的评价是正确的。

聂绀弩与鲁迅有着非同一般的关系，所以聂绀弩的鲁迅研究也引起学者的关注。巫绍勋[①]认为，作为鲁迅的研究者，聂的过人处在于，他对鲁迅精神有着真切的体验和理解，能够深刻把握和领悟鲁迅作品的博大精神，能够对鲁迅在启蒙过程中所产生的孤独等情绪体验感同身受，故而能提出无人超越的真知灼见。聂绀弩的《鲁迅——思想革命与民族革命的倡导者》和《略谈鲁迅先生的〈野草〉》两篇论文，即为上面论述之一例。和巫的论断相似，耿宝强[②]和杨建民[③]也对聂的鲁迅研究进行了探讨，并将关注点共同放在了聂与沈从文鲁迅评议的分歧上。但总体来看，聂绀弩的鲁迅研究仍有很大的开拓空间。

五 亮点、问题与建议

综上所述，新世纪以来聂绀弩研究主要包括作品研究、精神特质研究、生平史料研究及学术研究四个部分。其中，聂绀弩作品研究，又可细化为诗歌研究、杂文研究、小说研究和档案研究四个方面。聂绀弩诗歌研究是聂绀弩研究的热点和亮点，主要集中探究了聂绀弩晚年的旧体诗歌。该部分的关注点有三个，一是聂绀弩旧体诗的艺术特色，二是聂绀弩旧体诗歌与聂绀弩本人的双向联系，三是聂绀弩旧体诗歌的艺术成就与"入史"问题。这三个关注点，常以互相交织的面貌出现；其中，第一个关注点常作为后两个关注点的基石，并已成为学界之共识。但后两者，却尚未达成一致，尤其是聂绀弩旧体诗歌的"入史"问题，尚有辩驳之声。除了少数纯粹的学理性分析，该部分研究的总体路径，是紧密结合时代背景和聂的心路对聂诗进行深入解读。

聂绀弩作品研究中的档案研究，是聂绀弩研究的一大特色。聂的档

---

① 巫绍勋：《论旅桂作家聂绀弩的鲁迅研究》，《桂林师范高等专科学校学报》2002 年第 2 期。
② 耿宝强：《沈从文与聂绀弩"评议鲁迅"探微》，《石家庄铁道大学学报》2012 年第 3 期。
③ 杨建民：《沈从文评议鲁迅与聂绀弩的辩驳》，《博览群书》2008 年第 8 期。

案为聂在特殊的历史时期由本人手写检查或自己口述、他人记录的内容，故可列入聂非正式的作品行列。从目前来看，专注于对聂绀弩"运动档案"进行解读的文章，并不算多。赵园从聂的个性与聂绀弩运动档案的"可读性"进行的分析，和王文军从法律的角度对聂绀弩档案研究的合法性的言说，非常有学术价值：不仅最大限度地还原了历史现场，展现了被卷入政治旋涡的聂与其时代的关系，还可以为同类作家研究提供启示。另外，聂绀弩研究中的其他板块的文章，对聂绀弩档案也有所借用。但是，聂绀弩档案研究毕竟是方兴之物，且目前只集中于对档案文本进行解读，档案的书写、传播与接受尚未引起学者足够的重视，涉足者更可谓寥寥。所以，对该领域很有扩展的必要。聂绀弩精神气质研究和聂绀弩生平史料研究，可为之提供重要的参照资源。

与上述两者相联系，聂绀弩史料研究的成果最为丰富。该部分内容分为生平纪事、人际交往和年谱三个部分，其中前两项内容时有交叉。例如，章诒和对聂绀弩晚年生平的叙述，旁涉了聂绀弩与多人的交往。该部分内容关注的点比较多，讨论得比较多的，有聂的入狱与出狱经历，聂与妻子周颖的关系，聂对胡乔木作序一事的态度，聂与《七月》杂志终刊的关系，聂以诗赠友的活动等。该部分有相当多的内容，是由与聂有交往的人叙述的，故涉及的细节较多，甚至有些或属"秘闻"之列，但却可以成为了解作家的重要史料，对还原真实生活中的聂和解读聂的旧体诗歌，具有十分重要的参考价值。此外，王存诚等人对聂绀弩年谱的梳理，还可以为聂绀弩生平史料研究提供参照。

和上述研究相比，聂绀弩的精神气质研究则逊色很多。目前，该部分最值得关注的，是贾小瑞从政治意识出发，对聂绀弩精神个性的解读，并将其定位为中国知识分子的脊梁。但是，作为一个立体的人来说，聂绀弩的精神气质是可以有多重维度的。所以，该领域依然很有拓展的必要。

另外，聂绀弩最初是以杂文享誉文坛的，但目前的聂绀弩杂文研究却相当萧条。该部分的研究，主要以黄科安等人的成果为代表，研究路径是由聂绀弩的杂文深入到聂绀弩的创作思维或精神心理。相较聂的旧体诗研究来说，该部分研究可开拓的空间也是十分巨大的。但比之尤为不足的，还有聂绀弩的小说研究和学术研究。前者，仅限于文本特色的解读；后者，缺乏深入的探究。虽然目前也有一些零星的声音，对聂绀弩的《红楼梦》研究、鲁迅研究、庄子研究等学术领域有所言及，但是这些声音都还没有引起学界的回响。它们构成了聂绀弩研究中的最大短板。